Digitale Hate Speech

Sylvia Jaki · Stefan Steiger
(Hrsg.)

Digitale Hate Speech

Interdisziplinäre Perspektiven auf Erkennung, Beschreibung und Regulation

 J.B. METZLER

Hrsg.
Sylvia Jaki
Institut für Übersetzungswissenschaft
und Fachkommunikation
Universität Hildesheim
Hildesheim, Deutschland

Stefan Steiger
Universitätsrechenzentrum
Universität Heidelberg
Heidelberg, Deutschland

ISBN 978-3-662-65963-2   ISBN 978-3-662-65964-9   (eBook)
https://doi.org/10.1007/978-3-662-65964-9

Die Deutsche Nationalbibliothek verzeichnet diese Publikation in der Deutschen Nationalbibliografie; detaillierte bibliografische Daten sind im Internet über http://dnb.d-nb.de abrufbar.

© Der/die Herausgeber bzw. der/die Autor(en) 2023. Dieses Buch ist eine Open-Access-Publikation.
Open Access Dieses Buch wird unter der Creative Commons Namensnennung 4.0 International Lizenz (http://creativecommons.org/licenses/by/4.0/deed.de) veröffentlicht, welche die Nutzung, Vervielfältigung, Bearbeitung, Verbreitung und Wiedergabe in jeglichem Medium und Format erlaubt, sofern Sie den/die ursprünglichen Autor(en) und die Quelle ordnungsgemäß nennen, einen Link zur Creative Commons Lizenz beifügen und angeben, ob Änderungen vorgenommen wurden.
Die in diesem Buch enthaltenen Bilder und sonstiges Drittmaterial unterliegen ebenfalls der genannten Creative Commons Lizenz, sofern sich aus der Abbildungslegende nichts anderes ergibt. Sofern das betreffende Material nicht unter der genannten Creative Commons Lizenz steht und die betreffende Handlung nicht nach gesetzlichen Vorschriften erlaubt ist, ist für die oben aufgeführten Weiterverwendungen des Materials die Einwilligung des jeweiligen Rechteinhabers einzuholen.
Die Wiedergabe von allgemein beschreibenden Bezeichnungen, Marken, Unternehmensnamen etc. in diesem Werk bedeutet nicht, dass diese frei durch jedermann benutzt werden dürfen. Die Berechtigung zur Benutzung unterliegt, auch ohne gesonderten Hinweis hierzu, den Regeln des Markenrechts. Die Rechte des jeweiligen Zeicheninhabers sind zu beachten.
Der Verlag, die Autoren und die Herausgeber gehen davon aus, dass die Angaben und Informationen in diesem Werk zum Zeitpunkt der Veröffentlichung vollständig und korrekt sind. Weder der Verlag, noch die Autoren oder die Herausgeber übernehmen, ausdrücklich oder implizit, Gewähr für den Inhalt des Werkes, etwaige Fehler oder Äußerungen. Der Verlag bleibt im Hinblick auf geografische Zuordnungen und Gebietsbezeichnungen in veröffentlichten Karten und Institutionsadressen neutral.

Planung/Lektorat: Anna Pietras
J.B. Metzler ist ein Imprint der eingetragenen Gesellschaft Springer-Verlag GmbH, DE und ist ein Teil von Springer Nature.
Die Anschrift der Gesellschaft ist: Heidelberger Platz 3, 14197 Berlin, Germany

Inhaltsverzeichnis

**Hate Speech online: Hartknäckiges Phänomen und
interdisziplinärer Forschungsgegenstand**................... 1
Sylvia Jaki und Stefan Steiger

**Hate Speech in sozialen Medien: Ein Forschungsüberblick
aus Sicht der Sprachwissenschaft**............................ 15
Sylvia Jaki

**Die Erforschung geschriebener und gesprochener Hassrede im
Deutschen: bisherige Erkenntnisse zu Prosodie und Kontext**......... 35
Jana Neitsch und Oliver Niebuhr

**Automatische Klassifikation offensiver deutscher Sprache
in sozialen Netzwerken**....................................... 65
Christoph Demus, Dirk Labudde, Jonas Pitz, Nadine Probol,
Mina Schütz und Melanie Siegel

**Hate Speech behandeln: Diagnosewerkzeuge aus der
Computerlinguistik**.. 89
Johannes Schäfer

**KI-Verfahren für die Hate Speech Erkennung: Die Gestaltung von
Ressourcen für das maschinelle Lernen und ihre Zuverlässigkeit**...... 111
Thomas Mandl

**Emotionsklassifikation in Texten unter Berücksichtigung des
Komponentenprozessmodells**................................ 131
Roman Klinger

**Die Regulierung von Internetinhalten am Beispiel Hassrede:
Ein Forschungsüberblick** 155
Wolf J. Schünemann und Stefan Steiger

**„Ihr gehört nicht dazu!" Soziale Ausgrenzung durch Hate
Speech als Problem für liberale Demokratien** 173
Doris Unger und Jürgen Unger-Sirsch

**Die Regulierung von Deepfakes auf EU-Ebene: Überblick eines
Flickenteppichs und Einordnung des Digital Services Act- und
KI-Regulierungsvorschlags** 197
Murat Karaboga

Hate Speech online: Hartknäckiges Phänomen und interdisziplinärer Forschungsgegenstand

Sylvia Jaki und Stefan Steiger

1 Hate Speech und ihre Bekämpfung

Während in der Frühphase des Internets die erwarteten positiven Wirkungen digitaler Kommunikation auf demokratische Diskurse betont wurden, hat sich die Perspektive in den vergangenen Jahren deutlich getrübt. Die gezielte Verbreitung von Desinformationen zur Beeinflussung von demokratischen Wahlen oder während der Coronapandemie stehen ebenso exemplarisch hierfür wie die Verbreitung von Hate Speech. Diese Phänomene bedrohen den demokratischen Diskurs und erschweren bspw. die Konsensfindung bei entscheidenden politischen Fragen.

Hate Speech im digitalen Raum stellt eine wachsende gesellschaftliche Herausforderung dar, das Problem ist aber nicht genuin neu. Schon in der Frühphase der Internetentwicklung wurden potenziell unerwünschte Folgen der Internetkommunikation für demokratische Diskurse debattiert (Buchstein, 1996). Die globale Verbreitung digitalisierter Kommunikation und insbesondere die massenhafte Nutzung von sozialen Medien haben die neue Qualität der Herausforderung aber eindrücklich verdeutlicht. In jüngster Vergangenheit gab es beispielsweise gehäuft Fälle von digitaler Hate Speech im Kontext der Coronapandemie (Lee & Li, 2021; Uyheng & Carley, 2020). Die Auseinandersetzung um die Maßnahmen

S. Jaki (✉)
Institut für Übersetzungswissenschaft und Fachkommunikation, Universität Hildesheim, Hildesheim, Deutschland
E-Mail: jakisy@uni-hildesheim.de

S. Steiger
Universitätsrechenzentrum, Universität Heidelberg, Heidelberg, Deutschland
E-Mail: stefan.steiger@urz.uni-heidelberg.de

© Der/die Autor(en) 2023
S. Jaki und S. Steiger (Hrsg.), *Digitale Hate Speech*,
https://doi.org/10.1007/978-3-662-65964-9_1

zur Eindämmung der Coronapandemie stellen dabei aber nur einen der aktuellen Kristallisationspunkte der Hate Speech im Netz dar. Demokratische Gemeinwesen sind durch die immer intensiver geführten Auseinandersetzungen grundlegend herausgefordert, ist der freie Diskurs und der Austausch verschiedener Positionen doch elementar für eine gelingende demokratische Entscheidungsfindung. Aufgrund der negativen Folgen haben demokratische Regierungen schon vor mehreren Jahren mit Initiativen gegen Hate Speech begonnen.

Bereits 2016 vereinbarten die Betreiber sozialer Medien und weitere Internetunternehmen mit der EU einen Code of Conduct zur Bekämpfung von Hate Speech. Hierin erklärten die Unternehmen ihre Bereitschaft, an einer Verbesserung des Onlinediskursklimas mitzuwirken (EU, 2016). Diese auf Freiwilligkeit basierenden Maßnahmen waren aus Sicht verschiedener Regierungen allerdings unzureichend. In Deutschland wird die Debatte um die Folgen digitaler Hate Speech spätestens seit dem Mord am ehemaligen Kasseler Regierungspräsidenten Walter Lübcke 2019 intensiv geführt. Die negativen Folgen für den demokratischen Diskurs allgemein und politische Gewalt im Besonderen haben in Deutschland aber bereits mit dem Netzwerkdurchsetzungsgesetz (NetzDG) 2017 dazu geführt, dass strafbare Inhalte zeitnah von den Betreibern sozialer Medien gelöscht werden müssen (Bundesgesetzblatt, 2017). Das Gesetz zur Bekämpfung des Rechtsextremismus und der Hasskriminalität verpflichtet die Betreiber seit 2021 sogar dazu, besonders schwerwiegende Fälle wie beispielsweise Verstöße gegen § 130 StGB (Volksverhetzung) direkt an das Bundeskriminalamt zu melden. Diese gesetzgeberische Dynamik ist aber auch mit Kritik bedacht worden: So wurde im NetzDG mit Blick auf die potenziell weitgehenden Löschungen durch die Unternehmen ein unverhältnismäßiger Eingriff in den freien Diskurs durch nicht ausreichend legitimierte Wirtschaftssubjekte gesehen. Weiterhin wurde vor einer Fragmentierung des Kommunikationsraums gewarnt, da das NetzDG Betreiber nur dazu verpflichtet, strafbare Inhalte für die deutschen Nutzer*innen zu entfernen. Sofern die Fälle nicht gegen die plattformeigenen Community Standards verstoßen, bleiben die Nachrichten international weiter sichtbar (Eickelmann et al., 2017).

Diese regulatorischen Bemühungen sind stets mit den verschiedenen Herausforderungen bei der Bekämpfung digitaler Hate Speech konfrontiert, und zu einer erfolgreichen Bewältigung müssen unterschiedliche Fachexpertisen verknüpft werden.

Zu diesen Herausforderungen gehört, dass Hate Speech erstens nicht immer leicht zu erkennen ist. Auf sprachlicher Ebene können Verdachtsfälle von Hate Speech zwar mitunter lexikalisch anhand eines spezifischen Vokabulars identifiziert werden. Letztlich beurteilt werden kann Hate Speech dann aber erst mit dem entsprechenden Kontext. Auch ist Hate Speech nicht immer direkt auf der sprachlichen Oberfläche erkennbar. Mitunter haben sich in Gruppen spezifische Bezeichnungen zur Verschleierung offener Hate Speech etabliert, die zunächst decodiert werden müssen. Auch zwischen Sprachen können signifikante Unterschiede beispielsweise in der Wahrnehmung verschiedener Arten von Hate Speech bestehen. Aus linguistischer Sicht stellen sich daher Fragen wie: Welche sprachlichen Eigenheiten weist Hate Speech auf? Wie manifestiert sich Hate Speech an der sprachlichen „Oberfläche"? Welche subtileren Formen gibt es und wie lassen sie sich identifizieren? Welche Interaktionen bestehen zwischen verschiedenen Kommunikationsebenen? Inwiefern unterscheidet sich Hate Speech zwischen verschiedenen Sprachräumen? Wie wird Hate Speech (auch über unterschiedliche Quellen) wahrgenommen? Dies sind einige Fragen, denen sich der linguistische Part des Bandes annähert.

Zweitens ist eine systematische Bekämpfung von Hate Speech schwierig, weil es allein die Masse digitaler Kommunikation unmöglich macht, die Aufgabe nach Suche und Identifikation von Hate Speech allein Personen zu überlassen. Es bedarf verlässlicher automatisierter Verfahren zur Erkennung und ggf. Löschung von Hate Speech. Die im linguistischen Teil debattierten Fragen und Probleme stellen sich hier mit neuer Dringlichkeit, wenn Manifestationen von Hate Speech automatisiert klassifiziert werden müssen. Fragen, die in diesem Kontext untersucht werden, beziehen sich beispielsweise darauf, welche Verfahren sich für die Durchsuchung großer Datenmengen besonders eignen. Ferner geht es darum, nicht nur die Performanz der Systeme zu erfassen, sondern auch die Erklärbarkeit der Ergebnisse zu berücksichtigen. In diesem Zusammenhang ist auch die Frage nach der Evaluation derartiger Verfahren von zentraler Bedeutung, möchte man abschätzen, inwiefern diese Hilfsmittel verlässlich dazu beitragen können, dem Problem zu begegnen.

Drittens wird eine systematische Bekämpfung von Hate Speech durch die transnationale Kommunikationsumgebung erschwert. Generell sind liberalen Demokratien bei Eingriffen in die freie Rede enge Grenzen gesetzt. Die Bereitschaft, regulatorisch in Debatten einzugreifen, ist dabei aber zudem international verschieden stark ausgeprägt, so dass unterschiedliche Positionen zur Regulation von Hate Speech aufeinandertreffen. Aus politikwissenschaftlicher Perspektive stellen sich daher Fragen wie: Inwiefern sollten und dürfen demokratische Regierungen in die freie Rede eingreifen? Wie und durch welche Akteure kann Hate Speech sinnvoll reguliert werden? Wie können automatisierte Verfahren reguliert werden, wenn sie möglicherweise in Zukunft große Teile der Erkennung und Löschung von Inhalten übernehmen?

Diese kurzen Überlegungen und Fragen zeigen bereits die Vielschichtigkeit, die mit dem Problem Hate Speech verbunden ist. Die vielen Facetten der Thematik legen eine interdisziplinäre Betrachtung des Phänomens nahe, möchte man die Thematik umfassend ausleuchten und analysieren. Dieser Band versammelt daher Expertisen aus den Sprach-, Informations- und Politikwissenschaften.

Der Band ist eines der Resultate aus einem interdisziplinären Forschungsprojekt an der Universität Hildesheim, in dessen Kontext sich Forschende intensiv mit dem Phänomen digitaler Hate Speech auseinandersetzen. Unter dem *Titel Das Phänomen Hate Speech und seine Erkennung durch KI* (HASeKI) befassten sich Informations-, Sprach- und Politikwissenschaftler*innen mit verschiedenen Aspekten digitaler Hate Speech. Gefördert wurde das Projekt im Rahmen der Ausschreibung „Zukunftsdiskurse" des Niedersächsischen Ministerium für Wissenschaft und Kultur. Der vorliegende Sammelband richtet sich an Wissenschaftler*innen, Studierende und Interessierte, die sich mit den verschiedenen Facetten von Hate Speech näher befassen möchten. Er vereint überblicksartige Darstellungen der Forschungsstände verschiedener Disziplinen mit detaillierten Analysen zur Erkennung, Rezeption und Regulation von Hate Speech.

2 Einschätzungen zum Umgang mit Hate Speech

Das Projekt HASeKI beinhaltet neben diesem Sammelband die Durchführung mehrerer Tagungen, und zwar sowohl von Tagungen fachlicher Natur als auch von Veranstaltungen für die Zivilgesellschaft. Die ersten beiden Konferenzen, also die erste Fachtagung und die erste Bürgertagung, wurden auch über die Diskussions- bzw. Fragerunden hinaus interaktiv gestaltet, indem eine Variante einer Delphi-Befragung durchgeführt wurde.

Delphi-Befragungen können als „ein Instrument zur verbesserten Erfassung von Gruppenmeinungen" gesehen werden (Häder, 2014, S. 19). Die Antworten beruhen dabei auf „intuitiv vorliegenden Informationen der Befragten" (Cuhls, 2019, S. 5) zu Fragen in Bereichen, in denen lediglich unsicheres Wissen vorliegt (Niederberger & Renn, 2018, S. 8). In diesem Fall handelt es sich um die Meinungen bzw. Einschätzungen der Tagungsteilnehmer*innen zu Hate Speech und ihrer Regulierung. Ein wichtiges Prinzip von Delphi ist, dass diese Meinungen in mehreren Wiederholungen eingeholt werden, die Antworten anonym erfolgen, sich die Fragen an Expert*innen richten und das Gesamtergebnis für jede Frage wieder an die Expert*innen zurückgespiegelt wird (vgl. Häder, 2014, S. 25). Typischerweise findet eine solche Befragung mittels standardisierter

Fragebögen statt, aber Varianten mit mündlichen Fragen, beispielsweise im Rahmen von Workshops, kommen ebenso zum Einsatz (vgl. Häder, 2014, S. 25). Das Delphi-Verfahren wird insbesondere bei „Fragestellungen zu Forschung, Technologie aber auch Organisation, Personal oder Bildung verwendet" (Cuhls, 2019, S. 7).

Die Tagung fand als Videokonferenz auf der Plattform BigBlueButton statt und stellte somit weder eine genuin schriftliche noch eine Face-to-face-Kommunikationssituation dar. Stattdessen konnten die Befragten mittels einer in BigBlueButton integrierten Polling-Funktion anonym abstimmen. Ähnlich wie bei schriftlichen Fragebögen hat dies im Delphi-Verfahren den positiven Effekt, dass keine Antworten aus sozialer Erwünschtheit zu erwarten sind – anders als bei den Formen, die sonst außerhalb schriftlicher Fragebögen in mündlichen Kontexten bei Delphi angewendet werden (vgl. Cuhls, 2019, S. 7 f.). Bei den Expert*innen handelte es sich generell um Menschen mit unterschiedlichen Hintergründen und Graden an Expertise, wie für Delphi-Untersuchungen typisch (vgl. Cuhls, 2019, S. 20). Bei der Fachtagung im Februar 2021 waren überwiegend Wissenschaftler*innen zugegen, die sich mit der Beschreibung, Regulierung und automatischen Erkennung von Hate Speech befassen, also einen ausgewiesenen Status als fachliche Expert*innen aufweisen. Jedoch war die Tagung auch für Interessierte über diesen Kreis hinaus offen und das Angebot wurde beispielsweise von einigen Mitgliedern der Universität Hildesheim angenommen, die sich zwar für das Thema interessierten und daher in der Regel bereits Vorkenntnisse besaßen, aber nicht Expert*innen i. e. S. waren. Ebenfalls anders als beim klassischen Delphi-Verfahren (vgl. Niederberger & Renn, 2018, S. 11) wurden in unserem Fall bei der zweiten Befragung im Juni 2021 auch nicht mehr dieselben Konferenzteilnehmer*innen wie in der ersten Befragungsrunde befragt. Dies liegt daran, dass die Wiederholung auf einer zweiten Tagung durchgeführt wurde, bei der nur teilweise dieselben Teilnehmer*innen anwesend waren. Bei der Veranstaltung handelte es sich um eine Bürgertagung, zu der auch interessierte Menschen von außerhalb des universitären Bereichs eingeladen waren und bei der die Vortragenden bzw. Diskutant*innen auf dem Podium ebenfalls einen heterogenen Hintergrund aufwiesen.

Die Fragen beziehen sich allesamt auf den Umgang mit Hate Speech, und zwar durch verschiedene Akteure, wobei besonders die Rolle von Künstlicher Intelligenz im Fokus stand. Aufgrund des unterschiedlichen Publikums wurden beim zweiten Durchgang drei Fragen gestrichen, die ein Vorwissen im Bereich Natural Language Processing nötig machten. Im Folgenden werden nacheinander die Fragen sowie die Antworten in beiden Durchgängen vorgestellt.

Abb. 1 Frage 1, 1. Durchgang (n = 61)

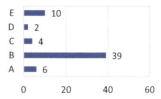

Abb. 2 Frage 1, 2. Durchgang (n = 46)

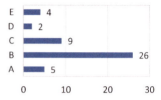

Die Fragen wurden in drei Blöcke aufgeteilt, die nach den jeweils thematischen Blöcken der Fachtagung geordnet waren und die sich auch in der Gliederung dieses Tagungsbandes wiederfinden (vgl. Abschn. 3). Den Teilnehmer*innen wurde freigestellt, ob sie auf die jeweiligen Fragen antworten. Der erste Block war der allgemeinste und Frage 1 lautete folgendermaßen: „STIMMEN SIE DER FOLGENDEN AUSSAGE ZU? DIE PLATTFORMEN LEISTEN GENUG, UM HASSREDE IM NETZ ZU BEKÄMPFEN." Die Befragten konnten unter den fünf Antwortmöglichkeiten „A) Stimme gar nicht zu", „B) Stimme eher nicht zu", „C) Stimme eher zu", „D) Stimme vollauf zu" und „E) Weiß nicht" wählen. Antwort A) wurde im ersten Durchgang im Februar 2021 6 (10 %[1]) Mal gewählt und im zweiten Durchgang im Juni 2021 5 (11 %) Mal, Antwort B) jeweils 39 (64 %) und 26 Mal (57 %), Antwort C) jeweils 4 (7 %) und 9 Mal (20 %), Antwort D) jeweils 2 (3 %) und 2 (4 %) Mal und Antwort E) jeweils 10 (16 %) und 4 (9 %) Mal (vgl. Abb. 1 und 2). Wie die Antworten zeigen, waren sich beide Gruppen (Fachpublikum und Teilnehmer*innen der Bürgertagung) weitgehend einig, dass die Plattformen bei der Bekämpfung von Hate Speech nicht

---

[1] Das System in BigBlueButton gibt lediglich ganze Prozentzahlen an. Wir sind uns im Klaren darüber, dass bei der geringen Teilnehmer*innenzahl Prozentzahlen zum Teil irreführend sein können. Da diese jedoch die Übersichtlichkeit erhöhen und eine bessere Vergleichbarkeit zwischen den beiden Durchgängen gewährleisten, sind sie hier mit angegeben.

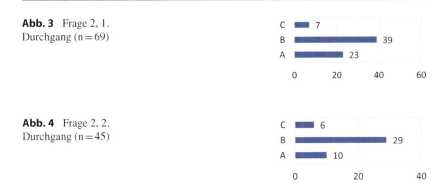

Abb. 3 Frage 2, 1. Durchgang (n = 69)

Abb. 4 Frage 2, 2. Durchgang (n = 45)

aktiv genug sind, wenngleich es bei der Bürgertagung anteilig mehr Stimmen gab, die mit der Regulierung von Seiten der Plattformen eher zufrieden sind.

Stärker auf den Bereich KI ging Frage 2 ein: „Sofern verfügbar und technisch ausgereift, sollten KI und automatisierte Detektionsverfahren standardmäßig auf user-generated content etwa in sozialen Netzwerken angewandt werden?" Hier standen die drei Auswahlmöglichkeiten „A) Ja", „B) Nur unter engen gesetzlich definierten Bedingungen und bei Verdachtsfällen" und „C) Gar nicht" zur Verfügung. Antwort A) erreichte im ersten Durchgang 23 (33 %) und im zweiten Durchgang 10 (22 %) Stimmen, B) jeweils 39 (57 %) und 29 (64 %) Stimmen und C) jeweils 7 (10 %) und 6 (13 %) Stimmen (vgl. Abb. 3 und 4). Auch bei dieser Frage lagen die beiden Gruppen nicht weit auseinander, wobei das Fachpublikum der Verwendung von KI im Bereich der Erkennung von Hate Speech etwas positiver gegenüberstand. Unter den Teilnehmer*innen befanden sich jedoch auch einige Personen, die selbst solche Verfahren entwickeln, was diesen Unterschied vermutlich erklärt.

Bei der dritten Frage war die Einschätzung der Expert*innen in Bezug auf die Entwicklung von Hate Speech gefragt: „Wie wird sich das Problem von Hate Speech in sozialen Netzwerken in zehn Jahren darstellen?" Die drei Antwortmöglichkeiten waren „A) Sehr viel schlimmer", „B) Ähnlich wie heute" und „C) Weitgehend gelöst". Beantwortet wurde die Frage in der ersten Abstimmung 12 Mal (18 %) und in der zweiten Abstimmung 9 Mal (21 %) mit A), jeweils 54 (79 %) bzw. 26 Mal (60 %) mit B) sowie 2 (3 %) und jeweils 8 Mal (19 %) mit C) (vgl. Abb. 5 und 6). Interessant ist hier, dass das Fachpublikum bei dieser Frage pessimistischer war als das Publikum der zweiten Tagung, da weniger Teilnehmer*innen der Meinung waren, das Problem sei in zehn Jahren weitgehend gelöst. Allerdings rechneten sie auch nicht stärker mit einer Verschlimmerung des Problems.

Abb. 5 Frage 3, 1. Durchgang (n = 68)

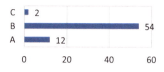

Abb. 6 Frage 3, 2. Durchgang (n = 43)

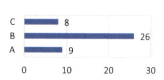

Der zweite Fragenblock beschäftigte sich ausschließlich mit der automatisierten Erkennung von Hassrede. Frage 4 zielte auf die Qualität von automatischer Hate-Speech-Erkennung ab: „Wie gut ist die Erkennung von Hate Speech durch KI Ihrer Einschätzung nach aktuell?" Die Befragten konnten sich für „A) Fast perfekte Erkennung", „B) Mittelmäßige Erkennung" oder „C) Sehr schlechte Erkennung" entscheiden. In der ersten Abstimmung antworteten eine Person (2 %) und in der zweiten Abstimmung 3 Personen (7 %) mit A), jeweils 36 (65 %) und 32 Personen (73 %) mit B) und jeweils 18 (33 %) bzw. 9 Personen (20 %) mit C) (vgl. Abb. 7 und 8). Ähnlich wie in der vorhergehenden Frage war das Fachpublikum etwas pessimistischer, wenn es um die Performanz automatischer Detektionsverfahren geht, wenngleich sich auch hier keine starken Diskrepanzen abzeichneten.

Abb. 7 Frage 4, 1. Durchgang (n = 55)

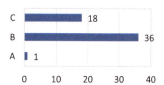

Abb. 8 Frage 4, 2. Durchgang (n = 44)

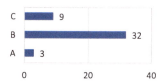

Abb. 9 Frage 5 (n = 43)

Frage 5 fokussierte die Akteur*innen der Hate-Speech-Erkennung und lautete „Wer bietet die besten Verfahren zur Erkennung von Hate Speech durch KI – Industrie/grosse Plattformen oder die Wissenschaft?" Die drei Antworten waren „A) Wissenschaft deutlich besser", „B) Etwa gleich gut" und „C) Plattformen deutlich besser". Diese Frage wurde lediglich auf der Fachtagung im Februar 2021 erhoben. 12 Personen (28 %) antworteten mit A), 20 (47 %) mit B) und 11 (26 %) mit C) (vgl. Abb. 9). Diese Antwort zeigt, dass die automatischen Verfahren der Industrie/Plattformen und der Wissenschaft als ähnlich leistungsstark eingeschätzt wurden.

Bei der sechsten Frage sollte eine Vorhersage zur Qualität von Hate-Speech-Erkennung in der Zukunft getroffen werden: „Wie wird die Erkennung von Hate Speech in zehn Jahren funktionieren?" Ähnlich wie bei Frage 4 waren die drei Antwortmöglichkeiten „A) Fast perfekte Erkennung", „B) Mittelmäßige Erkennung" oder „C) Sehr schlechte Erkennung". Diese Frage beantworteten im ersten Durchgang 12 (27 %) und im zweiten Durchgang 18 (43 %) Teilnehmer*innen mit A), 33 (73 %) bzw. 22 (52 %) mit B) und 0 (0 %) bzw. 2 (5 %) mit C) (vgl. Abb. 10 und 11). Das Ergebnis der vierten Frage zur aktuellen Performanz von Detektionssystemen spiegelt sich auch hier wider, denn an eine fast perfekte Erkennung von Hate Speech in zehn Jahren glaubten ebenfalls die Teilnehmer*innen der Bürgertagung stärker als die der Fachtagung.

Abb. 10 Frag 6, 1. Durchgang (n = 45)

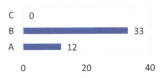

Abb. 11 Frage 6, 2. Durchgang (n = 42)

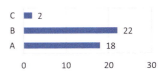

Abb. 12 Frage 7 (n = 42)

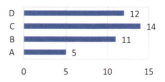

Wie Frage 5 wurde Frage 7 nur bei der ersten Erhebung gestellt. Sie lautete „Was wird Ihrer Meinung nach am meisten zu den Fortschritten bei der Erkennung von Hate Speech durch KI beitragen?" Die Befragten konnten zwischen den vier Antworten „A) Netzwerkanalysen", „B) Sprachanalyse", „C) Maschinelles Lernen" und „D) Größere Mengen an Trainingsdaten" wählen. Antwort A) wurde 5 (12 %) Mal gewählt, B) 11 (26 %) Mal, C) 14 (33 %) Mal und D) 12 (29 %) Mal (vgl. Abb. 12). Folglich werden verschiedene Verfahren und Aspekte als vielversprechend für die Entwicklung besserer Systeme eingeschätzt, am wenigsten allerdings Netzwerkanalysen und am meisten Maschinelles Lernen.

Im letzten Block ging es vor allem um die Regulierung von Inhalten in den sozialen Medien. Bei Frage 8 sollten die Tagungsteilnehmer*innen die Regulierung der sozialen Medien beurteilen: „Wie bewerten Sie die Regulierung von Hate Speech in sozialen Netzwerken heute?" Die Antwortmöglichkeiten waren „A) Zu starke Regulierung", „B) Angemessen" und „C) Deutlich zu wenig Regulierung". In der ersten Erhebung antworteten 3 (7 %) und in der zweiten 4 Personen (9 %) mit A), 9 (20 %) bzw. 8 Personen (19 %) mit B) und 33 (73 %) bzw. 31 Personen (72 %) mit C) (vgl. Abb. 13 und 14). Bei dieser Frage fielen die Antworten bei den beiden Gruppen am ähnlichsten aus und beide bewerteten die aktuelle Regulierung von Hate Speech als zu gering.

Abb. 13 Frage 8, 1. Durchgang (n = 45)

Abb. 14 Frage 8, 2. Durchgang (n = 43)

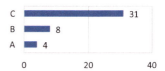

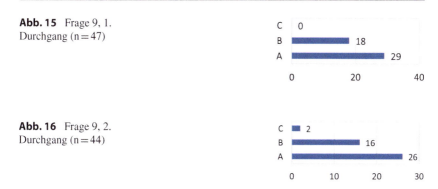

Abb. 15 Frage 9, 1. Durchgang (n = 47)

Abb. 16 Frage 9, 2. Durchgang (n = 44)

Auch Frage 9 zielte auf die Regulierungsperspektive ab, aber aus Zukunftsperspektive: „Wie wird sich die Regulierung von Hate Speech in sozialen Netzwerken in zehn Jahren darstellen?" Die Befragten konnten sich zwischen „A) Viel stärkere Regulierung", „B) Ähnlich wie heute" oder „C) Sehr viel weniger Regulierung" entscheiden. In der ersten Befragung reagierten 29 (62 %) und in der zweiten Befragung 26 (59 %) Personen mit A), 18 (38 %) bzw. 16 (36 %) Personen mit B und 0 (0 %) bzw. 2 (5 %) mit C) (vgl. Abb. 15 und 16). Wie in der vorherigen Frage waren die Antworten in beiden Runden ähnlich und die Befragten rechneten mehrheitlich mit einer stärkeren Regulierung.

Die zehnte und letzte Frage, die ebenfalls nur während der ersten Tagung erhoben wurde, lautete folgendermaßen: „Stimmen Sie der folgenden Aussage zu? Die Politik leistet genug, um Hassrede im Netz zu bekämpfen." Hier waren dieselben fünf Antwortmöglichkeiten wie bei Frage 1 gegeben, nämlich „A) Stimme gar nicht zu", „B) Stimme eher nicht zu", „C) Stimme eher zu", „D) Stimme vollauf zu" und „E) Weiß nicht". 8 Personen (15 %) reagierten mit A), 24 (46 %) mit B), 9 (17 %) mit C), 3 (6 %) mit D) und 8 (15 %) mit E) (vgl. Abb. 17). Auch wenn hier die Meinungen relativ stark verteilt waren, wird dennoch deutlich, dass die größte Gruppe der Befragten der Meinung ist, dass die Politik eher nicht genug gegen Hate Speech unternimmt.

Zusammengefasst illustriert diese Kurzbefragung daher insgesamt von Seiten des Publikums einen Wunsch zu mehr Regulierung. Besonders die Befragten mit Vorkenntnissen in NLP standen dem Einsatz von KI zur Regulierung relativ offen gegenüber, waren aber, vermutlich aufgrund ihrer Erfahrung mit den Grenzen automatischer Erkennungssysteme, häufig etwas skeptischer, was die aktuelle und zukünftige Performanz solcher Systeme betrifft.

Abb. 17 Frage 10 (n = 52)

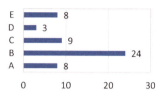

3 Die Beiträge

In Analogie zum Aufbau der Fachtagung, aus der dieser Band hervorgegangen ist, ist dieser Sammelband in drei größere Sektionen gegliedert, die die (rein beschreibende) linguistische Perspektive, die computerlinguistische und die politikwissenschaftliche widerspiegeln.

Die ersten beiden Beiträge befassen sich mit der Beschreibung beziehungsweise Rezeption von Hate Speech. Diese Sektion demonstriert nicht nur das Interesse der Linguistik an der Aufdeckung sprachlicher Muster, sondern kann auch als bedeutsame Grundlage gelten, auf der Gegenmaßnahmen für verschiedene kommunikative Äußerungen, die Hassrede enthalten, diskutiert werden können. In dem Beitrag von **Sylvia Jaki** geht es um einen Überblick über die linguistische Forschung zu Hate Speech, wobei verschiedene sprachliche Kontexte, Medien, Diskurse, Methoden und sprachliche Charakteristika berücksichtigt werden, und auch ein Blick auf die Multimodalität von Hate Speech geworfen wird. Anders als der erste Artikel beschäftigt sich der Beitrag von **Oliver Niebuhr und Jana Neitsch** mit der Rezeptionsperspektive von Hate Speech, die bislang noch als weniger gut erforscht gilt. Er präsentiert eine Übersicht zur Forschung der Autor*innen zu gesprochener versus geschriebener Hate Speech, die auch den sozialen Kontext der Rezeptionssituation mit in die Analyse einbezieht.

Die zweite Sektion ist der computerlinguistischen Perspektive gewidmet, wobei Verfahren zur automatischen Erkennung vorgestellt und diskutiert werden. **Christoph Demus, Dirk Labudde, Jonas Pitz, Nadine Probol, Mina Schütz und Melanie Siegel** stellen das Thema anhand von Prozessen und Vorgehensweisen sogenannter Shared Tasks vor, indem sie nicht nur einen Überblick über bereits durchgeführte Shared Tasks und deren Methoden bzw. Ergebnisse bieten, sondern auch in die mit dem Aufbau einer Datensammlung für einen Shared Task verbundenen Schritte und Schwierigkeiten einführen. **Johannes Schäfer** greift Problembereiche computerlinguistischer Forschung zu Hate Speech auf, unter anderem die mangelnde Berücksichtigung des sprachlichen Kontextes. Der Beitrag stellt verschiedene Lösungsansätze für die automatische Erkennung von Hate Speech vor und unterscheidet dabei lexikonbasierte Systeme, erklärbare maschinelle Lernsysteme und neuronale Netzwerke. Die Auswahl der Trainingsdaten entscheidet maßgeblich über die Leistungsfähigkeit automatisierter Hate-Speech-Erkennung. **Thomas Mandl** untersucht daher die Bedeutung von Trainingsdaten auch mit Blick auf die Erklär- und Nachvollziehbarkeit der Ergebnisse automatisierter Verfahren. **Roman Klinger** stellt anhand verschiedener Textgattungen die Möglichkeiten der automatisierten Emotionsanalyse vor. Dabei plädiert er für eine Untersuchung mit Hilfe der Appraisaltheorien, um den Zusammenhang zwischen kognitiven Prozessen und Emotionen zu erklären.

Der dritte Teil dieses Bandes ist der Regulation von Hassrede im Internet gewidmet und fokussiert damit die politikwissenschaftliche Sicht. **Wolf Schünemann und Stefan Steiger** bieten einen Überblick über die bestehende politikwissenschaftliche Forschungslandschaft und gehen dabei der Frage nach, ob sich im Kontext der Regulation von Hate Speech ein Paradigmenwechsel auf Seiten der liberalen Demokratien abzeichnet, die lange Zeit vor der Regulation von Inhalten im Netz zurückschreckten, nun aber immer aktiver gegen die Verbreitung von Hate Speech vorgehen. Als logische Konsequenz dieser Überlegungen schließt sich der Beitrag von **Doris Unger und Jürgen Unger-Sirsch** an, in dem die Autor*innen die Ziele von Hate-Speech-Regulierung darlegen und auf dieser Basis konkrete Richtlinien herausarbeiten. Anhand dieser Richtlinien wird wiederum ein konkreter Fall, der Umgang mit gruppenspezifischen Schimpfwörtern, reflektiert. Deep Fakes, die sich im Spannungsfeld zwischen Desinformation und Hate Speech befinden, werden einschließlich ihres Gefahrenpotenzials im abschließenden Artikel von **Murat Karaboga** diskutiert. Der Beitrag behandelt mit dem Digital Services Act und dem KI-Regulierungsvorschlag der EU-Kommission insbesondere die Bemühungen zur Regulierung auf europäischer Ebene.

Danksagungen An dieser Stelle möchten wir, auch im Namen von Thomas Mandl, Ulrich Heid, Wolf Schünemann und Johannes Schäfer, dem Niedersächsischem Ministerium für Wissenschaft und Kultur herzlich danken, das das Projekt HASeKI und damit auch diesen Tagungsband im Rahmen der Förderlinie Zukunftsdiskurse gefördert hat. Überdies bedanken wir uns bei Daphné Cetta, die die Durchführung der beiden Tagungen durch ihr organisatorisches Talent erst möglich gemacht hat, und bei den studentischen Hilfskräften, die uns im Rahmen des Projekts tatkräftig unterstützt haben.

Literatur

Buchstein, H. (1996). Bittere Bytes: Cyberbürger und Demokratietheorie. *Deutsche Zeitschrift Für Philosophie, 44*(4), 583–608. https://doi.org/10.1524/dzph.1996.44.4.583.

Bundesgesetzblatt. (2017). Gesetz zur Verbesserung der Rechtsdurchsetzung in sozialen Netzwerken (Netzwerkdurchsetzungsgesetz–NetzDG). https://www.bgbl.de/xaver/bgbl/start.xav?startbk=Bundesanzeiger_BGBl&jumpTo=bgbl117s3352.pdf. Zugegriffen: 28. Aug. 2021.

Cuhls, K. (2019). Die Delphi-Methode – eine Einführung. In M. Niederberger & O. Renn (Hrsg.), *Delphi-Verfahren in den Sozial- und Gesundheitswissenschaften: Konzept, Varianten und Anwendungsbeispiele* (S. 3–31). Springer VS.

Eickelmann, J., Grashöfer, K., & Westermann, B. (2017). #NETZDG #MAASLOS. *Zeitschrift Für Medienwissenschaft, 9*(17–2), 176–185. https://doi.org/10.14361/zfmw-2017-0218.

EU. (2016). Code of conduct on countering illegal hate speech online. https://ec.europa.eu/newsroom/just/document.cfm?doc_id=42985.

Häder, M. (2014). *Delphi-Befragungen: Ein Arbeitsbuch* (3. Aufl.). Springer VS.

Lee, R.K.-W., & Li, Z. (2021). Online Xenophobic behavior amid the COVID-19 pandemic. *Digital government: research and practice, 2*(1), 1–5. https://doi.org/10.1145/3428091

Niederberger, M., & Renn, O. (2018). *Das Gruppendelphi-Verfahren: Vom Konzept bis zur Anwendung.* Springer VS.

Uyheng, J., & Carley, K. M. (2020). Bots and online hate during the COVID-19 pandemic: Case studies in the United States and the Philippines. *Journal of Computational Social Science, 3*, 445–468. https://doi.org/10.1007/s42001-020-00087-4.

Open Access Dieses Kapitel wird unter der Creative Commons Namensnennung 4.0 International Lizenz (http://creativecommons.org/licenses/by/4.0/deed.de) veröffentlicht, welche die Nutzung, Vervielfältigung, Bearbeitung, Verbreitung und Wiedergabe in jeglichem Medium und Format erlaubt, sofern Sie den/die ursprünglichen Autor(en) und die Quelle ordnungsgemäß nennen, einen Link zur Creative Commons Lizenz beifügen und angeben, ob Änderungen vorgenommen wurden.

Die in diesem Kapitel enthaltenen Bilder und sonstiges Drittmaterial unterliegen ebenfalls der genannten Creative Commons Lizenz, sofern sich aus der Abbildungslegende nichts anderes ergibt. Sofern das betreffende Material nicht unter der genannten Creative Commons Lizenz steht und die betreffende Handlung nicht nach gesetzlichen Vorschriften erlaubt ist, ist für die oben aufgeführten Weiterverwendungen des Materials die Einwilligung des jeweiligen Rechteinhabers einzuholen.

Hate Speech in sozialen Medien: Ein Forschungsüberblick aus Sicht der Sprachwissenschaft

Sylvia Jaki

1 Einführung

Hate Speech ist ein genuin interdisziplinärer Forschungsgegenstand (vgl. z. B. Marx, 2018), der in den letzten Jahren in verschiedensten Bereichen wie der Politikwissenschaft, der Psychologie und nicht zuletzt der Linguistik große Aufmerksamkeit erfahren hat. In der Linguistik sind die meisten Publikationen zu Hate Speech in den Bereich der Sprachtechnologie einzuordnen, und hier geht es primär um die automatische Erkennung von Hate Speech (vgl. hierzu auch die Beiträge in diesem Band von Demus et al., Mandl und Schäfer). Zum Teil werden zwar auch in diesen Beiträgen einzelne sprachliche Charakteristika analytisch vorgestellt, das Hauptziel ist jedoch nicht eine rein sprachliche Analyse, wie dies im Bereich der beschreibenden Sprachwissenschaft der Fall ist. Im Vergleich zu Arbeiten aus der Sprachtechnologie sind solche, die primär darauf abzielen, sprachliche Charakteristika von Hate Speech darzustellen, weniger geläufig. Gleichzeitig ist die Etablierung eines Inventars an sprachlichen Mustern wichtig, um Fälle von Rechtswidrigkeiten anhand konkreter sprachlicher Kriterien eindeutiger bestimmen zu können (Ruzaite, 2018, S. 94). Daher ist es umso verwunderlicher, „how little is known about the linguistic and communicative mechanisms underlying the expression and perception of hate speech" (Baumgarten et al., 2019, S. 87). Wie dieser Beitrag zeigen wird, ist der Forschungsstand in Bezug auf verschiedene sprachliche Charakteristika sehr unterschiedlich,

---

S. Jaki (✉)
Institut für Übersetzungswissenschaft und Fachkommunikation, Universität Hildesheim, Hildesheim, Deutschland
E-Mail: jakisy@uni-hildesheim.de

© Der/die Autor(en) 2023
S. Jaki und S. Steiger (Hrsg.), *Digitale Hate Speech*,
https://doi.org/10.1007/978-3-662-65964-9_2

denn gerade zu lexikalischen Eigenschaften von Hate Speech wie zum Beispiel Entmenschlichungsmetaphern ist bereits einiges bekannt, während sprachliche Ebenen wie die Pragmatik im Bereich der Hate-Speech-Forschung bisher deutlich weniger Aufmerksamkeit erfahren haben.

Im Folgenden soll der *State of the Art* im Bereich der linguistischen Hate-Speech-Forschung überblickshaft skizziert werden, wobei vereinzelt auch die beschreibenden Anteile von Arbeiten aus anderen Disziplinen herangezogen werden können, sofern sie substanzielle Einblicke in die sprachlichen Charakteristika von Hate Speech erlauben. In Abschn. 2 soll zunächst eine Einführung in den Begriff *Hate Speech* erfolgen, bevor Abschn. 3 einen Einblick in die verschiedenen Schwerpunkte von sprachwissenschaftlichen Fallstudien bietet. Neben einer Kurzdarstellung von vorherrschenden Ansätzen, untersuchten Diskursen, Medien und Sprachen werden hier auch einige konkrete sprachliche Charakteristika präsentiert und anhand konkreter Tweets in den Sprachen Deutsch, Englisch und Niederländisch illustriert. Diese Tweets stammen aus dem EU-geförderten Projekt *Detect then Act*, in dessen Rahmen ein Dashboard zur Identifikation von Hate Speech auf Twitter entstand, mit dessen Hilfe die meisten der in diesem Artikel verwendeten Tweets ausgewählt wurden. Der Beitrag schließt mit einer Zusammenfassung des Forschungsüberblickes und dessen Implikationen für zukünftige Forschungstendenzen (Abschn. 4). Das Fazit beinhaltet überdies ein Plädoyer für eine multimodale Hate-Speech-Forschung, die neben verbalem Text auch die zahlreichen weiteren Bedeutungsressourcen digitaler Kommunikationskontexte berücksichtigt.

2 Hate Speech

Der für verschiedene Phänomene sprachlicher Aggressivität und Diskriminierung in der Fachliteratur vorherrschende Begriff ist *Hate Speech*. Bei Smułczyński (2019) wird der Begriff *Hasssprache* verwendet, bei Meibauer (2013) *Hassrede*. Auch der Begriff des *Flaming* ist hier relevant, denn er bezeichnet „messages showing attributes such as hostility, aggression, intimidation, insults, offensiveness, unfriendly tone, uninhibited language, and sarcasm" (Turnage, 2007, S. 44). Ein weiterer Begriff, der mit Hate Speech in Verbindung gebracht wird, ist der des *Cyberbullying*. Hierunter versteht man den Versuch, Menschen durch Beleidigungen und andere erniedrigende Äußerungen zu verletzen und ihre Persönlichkeit zu degradieren (Marx, 2013, S. 103).

Zur Definition von Hate Speech kann folgende vielzitierte Passage aus Meibauer (2013, S. 1) herangezogen werden: „Unter Hate Speech – hier übersetzt mit ‚Hassrede' – wird im Allgemeinen der sprachliche Ausdruck von

Hass gegen Personen oder Gruppen verstanden, insbesondere durch die Verwendung von Ausdrücken, die der Herabsetzung und Verunglimpfung von Bevölkerungsgruppen dienen." Es handelt sich dabei folglich um eine sprachliche Handlung (vgl. Marx, 2018, S. 38). Marsters (2019, S. 19) betont für den US-amerikanischen Kontext, dass gleichzeitig eine Anstiftung zu Gewalt oder Animositäten gegenüber dem Target gegeben sein muss, um von Hate Speech sprechen zu können.[1] Unter dem *Target* einer diskriminierenden Äußerung versteht man die Person oder die Gruppe, auf die sie abzielt. Die Gruppen und Individuen, gegen die sich Hate Speech richtet oder richten kann, sind fast unbegrenzt – die große Reichweite, angefangen bei Migrant*innen und Mitbürger*innen anderer Religionen über Frauen, Homosexuelle, Transfrauen/-männer bis hin zu Veganer*innen, Menschen mit Behinderungen uvm., zeigt, dass es kaum menschliche Charakteristika gibt, die nicht zur Zielscheibe von Hate Speech werden können.

Obwohl Hate Speech nicht zwangsläufig immer mit Hass zu tun hat (Geyer, 2017, S. 3), handelt es sich um einen stark emotional besetzten Begriff, da er mit Phänomenen wie beispielsweise Intoleranz, Diskriminierung, Hass, Feindseligkeit, Stereotypisierung und Aggression assoziiert wird (Ruzaite, 2018, S. 96).

Der Bereich, in dem Hate Speech vorwiegend, wenngleich auch nicht ausschließlich, zu beobachten ist, sind Online-Kontexte aller Art, insbesondere die sozialen Netzwerke. Dies kann als Kehrseite der Tatsache gesehen werden, dass das Internet eine verstärkte Partizipation der Zivilgesellschaft ermöglicht, denn diese „can assume a more active role, as creators and co-creators of new content", was wiederum die Möglichkeiten zur Verbreitung von diskriminierenden Äußerungen erleichtert (Arroyo López & Moreno López, 2017, S. 11).

3 Fallstudien

Fallstudien, die Hate Speech aus vollständig oder teilweise sprachwissenschaftlicher Sicht beleuchten, unterscheiden sich nach den folgenden Aspekten:

---

[1] Vgl. zum Beispiel die Erläuterungen in Jaki und De Smedt (2019) zu Unterschieden zwischen Europa und den USA in Bezug auf die rechtliche Situation im Bereich Hate Speech.

- den methodischen Herangehensweisen,
- den Targets,
- den Diskursen,
- den Medien,
- den untersuchten Sprachen,
- den untersuchten sprachlichen Charakteristika.

Der Forschungsstand zu diesen Aspekten soll an dieser Stelle exemplarisch skizziert werden, um Trends in der sprachwissenschaftlichen Hate-Speech-Forschung herauszuarbeiten, wobei ein Anspruch auf Vollständigkeit explizit nicht gegeben ist. Hierbei werden Arbeiten berücksichtigt, die sich konkret mit dem Phänomen Hate Speech befassen, aber auch solche, die damit verbundene Themen untersuchen, beispielsweise bestimmte sprachliche Charakteristika der Pejoration. Besonders das EU-geförderte Projekt *C.O.N.T.A.C.T*, das sich vor allem mit Online-Kommentaren zu Berichten und mit der Wahrnehmung von Hate Speech beschäftigt hat (vgl. Assimakopoulos et al., 2017), hat zu zahlreichen Publikationen im Bereich der linguistischen Hate-Speech-Forschung zu verschiedenen europäischen nationalen Kontexten beigetragen (z. B. Ruzaite, 2018 und alle Beiträge in Assimakopoulos et al., 2017), und zwar Dänemark, Griechenland, Zypern, Italien, Litauen, Polen, Spanien und Malta. Das Anschlussprojekt *XPEROHS* (z. B. Baumgarten et al., 2019 sowie Neitsch und Niebuhr in diesem Band), konzentriert sich auf die Sprachen Dänisch und Deutsch. Auch die Forschung zum Thema Cyberbullying, das zahlreiche Überlappungen mit Hate Speech aufweist, soll hier erwähnt werden. Diese wurde im deutschen Raum maßgeblich von Marx (z. B. 2013, 2017) vorangebracht.

3.1 Methodische Herangehensweise

Generell lassen sich die empirischen Arbeiten zum Thema in erster Linie danach kategorisieren, ob qualitativ oder quantitativ vorgegangen wird. Häufig liegen auch gemischte Ansätze vor, die beides kombinieren (Hardaker & McGlashan, 2016; Jaki & De Smedt, 2019; Jaki et al., 2019; Lewandowska-Tomaszczyk, 2016, 2017; Marsters, 2019; Nick, 2018). Typisch ist hier unter anderem eine Verbindung von korpuslinguistischen Methoden mit qualitativer (mitunter Kritischer) Diskursanalyse (Brindle, 2016; Marsters, 2019; Musolff, 2015). Ruzaite (2018) verwendet einen differenzierten korpuslinguistischen Ansatz und zeigt, an welchen Stellen ein quantitatives Vorgehen an seine Grenzen stößt.

Rein quantitativ arbeiten dagegen Baumgarten et al. (2019) und ElSherief et al. (2018). Konkrete Methoden, die bei quantitativer Hate-Speech-Forschung zum Tragen kommen, sind beispielsweise Keywordanalyse (z. B. in Brindle, 2016; ElSherief et al., 2018; Jaki et al., 2019; Ruzaite, 2018), Kollokations- und Konkordanzanalyse (Brindle, 2016; Jaki & De Smedt, 2019; Ruzaite, 2018), Clusteranalyse (Jaki & De Smedt, 2019) und Sentimentanalyse (Jaki & De Smedt, 2019; Jaki et al., 2019).

Qualitativ orientierte Untersuchungen bieten dagegen beispielsweise Agnetta (2018), Kałasznik (2018), Kleinke (2007), Kopytowska und Stawikowska-Marcinkowska (2020), Marx (2013, 2018), Smułczyński (2019) sowie Stojić und Brala-Vukanović (2017). Hier werden wiederum Methoden aus unterschiedlichen Teilbereichen der Linguistik eingesetzt, so aus der Kognitiven Linguistik wie in der Metaphernanalyse von Agnetta (2018), der Pragmatik wie in der Analyse verbaler Ablehnung mithilfe verschiedener Konzepte sprachlicher Höflichkeit in Kleinke (2007) oder der Lexikologie bzw. Lexikographie, wenn Stojić und Brala-Vukanović (2017) Elemente lexikalischer Abwertung aus Wörterbucheinträgen zusammenstellen.

3.2 Targets und Diskurse

Häufig korrelieren Targets mit bestimmten Diskursen, weswegen diese beiden Aspekte im Folgenden zusammen vorgestellt werden sollen. So richten sich Äußerungen im Feminismusdiskurs beispielsweise häufig gegen Feminist*innen oder im Veganismusdiskurs gegen Veganer*innen. Dementsprechend überzeugend ist auch die stark diskursanalytische Ausrichtung von Assimakopoulos et al. (2017). Nichtsdestoweniger handelt es sich hier nicht um einen Automatismus, d. h. dass zum Beispiel Social-Media-User*innen mitunter aufgrund ihres Aussehens, ihres Geschlechts oder anderer Charakteristika unabhängig vom Diskurs sprachliche Diskriminierung erfahren.

Besonders gut beforscht ist insgesamt Hate Speech gegen Migrant*innen im Allgemeinen und Geflüchtete im Besonderen (z. B. Kopytowska & Stawikowska-Marcinkowska, 2020; Kreis, 2017) bzw. der Immigrationsdiskurs, der häufig in Bezug auf die Darstellung von Migrant*innen in verschiedenen Medien untersucht wird (z. B. Agnetta, 2018; Musolff, 2015), und auch einer der beiden Hauptschwerpunkte des Projekts *C.O.N.T.A.C.T.* lag in Migrant*innen als Targets. Zur Sprache des Rassismus allgemein forscht überdies Hoffmann (2020), zu rechtsextremistischen Diskursen beispielsweise Baumgarten (2017) oder Jaki und De Smedt (2019). Deutlich weniger Forschung aus linguistischer Perspektive wird bislang noch im Bereich Sexismus bzw. Antifeminismus (zum Beispiel Hardaker & McGlashan, 2016[2]; Jaki et al., 2019) und LGBTQ+ (Brindle, 2016 zu Homosexualität sowie die verschiedenen Teiluntersuchungen von *C.O.N.T.A.C.T*) betrieben. Um Terrordiskurse geht es bei Smułczyński (2019) und Opiłowski (2020), bei Lewandowska-Tomaszczyk (2016, 2017) um die Griechenlandkrise im Jahr 2015. Diskurse, die Hate Speech selbst thematisieren, werden in Marx (2018) behandelt.

3.3 Medien

Besonders die sozialen Medien, die durch ihre relative Anonymität und ihre Enthemmungseffekte als Beförderer von Polarisierung und Hate Speech gelten (vgl. Hardaker & McGlashan, 2016, S. 82), werden häufig als Datenbasis herangezogen. Hier wird vor allem mit Twitter (Dynel, 2021; ElSherief et al., 2018; Hardaker & McGlashan, 2016; Jaki & De Smedt, 2019; Kreis, 2017; Marx, 2018) und Facebook (Greule et al., 2020; Opiłowski, 2020; Smułczyński, 2019) gearbeitet; zum Teil werden auch beide sozialen Netzwerke kombiniert (Baumgarten et al., 2019; Marx, 2018). Mit YouTube befassen sich beispielsweise Bou-Franch und Garcés Blitvich (2014) sowie Kopytowska und Stawikowska-Marcinkowska (2020). Generell stehen allerdings verschiedenste Arten von Online-Medien im Fokus der linguistisch orientierten Hate-Speech-Analyse, denn „[v]om Virus der Hasssprache sind heute fast alle Domänen der Internetkommunikation betroffen: Blogs, Chats, Soziale Medien oder Leserforen" (Smułczyński, 2019, S. 227). Manche Publikationen ziehen eine Reihe von Online-Medien exemplarisch heran (z. B. Agnetta, 2018; Musolff, 2015), die Mehrheit konzentriert sich jedoch auf ein konkretes Medium. So untersuchen Ruzaite (2018) und Lewandowska-Tomaszczyk (2016, 2017) Kommentare zu Nachrichten im Internet. Kleinke (2007) widmet sich konkret dem Diskussionsforum von *Spiegel Online*. Brindle (2016) beschäftigt sich mit der Website *Stormfront*, Marx (2013) im Kontext von Cyberbullying mit der Internetseite *Isharegossip.com* und Jaki et al. (2019) mit einem Forum für *involuntary celibates* (Männer, denen sexuelle Kontakte verwehrt bleiben), *incels.me*. Nick (2018) dagegen untersucht 30 anonyme Drohbriefe, die im Rahmen der US-Präsidentschaftswahl 2016 offline entstanden sind.

---

[2] Hier geht es speziell um sprachliche Charakteristika von Vergewaltigungsandrohungen.

3.4 Sprachen

Die meisten Arbeiten, die sprachliche Charakteristika von Hate Speech beschreiben, liegen zweifelsohne zum Englischen vor (z. B. Baumgarten, 2017; Brindle, 2016; ElSherief et al., 2018; Hardaker & McGlashan, 2016; Jaki et al., 2019; Lewandowska-Tomaszczyk, 2016, 2017; Marsters, 2019; Musolff, 2015; Nick, 2018; Stojić & Brala-Vukanović, 2017). Jedoch beschäftigen sich auch zahlreiche Autor*innen mit der deutschen Sprache, so beispielsweise Agnetta (2018), Baumgarten et al. (2019), Jaki und De Smedt (2019), Kleinke (2007), Kopytowska und Stawikowska-Marcinkowska (2020), Marx (2018), Smułczyński (2019) oder Stojić und Brala-Vukanović (2017). Agnetta (2018) enthält neben deutschem auch französisches und italienisches Sprachmaterial. Auch zur polnischsprachigen Hate Speech wurden bereits einige Beiträge verfasst (Kopytowska & Stawikowska-Marcinkowska, 2020; Lewandowska-Tomaszczyk, 2016, 2017; Opiłowski, 2020; Smułczyński, 2019). Sowohl Lewandowska-Tomaszczyk (2016, 2017) und Smułczyński (2019) gehen hierbei kontrastiv vor. Die Arbeiten ergeben, dass polnische Hate Speech zu Zeitungsartikeln im Internet mehr graphische Marker (z. B. Schreibung in Großbuchstaben oder Gebrauch von Ausrufezeichen) emotionaler Aufgeladenheit als englische enthalten (Lewandowska-Tomaszczyk, 2016, S. 81) bzw. dass die untersuchte polnischsprachige Hate Speech generell eine höhere Intensität aufweist als die deutsche oder dänische (Smułczyński, 2019, S. 231). Neben den bereits genannten Sprachen liegen vereinzelt auch Arbeiten zum Dänischen (Baumgarten et al., 2019; Geyer, 2019; Smułczyński, 2019) und zum Litauischen (Ruzaite, 2018) vor.

3.5 Charakteristika

Die in den vorigen Abschnitten vorgestellten Publikationen beschäftigen sich mit einer Vielzahl sprachlicher Charakteristika und bieten zum Teil auch eine Übersicht über verschiedenste sprachliche Strategien der Diskriminierung (z. B. in Jaki & De Smedt, 2019; Marx, 2018; Meibauer, 2013; Nick, 2018; Smułczyński, 2019), die im Folgenden nur exemplarisch vorgestellt werden können.

Die meisten Arbeiten befassen sich mit **pejorativer Lexik.** In diesen Bereich fallen insbesondere pejorative Personenbezeichnungen, also lexikalische Einheiten, die eine negative Bewertung von Personen enthalten. Diese sind in sozialen Netzwerken häufig auch in Hashtags zu finden (1).

(1) Shut the fuck up, you tangerine-dusted blunder muppet mendacious fuckbilled twatypus hoofwanking bunglecunt! #FakePresident #RacistInChief #AmericanTraitor #LiarInChief #CrookedTrump #PresidentCOVIDIOT #ChingaTuMAGA #Loser

Hierüber geben in quantitativen Arbeiten beispielsweise Keywordanalysen Aufschluss (z. B. ElSherief et al., 2018). Abwertende ethnische Bezeichnungen *(Ethnophaulismen)* spielen vor allem in Baumgarten et al. (2019) eine prominente Rolle. Sie umfassen zum Beispiel deutsche Bezeichnungen wie *Kanake, Nafri, Polacke* oder *Zigeuner* oder auch gegen Deutsche gerichtete Bezeichnungen wie *Alman, Piefke, Kartoffel* oder *Kraut* (2).

(2) leftist scumbags/Soros. Orban is a beacon. What about the *Krauts?* Haven't they a similar emergency legislation?

Hierbei handelt es sich um eine Art der Stereotypisierung[3]. Auffällig ist in diesem Zusammenhang, dass stereotype Personenbezeichnungen häufig in Form von Komposita auftreten, zum Beispiel *Teppichknutscher* oder *Kanakenfotzen* (Jaki & De Smedt, 2019, S. 14) zur Bezeichnung von Gruppen oder *angstpsychopaat* zur Bezeichnung eines Individuums (3).

(3) In vredesnaam, welke debiel gelooft nog wat deze angstpsychopaat allemaal uitkraamt? Wie? (dt. ‚Welcher Debile glaubt um Himmels willen noch, was dieser Angstpsychopath ständig von sich gibt? Wer?')

Pejorative Personenbezeichnungen werden in Stojić und Brala-Vukanović (2017) nach morphologischen (unter anderem abwertende Suffixe wie dt. *–ler* oder engl. *–tard*) und semantischen Gesichtspunkten untergliedert. Die Autorinnen heben hervor, dass solche Bezeichnungen nicht unbedingt ein negatives Sem enthalten müssen wie die abwertende Bezeichnung für eine Frau in (4), sondern dass manche Wörter nur in bestimmten Kontexten eine negative Konnotation erhalten, was vor allem auf Lexeme aus dem Bereich der Fauna (5) zutrifft (Stojić & Brala-Vukanović, 2017, S. 68 f.).

---

[3] Diese und andere sprachliche Strategien der Stereotypisierung werden beispielsweise auch von Marx (2013) in Bezug auf Cyberbullying untersucht. Hoffmann (2020), der verschiedene Formen der Generalisierung als eines der Hauptmerkmale rassistischer Äußerungen nennt, illustriert diese mit historischem und aktuellem Material.

(4) Knetter gestoord imbeciel wijf. (dt. ‚Irres, gestörtes, schwachköpfiges Weib')
(5) Alle die #Merz jetzt als Lichtblick sehen, sind dumme *Schlafschafe*.

Bei (5) liegt eine Entmenschlichungsmetapher vor, die ein häufig beobachtetes Phänomen in Hate Speech darstellt (z. B. Musolff, 2015). Es handelt sich dabei um einen gängigen sozialen Mechanismus, bei dem anderen Individuen der Status eines Menschen aberkannt wird – problematisch ist dies vor allem, da Entmenschlichung Konflikte verschärfen, Empathie verringern und im schlimmsten Fall sogar die Hemmschwelle für Gewalt reduzieren kann (vgl. Cassese, 2020, S. 108). In diesem Sinne werden beispielsweise Migrant*innen in rechtsextremistischer deutscher Hate Speech auf Twitter häufig als *Parasiten, Pack, Abschaum, Gesindel* oder *Müll* bezeichnet (Jaki & De Smedt, 2019, S. 11). Interessant ist, dass Entmenschlichung in vereinzelten Situationen nicht nur für die Abwertung der *Out-Group,* sondern auch für die Beschreibung der *In-Group* verwendet wird: So verwenden *involuntary celibates* nicht nur für Frauen und attraktive Konkurrenten Entmenschlichungsmetaphern, sondern auch für andere *involuntary celibates* und als Selbstzuschreibung, so zum Beispiel in Usernamen wie *Subhuman Trash oder Melancholy_Worm* im Forum incels.me (Jaki et al., 2019, S. 257 f.). Dass die Konzeptualisierung von Targets als nicht-menschliche Entitäten von Tieren (6) über Ungeziefer (7) bis hin zu unbelebten Entitäten wie Abfall und Ähnlichem (8 und 9) reicht, demonstrieren auch folgende Beispiele aus Twitter:

(6) Der Spinner ist ein asoziales *Dreckschwein*. PUNKT.
(7) *Vermin* who only want to out-*vermin* the *verminest vermin,* while some of us are on Twitter for the jokes and shared humanity.
(8) Wählt diesen *Scheißhaufen* eigentlich noch jemand zu dem auch dieser wirklich sympathische junge Mann gehört? Wenn ja, dann -um mal jemanden sehr klugen zu zitieren- legt euch gehackt!
(9) Met voorlichting ga je agressief *tuig* niet tegenhouden. Vooral buitenlanders niet. (dt. ‚Mit Ausbildung kann man aggressives Zeug nicht aufhalten. Vor allem keine Ausländer.')

Auch andere Arten von Metaphern werden in sprachwissenschaftlichen Arbeiten thematisiert, insbesondere wenn es um die Darstellung von Geflüchteten im Migrationsdiskurs geht (z. B. Agnetta, 2018; Kałasznik, 2018). So demonstriert Agnetta (2018), wie die ankommenden Geflüchteten als Wassermassen dargestellt werden. Hier geht es zwar nicht um Hate Speech per se, aber um ein

Phänomen, das in Hate Speech häufig vorkommt bzw. in der Kritik steht, durch negatives Framing die gesellschaftliche Polarisierung zu fördern. Dass sich Diskriminierung und Ähnliches nicht nur auf der Ein-Wort-Ebene manifestiert, sondern es auch Konstruktionen gibt, die für Hate Speech charakteristisch sind, zeigen Baumgarten et al. (2019) anhand von hochfrequenten Konstruktionen wie *Ich bin kein Rassist, aber* oder *Ich habe nichts gegen X, aber* und *die ach so*. Über die Wortebene hinaus bewegt sich auch die Analyse von Sprachhandlungen, die Greule et al. (2020) in Facebook-Einträgen von Pegida exemplarisch anhand von KRITISIEREN untersuchen, wie sie auch in Hate Speech auf Twitter häufig auftritt (10). In Opiłowski (2020) werden Facebook-Kommentare mit Hilfe der Sprachhandlungen BELEHREN, HERABWÜRDIGEN, BEDROHEN, BELEIDIGEN und KRITISIEREN AM VERHÖHNEN kategorisiert und durch Texthandlungen auf die multimodale Ebene übertragen. Jaki und De Smedt (2019, S. 20 f.) geben einen exemplarischen Einblick in Sprechakte in rechtsextremistischer Hate Speech und kommen zu dem Schluss, dass die expressiven Sprechakte (11) in den untersuchten Twitter-Daten den höchsten Grad an Aggressivität und Abwertung aufweisen.

(10) #Kameltreiber Wegen einer harmlosen #Kameltreiber Aussage soll ein Trainer zurücktreten, während 3 #Vergewaltiger draußen frei herumlaufen. Hat einer dieser schwachsinnigen #Rassismus Sucher dazu was getwittert? Fehlanzeige! #Flüchtlinge
(11) ich hasse hasse hasse kanaken

Andere Arbeiten kontrastieren **verschiedene Arten von Hate Speech** in Bezug auf ihre sprachlichen Charakteristika. Interessant ist in diesem Zusammenhang beispielsweise die Untersuchung von Marsters (2019), die analysiert, durch welche sprachlichen Charakteristika im schriftlichen Diskurs auf eine erhöhte Gewaltbereitschaft geschlossen werden kann. Die untersuchten Kategorien schließen beispielsweise Modalverben, Personalpronomina und Schimpfwörter mit ein. Ein Ergebnis in ElSherief et al. (2018) ist, dass generalisierende Hate Speech (12) im Vergleich zu gerichteter Hate Speech (13) emotionalere Sprache aufweist, weniger informell und weniger aggressiv ist, stärker mit *they (Othering)* arbeitet und mehr Wörter aus dem Wortfeld *death* aufweist.

(12) Wo sind denn die Wasserwerfer? Wird Zeit…. ekelhafte Egoisten und Idioten. ich könnte Kotzen bei so vielen Hackfressen…
(13) Was jaja du dumme schlampe bevor ich dich Keller ankette und dich 3 Tage verhungern lasse du dumme nutte

Nicht zu vernachlässigen ist überdies die Tatsache, dass sich Hate Speech auf der Ebene der konkreten kommunikativen Handlung manifestiert und nicht notwendigerweise an eine konkrete sprachliche Oberfläche gebunden ist. Dies bedeutet einerseits, dass es auch diverse **Formen indirekter Hate Speech** gibt (vgl. Ruzaite, 2018). So zeigen Bou-Franch und Garcés Blitvitch (2014) beispielsweise anhand von Kommentaren auf YouTube-Videos, die ein Bewusstsein für Gewalt gegen Frauen schaffen wollen, dass nur die wenigsten Kommentare explizit Gewalt gegen Frauen verherrlichen, sondern dass implizite und indirekte Formen überwiegen. Andererseits können Äußerungen, die scheinbar Hate Speech, zum Beispiel in Form von Beleidigungen, darstellen, auch scherzhaft gemeint sein und werden von den Rezipierenden im Idealfall nicht als Beleidigungen interpretiert (vgl. Dynel, 2021). Aus forschungstechnischer Sicht sind diese Arten auch deshalb besonders reizvoll, da sie einen hohen Dekodierungsaufwand besitzen. Überdies entziehen sie sich bei der automatisierten Erkennung von Hate Speech, die sich an der sprachlichen Oberfläche orientiert, häufig einer korrekten Klassifizierung, denn hier liegen wichtige Kontextinformationen meist nicht vor (vgl. Schmidt & Wiegand, 2017, S. 8). Dies würde vermutlich auch auf Beispiel (14) zutreffen, in dem der ursprünglich weltoffene Hashtag *#RefugeesWelcome* ironisch verwendet wird, um eine migrant*innenfeindliche Äußerung zu tätigen, und die sprachliche Oberfläche zwar eine kritisch Einstellung reflektiert, aber wenig der in diesem Kontext üblicherweise verwendeten Rhetorik aufweist. Auch (15) verwendet Ironie und könnte nur schwer als Hate Speech ausgewiesen werden, wenn der Tweet nicht mit dem eindeutig negativ konnotierten Hashtag *#MultikultiTodeskulti* schließen würde, der einen Anhaltspunkt für die Interpretation liefert.

(14) Ich muss ehrlich gestehen, dass ich die aufdringlichen Einwanderer als absolut störend empfinde. Wie kriegen wir diese Leute eigentlich wieder aus unserem schönen Land? #RefugeesWelcome

(15) Am Mittwoch fühlte sich ein zum #Islam konvertierter Däne dazu berufen, den Menschen in #Norwegen islamische Sitten und Gebräuche mit der gebührenden Toleranz gegenüber Andersgläubigen näherzubringen. #Konvertit #WirHabenPlatz #MultikultiTodeskulti

4 Fazit und Plädoyer für eine multimodale Betrachtung von Hate Speech

Der Überblick über verschiedene Arbeiten, die Hate Speech aus sprachwissenschaftlicher Sicht beschreiben, in diesem Beitrag hat zeigt, dass vor allem der Wortebene hohe Aufmerksamkeit zuteil wird, da hier zahlreiche Strategien existieren, um sprachlich ein Feindbild zu konstruieren. Gleichzeitig wird deutlich, dass Hate Speech auch über die Wortebene hinaus charakteristische Merkmale aufweist, die nicht vernachlässigt werden sollten. Auch darf man nicht Gefahr laufen, Hate Speech mit aus dem Kontext gelösten pejorativen Wörtern gleichzusetzen, da diese immer im Kontext zwischen Sender und Empfänger entsteht (Marx, 2018, S. 49; vgl. auch Nick, 2018, S. 186). So stellen besonders Untersuchungen zur pragmatischen Ebene von Hate Speech und allgemein zu indirekter Hate Speech noch ein stärkeres Desiderat dar als Untersuchungen auf der lexikalischen Ebene.

Der Fokus der Ausführungen lag klar auf der rein verbalen Ebene, wie dies für die Mehrheit linguistischer Arbeiten zu Hate Speech der Fall ist (mit Ausnahme beispielsweise von Arbeiten wie Kreis, 2017; Opiłowski, 2020). Kommunikation in sozialen Medien ist jedoch bei weitem nicht auf verbalen Text beschränkt, sondern ist multimodal. Multimodal sind Kommunikate, „which combine various sign systems (modes) and whose production and reception calls upon the communicators to semantically and formally interrelate all sign repertoires present" (Stöckl, 2004, S. 9). Posts und Kommentare in den sozialen Medien sind insofern multimodal, als sie interaktive Bedeutungsressourcen, Text- und Bildelemente einschließen. Wie Abb. 1 für Twitter demonstriert, gehören zu diesen interaktiven Ressourcen beispielsweise Verlinkungen (hier: Link auf die Tagungswebsite), Mentions (Verweise auf andere User*innen) oder Hashtags *(#HateSpeech, #HASeKI, #IPHSE2, #unihildesheim)*. Hinzu kommen die über dem Tweet platzierten Metainformationen zur Userin (@sylviajaki), das Profilfoto (hier unkenntlich gemacht) und der Tweetzeitpunkt (28 Min. vor Aufnahme des Screenshots) sowie die am Ende platzierten Möglichkeiten zum Kommentieren, Retweeten, Liken und Teilen (einschl. weiterer Funktionen) beziehungsweise Informationen zu Kommentaren, Likes (3), Retweets (4) sowie bei eigenen Tweets zur Tweet-Statistik. Darüber hinaus prägen den Tweet Bildelemente, und zwar Emojis und eingebettete Bilder aus verlinkten Artikeln, Fotos, Memes usw. (hier: hinzugefügtes Bild, das sich auch auf der verlinkten Website befindet). Verbaler Text, der für die Linguistik besonders relevant ist, findet sich hier im Posttext (bzw. potenziell in Kommentaren zum Post) und als Text im Bild.

2 Hate Speech in sozialen Medien: Ein Forschungsüberblick ...

Abb. 1 Beispieltweet

Für die multimodale Analyse von Hate Speech sind vor allem drei Elemente hochrelevant, und zwar verlinkte Inhalte (die beispielsweise Straftatbestände wie Volksverhetzung erfüllen könnten), Emojis und eingebettete Bilder. Emojis werden aufgrund ihrer starken visuellen Salienz unmittelbar perzipiert (Beißwenger & Pappert, 2020, S. 100). Eine Funktion von Emojis, die im Rahmen von Hate Speech besonders ausgeprägt ist, ist deren Kontextualisierungsfunktion:

> Mit der Verwendung von Emojis in dieser Funktion wird für die Adressatinnen und Adressaten der Kontext konstituiert, vor dessen Hintergrund und unter dessen Bedingungen der oder die Verwendende eine sprachliche Äußerung interpretiert wissen möchte oder anhand dessen die Einstellung der oder des Verwendenden zu einem geäußerten Sachverhalt rekonstruierbar gemacht werden soll, ohne diese explizit sprachlich zu formulieren. (Beißwenger & Pappert, 2020, S. 101)

Folglich haben wir es bei Emojis mit salienten Hinweisen darauf zu tun, *wie* ein Kommentar zu lesen ist. Wie Jaki und De Smedt (2019, S. 20) für rechtsextremistische Hate Speech auf Twitter zeigen, besitzen Emojis in Hate Speech oft intensivierende Wirkung und weisen insofern auf eine emotionale Beteiligung hin, als sie besonders mit expressiven Sprechakten auftreten (16).

Abb. 2 Frauenfeindlicher Tweet mit Kontextualisierungsfunktion des Textes

(16) Wat een walgelijke idioten, mocht er ooit nog een oorlog komen dan hoop ik dat de tegenstemmers als eerste doodgaan van de honger. ☺☺☺ (dt. , Was für widerliche Idioten. Sollte es noch jemals einen Krieg geben, hoffe ich, dass die, die dagegen stimmen, als erste verhungern')

So stellen Emojis folglich per se noch keine Hate Speech dar, sie sind jedoch ein integraler Bestandteil von Hate Speech und eng mit verbalen Elementen verknüpft.

Im Gegensatz zu Emojis können eingebundene Bildobjekte durchaus für sich gesehen konstitutiv für Hate Speech sein oder Hate Speech entsteht erst aus der Interaktion zwischen Text- und Bildanteilen. Besonders Memes spielen hier eine tragende Rolle, denn ihr Gebrauch in extremistischer Kommunikation, insbesondere in rechtsextremistischen Kreisen, hat stark zugenommen: Wie Bogerts und Fielitz (2019, S. 138) betonen, „we can barely understand recent far-right cultures without taking into account the diverse messages that memes disseminate".

Im Folgenden möchte ich illustrierend zwei Fälle anführen, bei denen sich Text- und Bildelemente umgekehrt zueinander verhalten (Posttext kontextualisiert

2 Hate Speech in sozialen Medien: Ein Forschungsüberblick ...

Abb. 3 Rassistischer Tweet mit Kontextualisierungsfunktion des Bildes

Bild vs. Bild kontextualisiert Posttext). In Abb. 2 liegt bei dem eingebetteten Meme bereits ein Text-Bild-Verband vor. Der visuelle Anteil allein ist nicht diskriminierend, sondern bietet nur die Folie für die misogynen Aussagen *There is only one gender* und *Women are objects,* von denen die zweite überdies eine Entmenschlichung darstellt. Ob dieser Bildverband jedoch eine ernst gemeinte Aussage darstellt oder eine kritische Distanzierung von Donald Trumps Frauenbild, ist ohne den Text des Posts nicht zu entscheiden. Mit *I agree* jedoch positioniert sich der User, liefert somit eine Lesehilfe, und der Tweet kann als frauenfeindlich eingestuft werden.

In Abb. 3 jedoch haben wir es mit einem Text im Post zu tun, der als ironisch interpretiert werden muss. Dies suggerieren bereits einige Textelemente (*Was so alles aus dem #Mittelmeer gefischt wird,* die Markierung von *Neuen Deutschen* in Anführungszeichen sowie die ironische Verwendung von *echt*). Wie abwertend die Aussage jedoch wirklich ist, wird durch das eingebettete Foto deutlich, das eine Gruppe schwarzer Jugendlicher zeigt.

Der Eindruck, den die Jugendlichen auf diesem Bild machen, lässt sich als Kontrast zur Attribution *nett* beschreiben, denn sie wirken insbesondere aufgrund der heruntergelassenen Hosen und der Sturmhaube des Jugendlichen rechts im Bild unsympathisch und sogar gefährlich. Dass die Rezipierenden des Tweets eine (sicherlich intendierte) direkte Verbindung zwischen dem Aussehen auf dem Bild und Vorfällen sexualisierter Gewalt herstellen, zeigt sich zum Beispiel darin, dass ein User antwortet: *Die Hosen haben die Buben sicherheitshalber schon runtergelassen. Allzeit bereit… #rapefugees*. Durch die Kombination aus Text und Bild wird folglich ein komplexes Assoziationsgefüge geschaffen. Eine Recherche im Netz zeigt jedoch, dass es sich hier nicht um Geflüchtete handelt, sondern um ein älteres Bild von Jugendlichen aus den USA und bei den heruntergelassenen Hosen um eine Art Modetrend. Das Bildelement wird folglich verwendet, um gezielt Angst vor Geflüchteten zu schüren.

Die angeführten Beispiele sollen zeigen, dass eine Analyse über den rein verbalen Text hinaus nötig ist, um Hate Speech (manuell oder automatisiert) identifizieren und umfassend beschreiben zu können. Besonders zwischen Text- und Bildelementen können verschiedenste Beziehungen bestehen, die die Hate-Speech-Forschung noch eingehend in ihrem Wechselspiel beschreiben muss. Zusammenfassend lässt sich folglich feststellen, dass die multimodale Natur von Hate Speech noch ein weitgehendes Forschungsdesiderat darstellt, das es in den nächsten Jahren systematischer zu schließen gilt.

Danksagung Ich bedanke mich bei den Kolleg*innen, die mit mir verschiedene Fallstudien zu Hate Speech bearbeitet haben, insbesondere bei Tom De Smedt. Überdies danke ich der Europäischen Kommission für die Förderung des Projektes *Detect then Act* (2019-2021) als REC Action Grant.

Literatur

Agnetta, M. (2018). Die Entmachtung der Metapher: Zur Dekonstruktion sprachlich vermittelter Feindbilder im europäischen Flüchtlingsdiskurs. *Metaphorik.de, 28*, 11–46. https://www.metaphorik.de/sites/www.metaphorik.de/files/journal-pdf/011_agnetta_neu.pdf.

Arroyo López, C., & Moreno López, R. (2017). Hate speech in the online setting. In S. Assimakopoulos, F. H. Baider, & S. Millar (Hrsg.), *Online hate speech in the European Union. A discourse-analytic perspective* (S. 10–12). Springer.

Assimakopoulos, S., Baider, F. H., & Millar, S. (Hrsg.). (2017). *Online hate speech in the European Union. A discourse-analytic perspective*. Springer.

Baumgarten, N. (2017). Othering practice in a right-wing extremist online forum. *Language@Internet* (14, Art. 1). https://www.languageatinternet.org/articles/2017/baumgarten.

Baumgarten, N., Bick, E., Geyer, K., Aakær Iversen, D., Kleene, A., Lindø, A. V., Neitsch, J., Niebuhr, O., Nielsen, R., & Petersen E. N. (2019). Towards balance and boundaries in public discourse: Expressing and perceiving online hate speech (XPEROHS). *RASK: International Journal of Language and Communication, 50,* 87–108. https://www.sdu.dk/-/media/files/om_sdu/institutter/isk/forskningspublikationer/rask/rask+50/baumgarten+et+al.pdf.

Beißwenger, M., & Pappert, S. (2020). Small Talk mit Bildzeichen. *Zeitschrift für Literaturwissenschaft und Linguistik, 50,* 89–114. https://doi.org/10.1007/s41244-020-00160-5

Bogerts, L., & Fielitz, M. (2019). "Do you want meme war?" Understanding the visual memes of the german far right. In M. Fielitz & N. Thurston (Hrsg.), *Post-digital culture of the far right. Online actions and offline consequences in Europe and the US* (S. 137–153). Transcript.

Bou-Franch, P., & Garcés Blitvich, P. (2014). Gender ideology and social identity processes in online language aggression against women. *Journal of Language Aggression and Conflict, 2*(2), 226–248. https://doi.org/10.1075/jlac.2.2.03bou.

Brindle, A. (2016). *The language of hate: A corpus lingusitic analysis of white supremacist language.* Routledge.

Cassese, E. C. (2020). Dehumanization of the opposition in political campaigns. *Social Science Quarterly, 101*(1), 107–120. https://doi.org/10.1111/ssqu.12745.

Dynel, M. (2021). Desperately seeking intentions: Genuine and jocular insults on social media. *Journal of Pragmatics, 179,* 26–36. https://doi.org/10.1016/j.pragma.2021.04.017.

ElSherief, M., Kulkarni, V., Nguyen, D., Wang, W. Y., & Belding. E. (2018). Hate lingo: A target-based linguistic analysis of hate speech in social media. In *Proceedings of the International AAAI Conference on Web and Social Media, 12*(1). https://ojs.aaai.org/index.php/ICWSM/article/view/15041.

Geyer, K. (2017). Hassrede – Eine Analyse von Nutzerkommentaren in Online-Medien. *Miteinander: Informationen Des Verbandes Der Deutsch Lehrenden Litauens, 55*(2). https://www.ldv.lt/images/PDF/Miteinander/2017_Herbst/Hassrede_volltext_layout.pdf.

Geyer, K. (2019). Die ‚Grammatik' der Hassrede – Am Beispiel des Dänischen. In J. Strässler (Hrsg.), *Sprache(n) für Europa. Mehrsprachigkeit als Chance* (S. 195–207). Lang.

Greule, A., Reimann, S., & Enzinger, J. (2020). Abkehr vom Frieden? Eine medien-und politolinguistische Untersuchung von Facebook-Einträgen der Organisation Pegida. In J. Makowski (Hrsg.), *Hassrede–ein multidimensionales Phänomen im interdisziplinären Vergleich* (S. 39–64). Wydawnictwo Uniwersytetu Łódzkiego.

Hardaker, C., & McGlashan, M. (2016). "Real men don't hate women": Twitter rape threats and group identity. *Journal of Pragmatics, 91,* 80–93. https://doi.org/10.1016/j.pragma.2015.11.005.

Hoffmann, L. (2020). Zur Sprache des Rassismus. *Sprachreport, 36*(1), 40–47. https://doi.org/10.14618/sr-1-2020-hof.

Jaki, S., & De Smedt, T. (2019). Right-wing German hate speech on Twitter: Analysis and automatic detection. arXiv:1910.07518.

Jaki, S., De Smedt, T., Gwóźdź, M., Panchal, R., Rossa, A., & De Pauw, G. (2019). Online hatred of women in the Incels.me forum: Linguistic analysis and automatic detection. *Journal of Language Aggression and Conflict, 7*(2), 240–268. https://doi.org/10.1075/jlac.00026.jak.

Kałasznik, M. (2018). Pejorative Metaphern im Flüchtlingsdiskurs. In F. Klinker, J. Scharloth, & J. Szczęk (Hrsg.), *Sprachliche Gewalt. Formen und Effekte von Pejorisierung, verbaler Aggression und Hassrede* (S. 67–80). Metzler.

Kleinke, S. (2007). Sprachliche Strategien verbaler Ablehnung in öffentlichen Diskussionsforen des Internets. In S. K. Herrmann, S. Krämer, & H. Kuch (Hrsg.), *Verletzende Worte. Die Grammatik sprachlicher Missachtung* (S. 311–336). Transcript.

Kopytowska, M., & Stawikowska-Marcinkowska, A. (2020).»Der Fremde«. Flüchtlingskrise und Hassrede in der Online-Version. In J. Makowski (Hrsg.), *Hassrede–ein multidimensionales Phänomen im interdisziplinären Vergleich* (S. 111–134). Wydawnictwo Uniwersytetu Łódzkiego.

Kreis, R. (2017). #refugeesnotwelcome: Anti-refugee discourse on Twitter. *Discourse & Communication, 11*(5), 498–514. https://doi.org/10.1177/1750481317714121.

Lewandowska-Tomaszczyk, B. (2016). Negative emotions: Conflict and cross-linguistic contrasts in online commenting discourse. *Kwartalnik Neofilologiczny, 1/2016*, 66–83. https://journals.pan.pl/dlibra/publication/102942/edition/88955/content/kwartalnik-neofilologiczny-2016-no-1-negative-emotions-conflict-and-cross-linguistic-contrasts-in-online-commenting-discourse-lewandowska-tomaszczyk-barbara?language=en.

Lewandowska-Tomaszczyk, B. (2017). Incivility and confrontation in online conflict discourses. *Lodz Papers in Pragmatics, 13*(2), 347–363. https://doi.org/10.1515/lpp-2017-0017.

Marsters, A. (2019). *When hate speech leads to hateful actions: A corpus and discourse analytic approach to linguistic threat assessment of hate speech*. Doktorarbeit, Georgetown University. https://hdl.handle.net/10822/1056009.

Marx, K. (2013). Denn sie wissen nicht, was sie da reden? Diskriminierung im Cybermobbing-Diskurs als Impuls für eine sprachkritische Diskussion. *Aptum. Zeitschrift für Sprachkritik und Sprachkultur, 9*(2), 103–122. https://ids-pub.bsz-bw.de/frontdoor/deliver/index/docId/5562/file/Marx_Denn_sie_wissen_nicht_was_sie_da_reden_2013.pdf.

Marx, K. (2017). *Diskursphänomen Cybermobbing. Ein internetlinguistischer Zugang zu [digitaler] Gewalt*. De Gruyter.

Marx, K. (2018). Hate Speech – Ein Thema für die Linguistik. In M. Albers & I. Katsivelas (Hrsg.), *Recht & Netz* (S. 37–57). Nomos.

Meibauer, J. (2013). Hassrede – Von der Sprache zur Politik. In J. Meibauer (Hrsg.), *Hassrede/Hate Speech. Interdisziplinäre Beiträge zu einer aktuellen Diskussion* (S. 1–17). Gießener Elektronische Bibliothek. https://geb.uni-giessen.de/geb/volltexte/2013/9251/pdf/HassredeMeibauer_2013.pdf.

Musolff, A. (2015). Dehumanizing metaphors in UK immigrant debates in press and online media. *Journal of Language Aggression and Conflict, 3*(1), 41–56. https://doi.org/10.1075/jlac.3.1.02mus.

Nick, I. M. (2018). In the wake of hate: A mixed-method analysis of anonymous threatening communications sent during the 2016 US presidential election. *Nordic Journal of Linguistics, 41*(2), 183–203. https://doi.org/10.1017/S0332586518000148.

Opiłowski, R. (2020). Netzhass in deutschen und polnischen Nutzerkommentaren aus multimodaler Sicht. In J. Makowski (Hrsg.), *Hassrede–ein multidimensionales Phänomen im interdisziplinären Ver*gleich (S. 167–185). Wydawnictwo Uniwersytetu Łódzkiego.

Ruzaite, J. (2018). In search of hate speech in Lithuanian public discourse: A corpus-assisted analysis of online comments. *Lodz Papers in Pragmatics, 14*(1), 93–116. https://doi.org/10.1515/lpp-2018-0005.

Schmidt, A., & Wiegand, M. (2017). A survey on hate speech detection using natural language processing. In *Proceedings of the fifth international workshop on natural language processing for social media* (S. 1–10). https://doi.org/10.18653/v1/W17-1101.

Smułczyński, M. (2019). Wo liegen die Grenzen der Hasssprache? Kommentare zum Anschlag in Manchester in sozialen Netzwerken in Deutschland, Dänemark und Polen. *Linguistische Treffen in Wrocław, 15*(1), 225–232. https://doi.org/10.23817/lingtreff.15-18.

Stojić, A., & Brala-Vukanović, M. (2017). Gewalt der Sprache: Lexikalische Abwertung als (Ab)bild einer Sprachgemeinschaft. *Linguistik Online, 82*(3), 65–77. https://doi.org/10.13092/lo.82.3715.

Stöckl, H. (2004). In Between Modes. Language and Image in Printed Media. In E. Ventola, C. Charles, & M. Kaltenbacher (Hrsg.), *Perspectives on Multimodality* (S. 9–30). John Benjamins.

Turnage, A. K. (2007). Email flaming behaviors and organizational conflict. *Computer-Mediated Communication, 13*(1), 43–59. https://doi.org/10.1111/j.1083-6101.2007.00385.x.

Open Access Dieses Kapitel wird unter der Creative Commons Namensnennung 4.0 International Lizenz (http://creativecommons.org/licenses/by/4.0/deed.de) veröffentlicht, welche die Nutzung, Vervielfältigung, Bearbeitung, Verbreitung und Wiedergabe in jeglichem Medium und Format erlaubt, sofern Sie den/die ursprünglichen Autor(en) und die Quelle ordnungsgemäß nennen, einen Link zur Creative Commons Lizenz beifügen und angeben, ob Änderungen vorgenommen wurden.

Die in diesem Kapitel enthaltenen Bilder und sonstiges Drittmaterial unterliegen ebenfalls der genannten Creative Commons Lizenz, sofern sich aus der Abbildungslegende nichts anderes ergibt. Sofern das betreffende Material nicht unter der genannten Creative Commons Lizenz steht und die betreffende Handlung nicht nach gesetzlichen Vorschriften erlaubt ist, ist für die oben aufgeführten Weiterverwendungen des Materials die Einwilligung des jeweiligen Rechteinhabers einzuholen.

Die Erforschung geschriebener und gesprochener Hassrede im Deutschen: bisherige Erkenntnisse zu Prosodie und Kontext

Jana Neitsch und Oliver Niebuhr

1 Zur Einordnung der Hassrede

In Zeiten einer Krise, wie beispielsweise der globalen COVID-19-Pandemie, beobachten und berichten Wissenschaftler*innen weltweit einen Anstieg von Hasskommentaren in den sozialen Medien (Forsa, 2021; Landesanstalt für Medien NRW, 2021). Beispielsweise gaben laut einer aktuellen repräsentativen Umfrage unter deutschen Internetnutzer*innen 79 % der Befragten an, dass die Kommentare im Netz aggressiver geworden sind bzw. sie Zeuge/Zeugin von Hassrede wurden, wobei fast ein Fünftel aller Befragten bereits selbst auch Opfer von Hasskommentaren war. Bei den Männern sowie den unter 30-Jährigen insgesamt lag dieser Anteil mit bis zu 37 % deutlich höher (Hovel, 2020). Die Gründe für den Anstieg sind mannigfaltig, aber Hassrede entsteht oft aufgrund von persönlicher Unzufriedenheit, gepaart mit der vermeintlichen Anonymität im Internet (Reid-Steere, 2000, S. 275) und der Asynchronität in der Kommunikation, die es dem Urheber/der Urheberin zusätzlich erleichtert, sich von eigenen Äußerungen innerlich zu distanzieren und das „Gegenüber" weniger

---

J. Neitsch (✉)
Institut für Linguistik, Abteilung Linguistik/Anglistik, Universität Stuttgart, Stuttgart, Deutschland
E-Mail: jana.neitsch@ling.uni-stuttgart.de

O. Niebuhr
Centre for Industrial Electronics, Department of Mechanical and Electrical Engineering, University of Southern Denmark, Sønderborg, Dänemark
E-Mail: olni@sdu.dk

© Der/die Autor(en) 2023
S. Jaki und S. Steiger (Hrsg.), *Digitale Hate Speech*,
https://doi.org/10.1007/978-3-662-65964-9_3

stark als Mensch wahrzunehmen. Man spricht in diesem Zusammenhang auch vom „Online-Enthemmungseffekt" (BARMER, 2021), der sich nicht nur gegen Individuen, sondern auch gegen ganze Gruppen von Menschen richten kann. Vor diesem medienbezogenen Hintergrund ist es nicht überraschend, dass der Neologismus *Hassrede* oder *hate speech* vor allem auch durch Medien geprägt wurde (Brown, 2017).

Neben Hass gegen Individuen oder Gruppen kann Hassrede im Internet als gezieltes Mittel der Anstiftung zur Gewalt genutzt werden. Dies ist besonders in den vergangenen Jahren deutlich geworden, etwa im Zusammenhang mit dem Völkermord an der muslimischen Minderheit der Rohingya in Myanmar (BARMER, 2021). Dass Hassrede praktisch gegen jede und jeden gezielt eingesetzt werden kann, trägt zur Wahrnehmung einer wachsenden Hassredeproblematik bei (Mathew et al., 2019; Mondal et al., 2017). Insofern geht die wachsende Hassredeproblematik nicht allein auf einen Anstieg entsprechender Beleidigungen oder Bedrohungen im Internet zurück, sondern zeugt ebenfalls von einer erhöhten Sensibilität für dieses Thema.

Letztere schließt auch kontroverse Diskussionen mit ein. Diese betreffen vor allem das Spannungsfeld zwischen Hassrede als Ausdruck freier Meinungsäußerung einerseits und Hassrede als Straftatbestand andererseits, etwa in Verbindung mit Volksverhetzung (nach § 130 StGB) oder Beleidigungen (nach § 185 StGB), bei Verleumdung (§ 187 StGB) sowie Nötigung (§ 240 StGB) oder Bedrohung (§ 241 StGB) und bei Aufforderungen zu Straftaten in der Öffentlichkeit (§ 111 StGB) (vgl. BARMER, 2021). Solange sich die Definition von Hassrede allerdings als schwierig gestaltet, kann das betreffende Verhalten keinen festen, juristischen Begriff abbilden. Tatsächlich manifestiert sich Hassrede in den vielfältigsten sprachlichen Formen und Variationen, z. B. als Ironie, figurative Sprache oder Imperativ (z. B. Baumgarten et al., 2019; Bick, 2020; Mondal et al., 2017), und sie tritt zudem mit sehr unterschiedlicher Deutlichkeit auf, was eine Identifizierung zusätzlich erschwert.

Dass Hassrede indes einen enormen Einfluss auf die psychische Gesundheit der Opfer haben kann, ist inzwischen als erwiesen anzusehen. Zu den gesundheitlichen Folgen, die von den Opfern in der bislang größten bundesweiten Untersuchung namens *#Hass-im-Netz* genannt werden (BARMER, 2021), zählen Stress, Angst, Selbstwertprobleme, Übelkeit und Depressionen. Besonders unter 25-Jährige leiden laut dieser Umfrage der BARMER stärker unter den gesundheitlichen Folgen von Hassrede – und Frauen mehr als Männer, obwohl oder vielleicht gerade weil letztere Gruppe sowohl häufiger Hassrede ausgesetzt ist als auch häufiger für solche Kommentare verantwortlich zu sein scheint, siehe auch Bryant und Stephenson (2018).

2 Die Rolle der Prosodie in der Hassredeforschung

Die Vielfalt in Form und Medium ist mit ein Grund dafür, dass Hassrede in den vergangenen Jahren verstärkt in den Fokus der Linguistik und damit auch in den Fokus der Prosodieforschung gerückt ist. Letztere hat Hassrede „hörbar" gemacht und erlaubt somit einen direkten Vergleich zwischen geschriebener und gesprochener bzw. gelesener und gehörter Hassrede (z. B. Neitsch et al., 2021). Menschen reagieren sehr sensibel auf die Perzeption von Emotionen in Sprache. Dazu zählen auch solche, die in Zusammenhang mit Hass stehen (z. B. Schwartz & Pell, 2012).

Die prosodische Realisierung von Hassrede kann eigenständige Erkenntnisse und Charakteristika liefern, die neue Einblicke in die Erforschung von Hassrede geben und damit auch neue Wege der Detektierbarkeit eröffnen können; z. B. dahingehend, wie genau Prosodie vor dem Hintergrund der *Implicit Prosody Hypothesis* (Fodor, 2002) die Wahrnehmung von Hassrede beeinflusst. Diese Hypothese besagt, dass nicht nur gesprochene Sprache über Prosodie verfügt (also Intonation, Lautheit, Timing, Timbre, vgl. Arvaniti, 2020), sondern dass auch Leser*innen geschriebener Sprache unwillkürlich und immer eine bestimmte Prosodie im Kopf haben, sobald sie einen Satz oder Text lesen. Selbst in geschriebener Sprache sind es also nicht ausschließlich lexikalische Indikatoren, die Hassrede und deren Stärkegrad bestimmten, sondern auch prosodische. Ein besseres Verständnis des Zusammenspiels von prosodischen Mustern und deren Wirkungen im Hassredekontext kann somit entscheidend dazu beitragen, die Reaktionen auf Hassrede zu verstehen und inter-individuelle Unterschiede auf Rezipientenseite sowie Diskrepanzen in der Wahrnehmung zwischen Urheber*in und Rezipient*in zu erklären, siehe die ersten Schritte dazu in Niebuhr (2022).

Um dies zu verdeutlichen, schauen wir einmal auf den Satz „Das hast du wirklich großartig gemacht!". Je nachdem, wie dieser Satz (real oder im Kopf der Leser*innen) prosodisch klingt, kann er entweder als ehrliches Lob verstanden werden, oder aber als Tadel und damit als ironische Äußerung. Ein anderes Beispiel ist die Frage: „Wer würde Muslime willkommen heißen?". Die Prosodie entscheidet, ob es sich um eine tatsächliche Frage handelt, die durchaus auf die Unterstützung der genannten Minderheit abzielen kann, oder um eine rhetorische Frage, die keineswegs im Sinne bzw. zum Wohle der genannten Minderheit gemeint sein muss.

Vor diesem Hintergrund umfasste unser von der VELUX-Stiftung finanziertes Forschungsprojekt *XPEROHS* (Towards Balance and Boundaries in Public Discourse: **Ex**pressing and **Per**ceiving **O**nline **H**ate **S**peech) auch ein Modul über die vergleichende Analyse geschriebener und gesprochener Hassrede im Deutschen und Dänischen (Baumgarten et al., 2019; Bick & Didriksen, 2015). Im Zentrum dieses Moduls stand das Herausarbeiten unterschiedlicher Hassredetypen und die Einschätzung von deren negativer Wirkung. Im Folgenden konzentrieren wir uns auf die Ergebnisse zum Deutschen.

3 Die Evaluierung geschriebener und gesprochener Hassredetypen im Deutschen

Die hier zusammengefassten, als Teil des XPEROHS Projektes durchgeführten Studien basieren auf einem Datenkorpus, das aus geschriebenen Hassrede-Posts besteht, die auf den sozialen Medienplattformen von Twitter und Facebook veröffentlicht wurden. In einem umfassenden Analyseprozess der originalen Posts (ORIG)[1] wurden in zwei Schritten zum einen die häufigsten Hassredetypen und zum anderen die häufigsten Zielgruppen identifiziert (siehe Neitsch et al., 2021). Als die häufigsten Typen von Hassrede (im Deutschen) kristallisierten sich heraus: *Ironie* (IRO), *rhetorische Fragen* (RQ), *Imperative* (IMP), *bildliche* (d. h. figurative) *Sprache* (FGL), *Holocaust-Bezug* (HOL) und *Indirektheit* (IND). Die Zielgruppen, gegen die sich die Posts am häufigsten richteten, waren *Ausländer* und *Muslime,* also zum einen eine sehr allgemeine und zum anderen eine eher spezifische Zielgruppe.

In einem weiteren Schritt wurden für gezielte Untersuchungen aus allen ORIG Posts der Datenbank insgesamt 12 ausgewählt, die sowohl von naiven Teilnehmer*innen als auch von einem Panel aus Expert*innen eindeutig als Fälle von Hassrede deklariert wurden – je 6 mit der Zielgruppe der Ausländer und der Muslime. Aus jedem dieser 12 ORIG Stimuli wurden anschließend alle oben aufgelisteten Typen von Hassrede abgeleitet. Dies geschah auf Basis der im Korpus gefundenen charakteristischen Formulierungen des jeweiligen Hassredetyps in einer konstanten Prozedur, zumeist durch das Voranstellen oder Anhängen von weiteren Äußerungsteilen, wie es nachstehend exemplarisch für die Zielgruppe der Muslime dargestellt ist:

---

[1] Im Folgenden werden Abkürzungen bzw. Akronyme herangezogen, die sich bereits in der deutsch-dänischen XPEROHS-Forschungsgruppe in englischer Sprache etabliert haben und in diesem Beitrag – zum Zwecke der Wiedererkennung und einem Vergleich mit unseren bisherigen Arbeiten – so beibehalten werden sollen: *ORIGinal, IROny, Rhetorical Questions, IMPeratives, FiGurative Language, HOLocaust relation, INDirectness.*

1. **Original (ORIG):** „Muslime wissen einfach nicht, was wir unter Arbeit verstehen: das können und wollen die nicht."
2. **Ironie (IRO):** „Muslime sind ja noch viiiieeel fleißiger als wir Deutschen."
   Um Ironie zu erzeugen, wurden die ORIG Stimuli nach dem Muster der authentischen Posts in ihr Gegenteil umgewandelt (unterstützt durch die Wiederholung von Buchstaben „viiiieeel fleißiger", vgl. Bick et al., 2021).
3. **Rhetorische Frage (RQ):** „Muslime wissen einfach nicht, was wir unter Arbeit verstehen: das können und wollen die nicht. Woher sollten die denn wissen, was Arbeit ist?"
   Die rhetorischen Fragen wurden am Ende des jeweiligen ORIG Posts angehängt.
4. **Imperative (IMP):** „Lasst uns dafür sorgen, dass Muslime endlich kapieren, was wir unter Arbeit verstehen! Das können und wollen die nicht."
   Imperative wurden durch Phrasen wie „Lasst uns" am Beginn des ORIG Posts ergänzt.
5. **Figurative Sprache (FGL):** „Der Muslimdreck weiß einfach nicht, was wir unter Arbeit verstehen: das können und wollen die nicht."
   Nach dem in der Korpusanalyse gefundenen Muster wurde die jeweilige Zielgruppe in einer Nominalkomposition mit einem weiteren Nomen verschmolzen (z. B. „Muslim" + „Dreck" = „Muslimdreck"; vgl. Kleene & Geyer, 2021).
6. **Holocaust-Bezug (HOL):** „Muslime wissen einfach nicht, was wir unter Arbeit verstehen: das können und wollen die nicht. Also steckt sie alle ins KZ."
   Ein zusätzlicher Satz, der einen Holocaust-Bezug herstellt, wurde als eigener Satz an den ORIG Post angehängt.
7. **Indirektheit (IND):** „Ich hab' ja nichts gegen Muslime, aber sie wissen einfach nicht, was wir unter Arbeit verstehen: das können und wollen die nicht."
   Mit IND bezeichnen wir die verbale Form der persönlichen Distanzierung durch einleitende Phrasen wie „Ich habe nichts gegen Muslime/Ausländer, aber__". Dadurch versuchen Urheber*innen das, was folgt (also ihre tatsächliche Meinung) vorab zu entschärfen, was meist in einem Widerspruch resultiert (Geyer et al., 2022).

Der Prozess der Stimulusgenerierung resultierte in insgesamt 84 Stimuli, von denen 42 auf Muslime und 42 auf Ausländer als Zielgruppe referierten. Zur Untersuchung der gesprochenen Sprache bzw. Prosodie wurden ebendiese Stimuli zusätzlich von einem professionellen Sprecher realisiert.

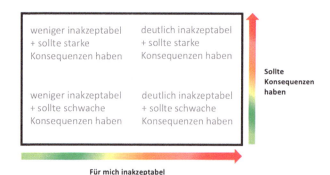

Abb. 1 Zweidimensionaler Bewertungsraum (2D Rating Space) von geschriebener bzw. gesprochener Hassrede in den Studien von Neitsch und Niebuhr (2019) *inter alia*

Die Stimuli wurden in ein webbasiertes Experiment integriert, das Teilnehmer*innen ortsunabhängig am eigenen Laptop durchführen konnten. Alle Teilnehmer*innen absolvierten an zwei unterschiedlichen Tagen und mit mindestens drei Tagen Abstand zwei experimentelle Listen. Liste 1 umfasste die 84 geschriebenen und Liste 2 die 84 gesprochenen Stimuli. Die Reihenfolge, in der die Listen absolviert wurden, wurde vorab zufällig festgelegt und war über die Teilnehmer*innen hinweg ausbalanciert. Demnach erhielten 50 % der Teilnehmer*innen zuerst Liste 1 gefolgt von Liste 2, während es sich bei den anderen 50 % umgekehrt verhielt.

Die Instruktion, die vor der Studie schriftlich präsentiert wurde, führte die Teilnehmer*innen in die von Neitsch und Niebuhr (2019) entwickelte, zweidimensionale Bewertungsmethode ein. Durch einen einzigen Mausklick konnten die Teilnehmer*innen so jeden Stimulus intuitiv hinsichtlich zweier Dimensionen gleichzeitig bewerten: Auf der x-Dimension erfolgte eine Stimulusbewertung nach *persönlicher Inakzeptabilität* und auf der y-Dimension nach der *Notwendigkeit für gesetzliche/gesellschaftliche Konsequenzen für den Urheber/die Urheberin*, siehe Abb. 1.

In den Ergebnissen dieses Experiments bildete sich eine erste Rangordnung im Sinne eines Kontinuums der Hassredetypen heraus. Am unteren Ende – also am wenigsten inakzeptabel und mit der geringsten Forderung nach Konsequenzen – standen IRO sowie RQ. Am oberen Ende fanden sich die HOL Stimuli, die zumeist als ‚deutlich inakzeptabel' und ‚sollte starke Konsequenzen haben' bewertet wurden. Dass Hassrede, die Holocaustbezüge herstellt, bei weitem die negativsten und schärfsten Bewertungen auf beiden Achsen erhielt, spiegelt die

Sensibilität deutscher Teilnehmer*innen bezüglich Holocaust involvierender Hassrede wider (auch deswegen, weil die dänischen Teilnehmer*innen im Forschungsprojekt weit weniger intensiv und negativ auf HOL Stimuli reagierten, vgl. Neitsch & Niebuhr, 2021). Etwa in der Mitte des Bewertungsraumes standen ORIG, IND und FGL; IMP befand sich insgesamt näher an HOL.

Darüber hinaus gab es klare Unterschiede zwischen beiden Präsentationsmodi (geschrieben vs. gesprochen). Einige Hassredetypen waren geschrieben inakzeptabler als gesprochen. Für andere Typen verhielt es sich umgekehrt. Beispielsweise stellte sich die persönliche Inakzeptanz für gesprochene IMP und HOL Stimuli als wesentlich höher heraus als in geschriebener Form. Dies legt nahe, dass explizite, hörbare Prosodie bei denjenigen Stimuli, die bereits lexikalisch offensichtliche Fälle von Hassrede darstellen, eine zusätzlich intensivierende Funktion haben kann. Umgekehrt kamen IRO und RQ Stimuli als weniger gravierend in gesprochener als in geschriebener Hassrede heraus; ein plausibler Befund, da dies die beiden Stimulustypen sind, bei denen die Prosodie entscheidend zur Kennzeichnung des Wortlautes als ironisch bzw. rhetorisch beiträgt. Prosodie kann also, wenn sie explizit gehört wird, vermeintliche Hassredestimuli auch abschwächen, ja vielleicht sogar gänzlich in Nicht-Hassrede verwandeln, wie am Ende dieses Beitrags diskutiert werden wird.

Zuletzt zeigt diese Studie auch, dass Stimuli, die sich gegen die Zielgruppe der Muslime richteten, in beiden Dimensionen signifikant höher bewertet wurden, als wenn die Hassrede auf die Zielgruppe der Ausländer im Allgemeinen ausgerichtet war.

In einer Nachfolgeuntersuchung (Neitsch & Niebuhr, 2019, 2020a) wurden die Extrempunkte des Spektrums der Hassredetypen hinsichtlich ihrer prosodischen Eigenschaften genauer untersucht. Hierbei handelte es sich einerseits um die HOL Stimuli, die aus der Sicht persönlicher Inakzeptanz wie auch aus Sicht von Konsequenzen für den Urheber/die Urheberin am negativsten bewertet wurden; und andererseits um die IRO Stimuli, die diesbezüglich am wenigsten scharf bewertet wurden. Beide Typen wurden mit den ORIG Stimuli verglichen, die in dieser Untersuchung als Referenzbedingung dienten, siehe die in Abb. 2a–b dargestellten dreifach-Abstufungen der Stimuli auf beiden Achsen.

Die Untersuchung der prosodischen Realisierung der drei Hassredetypen zeigt, dass höhere Bewertungen auf beiden Achsen typenübergreifend mit tieferen Tonhöhenbewegungen, geringerem Sprechtempo und behauchterer bzw. leiserer sowie knarriger Stimmqualität einhergehen. Ein ruhiger, tiefer, bestimmter Tonfall macht Hassredeinterpretationen also schärfer und nicht etwa schwächer. Diese prosodische Parameterkonstellation ist auch mit „cold anger" assoziiert (im Vergleich zu „hot anger", siehe auch Neitsch & Niebuhr, 2020b für den Ver-

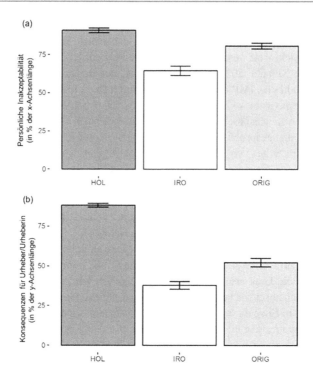

Abb. 2 Normalisierte durchschnittliche Bewertung (in % der Achsenlänge) für HOL, IRO und ORIG Stimuli in (**a**) der x-Dimension (persönliche Inakzeptabilität) und (**b**) der y-Dimension (Konsequenzen für den Urheber/die Urheberin) des 2D-Bewertungsraums; editiert entnommen aus Neitsch und Niebuhr (2020a)

gleich zwischen Deutsch und Dänisch). HOL Stimuli zeigten diese „cold anger" Konstellation in ihrer gesprochenen Form inhärent häufiger als ORIG Stimuli und diese wiederum häufiger als IRO Stimuli.

4 Die Auswirkung von Hassrede auf menschliche Biosignale

Dass die Wirkung von sprachlichem Hass nicht ohne gesundheitliche Folgen bleibt, wurde bereits einleitend thematisiert. Wie sich Hassrede aber konkret auf menschliche Biosignale auswirkt, etwa auf die Atmungs- oder Herzfrequenz, wurde erst kürzlich in einer Untersuchung analysiert (Neitsch & Niebuhr 2020c, d). Die Ergebnisse zeigen, dass Teilnehmer*innen während des Hörens und Lesens unserer obigen Hassredetypen mit einer erhöhten Herz- und Atmungsfrequenz reagieren. Zudem nimmt die Schweißbildung und damit die Hautleitfähigkeit an den Fingern der Teilnehmer*innen als Reaktion auf Hassredestimuli zu. Die Ergebnisse der Biosignal-Messungen legen nahe, dass Menschen während der Perzeption von Hassrede unwillkürlich und selbst in Laborsettings verstärkt Stress und negative Emotionen empfinden. Besonders deutlich waren diese Reaktionen bei zwei Hassredetypen: IMP und HOL. Diese Befunde stehen insgesamt im Einklang mit den oben zusammengefassten Befunden aus dem 2D-Bewertungsraum sowie den Umfrageergebnissen der *#Hass-im-Netz* Studie, in der Stress und Angst als Folgen von Hassrede von den Opfern genannt wurden (BARMER, 2021).

In einem weiteren Schritt wurde die Aktivität in unterschiedlichen Hirnarealen während des Hörens bzw. Lesens der unterschiedlichen Hassredetypen gezielt mittels Elektroenzephalografie (EEG) untersucht (Neitsch & Niebuhr, 2020d). Die Areale, die mit Stress und Emotionen assoziiert sind, zeigten generell eine höhere Gehirnaktivität für gesprochene als für geschriebene Stimuli – sowie darüber hinaus Unterschiede zwischen den Hassredetypen, die mit den anderen gemessenen Biosignalen konform gingen.

5 Ein detaillierterer Blick auf den Faktor Kontext

Dass Teilnehmer*innen auf Muslime bezogene Hassredestimuli negativer bewerteten als auf Ausländer bezogene Stimuli, zeigt die grundsätzliche Relevanz des Faktors Kontext für die Identifikation und Evaluation von Hassredestimuli. Aus den Biosignalbefunden geht darüber hinaus hervor, dass unwillkürliche körperliche Reaktionen beispielsweise in ihrer Stärke mit der expliziten Bewertung der Hassredestimuli grundsätzlich konform gehen.

Einen Umstand hatten dabei alle zuvor zusammengefassten Studien gemeinsam; einen Umstand, der nicht zwangsläufig repräsentativ für die Rezeption von Hassrede im Alltag ist: Die Teilnehmer*innen waren im Rahmen des experimentellen Settings allein. Jüngere Studien zeigen indes, dass sowohl negative Stressauslöser als auch negative Emotionen durch einen sozialen Kontext positiv beeinflusst werden können. In der Studie von Allen et al. (2002) wurde beispielsweise die Herzfrequenz gemessen, während Teilnehmer*innen Stressauslösern wie starker Kälte (Hand im Eiswasser) und schweren Rechenaufgaben ausgesetzt waren. Die Teilnehmer*innen waren beim Experiment entweder allein oder befanden sich in Gesellschaft eines Freundes, Ehepartners oder Haustieres. Im Ergebnis zeigte sich ein signifikant geringerer stressbedingter Anstieg der Herzrate als Folge der negativen Stressoren, wenn der Teilnehmer bzw. die Teilnehmerin in vertrauter Gesellschaft war, insbesondere in der des eigenen Haustieres. Die Studien von Sahi et al. (2020) und Morawetz et al. (2021) waren der von Allen et al. (2002) in Design und Ziel ähnlich, mit dem Unterschied, dass es hierin um die Bewältigung bzw. die Regulation negativer Emotionen ging. Die Teilnehmer*innen wurden negativen emotionalen Reizen ausgesetzt, beispielsweise negativen Bildern, während sie entweder allein im Raum oder in Gesellschaft eines Freundes waren. Beide Studien zeigen anhand von Biosignalen (fMRI) und expliziten Urteilen, dass die Bewältigung bzw. Regulation negativer emotionaler Reize allein signifikant schlechter verlief als in Gesellschaft, wobei die Gesellschaft eines guten Freundes einen besonders positiven Einfluss ausübte.

Ob diese Variable ‚Sozialer Kontext', also die „power of social connectedness" in den Worten von Morawetz et al. (2021), auch im Zusammenhang mit der Wahrnehmung von Hassrede funktioniert, wollten wir im Rahmen eines neuen und daher nachfolgend ausführlicher dargelegten Experiments wissen. Sollten sich entsprechende Effekte nachweisen lassen, wäre ein weiterer, auch in puncto Alltagsrelevanz wichtiger Kontextfaktor identifiziert und die Schlussfolgerung gestärkt, dass linguistische und/oder inhaltliche Merkmale allein für die Identifikation als auch die Evaluation von Hassrede nicht ausreichen, sondern dass die Rezipient*innen bzw. die damit verbundenen kontextuellen Faktoren eine entscheidende Rolle spielen.

5.1 Methode

5.1.1 Teilnehmer*innen

Insgesamt nahmen 28 Personen am Experiment aktiv teil. Bei allen Teilnehmenden handelte es sich um deutsche Muttersprachler*innen im Alter von 21–25 Jahren (ø 22,3). Sie wurden aus dem Studierendenpool der Süddänischen Universität (SDU) rekrutiert. Besonders in diesem Alter repräsentieren sie die Gruppe all derjenigen, die im Netz sehr aktiv sind und dadurch auch mit hoher Wahrscheinlichkeit irgendwann Opfer oder Zeuge/Zeugin von Hassrede werden (siehe Ergebnis für unter 30-Jährige in Hovel, 2020 sowie Bryant & Stephenson, 2018). Jeder der Teilnehmer*innen brachte seinen besten Freund bzw. seine beste Freundin zum Experiment mit. Insgesamt involvierte das Experiment also (2 × 28) 56 Personen bzw. 28 Personenpaare.

Von den insgesamt 28 aktiven Teilnehmer*innen waren 18 männlich (64,3 %). Bei den besten Freund*innen war das Geschlechterverhältnis ausgewogen (50 %

bzw. 14 von 28), weil alle 10 Teilnehmerinnen eine beste Freundin, aber nur 14 der 18 Teilnehmer einen besten Freund mitbrachten.

5.1.2 Stimuli

Das hier verwendete Material entspricht den oben beschriebenen (7×12) 84 Stimuli. Neben dem Umstand, dass die Wirkung und Subkategorisierung dieser Stimuli bereits gut verstanden ist, besteht ein weiterer Vorteil darin, dass die Ergebnisse der Referenzbedingung des aktuellen Experiments (allein im Raum) mit den Ergebnissen früherer Experimente verglichen werden kann. Eine Replikation dieser früheren Ergebnisse würde die auch interne und externe Validität der Testbedingung des aktuellen Experiments (mit bestem Freund/bester Freundin im Raum) untermauern.

5.1.3 Datenerhebung

Die Datenerhebung fand aus zweierlei Gründen mittels Biosignalen statt. Erstens zeigten unsere vorangegangenen Studien (Niebuhr & Neitsch, 2020c), dass Biosignale ein mit expliziten Ratings erlangtes Ergebnisbild zu Hassredestimuli angemessen abbilden können und dabei gleichzeitig den Vorteil haben, dass die Teilnehmer*innen während der Präsentation der Stimuli keine komplexe, potentiell mehrdeutige oder unnatürliche Aufgabe erfüllen müssen. Zweitens spiegeln Biosignale die unwillkürliche Reaktion der Teilnehmer*innen auf die Stimuli wider und verhindern somit, anders als explizite Beurteilungen, dass Teilnehmer*innen sozial wünschenswerte Urteile abgeben. Vorangegangene Studien enthalten Hinweise auf solche *Socially Desirable Responses* in Form von Abweichungen zwischen expliziten Urteilen und Biosignalen (Neitsch & Niebuhr, 2021); z. B. für die IND Stimuli („Ich hab' ja nichts gegen ___, aber"), die in den Biosignalen eine weniger starke negative Reaktion hervorriefen als in den expliziten Urteilen.

Als Quelle der Biosignale wurde die Elektroenzephalografie (EEG) gewählt. Die EEG-Signale wurden mittels des *MUSE II* Headsets gemessen, das über Bluetooth mit der dafür entwickelten Softwareanwendung *Muse Monitor* verbunden war (Richer et al., 2018). Wie Abb. 3a zeigt, handelt es sich beim *MUSE II* um eine Art Stirnband, in das vier Trockenelektroden eingelassen sind, jeweils zwei an der linken und rechten Seite des Frontallappens und des Temporallappens (Abb. 3b). Gemäß des Standard-Referenzsystems zur Platzierung von EEG-Elektroden über dem Gehirn der Teilnehmer*innen (Klem et al., 1999) erfasst das *MUSE II* Headset die Messpunkte AF7, AF8, TP9 und TP10 (Abb. 3c).

Die *Muse Monitor* Software führt auf Basis der aus dem *MUSE II* Headset ausgelesenen Rohdaten eine Spektralanalyse durch. Sie erlaubt eine Auf-

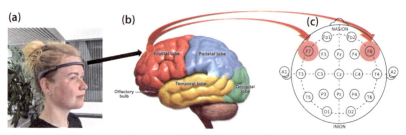

Blausen.com staff (2014). "Medical gallery of Blausen Medical 2014". WikiJournal of Medicine 1 (2). DOI:10.15347/wjm/2014.010. ISSN 2002-4436
By トマトン124 (talk) - Own work, Public Domain, https://commons.wikimedia.org/w/index.php?curid=10489987

Abb. 3 (**a**) Foto des *MUSE II* EEG-Headsets; (**b**) Darstellung von Lage und Funktion des Frontallappens im Gehirn in Seitenansicht; (**c**) Lage der relevanten Messelektroden AF7 und AF8 im Frontallappen

schlüsselung der Rohdaten an jeder der vier Elektroden in fünf Frequenzbänder: Delta (< 4 Hz), Theta (4–7 Hz), Alpha (8–15 Hz), Beta (16–31 Hz) und Gamma (> 31 Hz) (siehe Garcia-Moreno et al., 2020). Die Werte werden als Logarithmus der spektralen Leistungsdichte *(Power Spectral Density)* pro Frequenzband in dBµV bei einer Abtastrate von 256 Hz aufgezeichnet. Der Wertebereich der gemessenen dBµV-Werte variiert zwischen −1 und +1.

Eine Metastudie von LaRocco et al. (2020) belegt, dass das *MUSE II* Headset über eine Vielzahl an Untersuchungen hinweg reliable und präzise Messungen geliefert hat, die hochgradig mit verhaltens- oder urteilsbasierten Emotions- und Stresszuständen der Teilnehmer*innen korreliert werden konnten (Asif et al., 2019; Garcia-Moreno et al., 2020; Herman et al., 2021).

Für die Zwecke des aktuellen Experiments wurde die Datenerhebung auf die beiden Frontallappenelektroden AF7 und AF8 beschränkt (siehe Abb. 3b–c), da dieser Bereich des Gehirns (mehr als der Temporallappen) mit Aufmerksamkeit, Sprache bzw. Sprechen, Emotion bzw. Affekt, Persönlichkeit und moralischem wie sozialem Denken in Verbindung steht (Chayer & Freedman, 2001). Mit Bezug auf eben diese Zustände und Prozesse konzentriert sich die Datenerhebung außerdem auf zwei Frequenzbänder: das Alpha- und das Betaband. Die Frequenzenergie in diesen beiden Bändern lässt Rückschlüsse zu sowohl auf das Ausmaß der Stressempfindung als auch auf die Empfindung negativer Emotion (García-Acosta et al., 2021; Herman et al., 2021; Zhang et al., 2018; Zhao et al., 2018).

Das Ausmaß der Stressempfindung korreliert direkt mit der beta Frequenzenergie (Herman et al., 2021). Hinsichtlich der Emotionsmessungen ist wichtig zu berücksichtigen, dass sich eine Emotionsempfindung aus (mindestens) zwei

Dimensionen konstituiert: Dem Grad der Erregung, auch als *Arousal* bezeichnet, und der Polarität der Emotion (positiv/negativ), auch als Valenz bezeichnet (García-Acosta et al., 2021). Beides lässt sich mittels der AF7- und AF8-Signale einschätzen. Den Resultaten früherer Studien folgend, haben wir *Arousal* in Form der beta Frequenzenergie im Verhältnis zur alpha Frequenzenergie (*beta/ alpha ratio,* nachfolgend BAR) bestimmt. Je größer dieser BAR-Wert ausfällt, desto höher ist das emotionale *Arousal* (García-Acosta et al., 2021). Die Valenz der Emotion wurde über die sogenannte *Frontal Alpha Asymmetry* (nachfolgend FAA) bestimmt (García-Acosta et al., 2021; Zhang et al., 2018; Zhao et al., 2018). Der FAA-Wert misst das Verhältnis der alpha Signalenergie zwischen der linken Frontallappenelektrode AF7 und der rechten Frontallappenelektrode AF8 (AF7/AF8). Je tiefer dieser FAA-Wert unter 1 liegt, desto negativer ist das Emotionsempfinden.

5.1.4 Experimentaufbau

Die obigen Erläuterungen zusammenfassend umfasst das Experiment drei unabhängige Variablen. Die zentrale unabhängige Variable ist die Zwischensubjektvariable Sozialer Kontext. Sie beschreibt, wie das Experiment mit den Teilnehmer*innen durchgeführt wurde und hat dabei zwei Ausprägungen: Die Referenzbedingung ‚allein' und die Testbedingung ‚begleitet' (in Gesellschaft des besten Freundes bzw. der besten Freundin).

Daneben gibt es durch die Zusammenstellung der Stimuli zwei Innersubjektvariablen: Stimulustyp (ORIG, FGL, IMP, HOL, IND IRO, und RQ) und Stimulusmodus. Das heißt, neben der schriftlichen Variante des Stimulus wurde die mündliche Variante mit einbezogen, die, wie oben angesprochen, auf Basis der schriftlichen Variante durch einen professionellen Sprecher elizitiert wurde. Als männlicher Sprecher kaukasischen Typs im Alter zwischen 35–50 Jahren verkörperte er das typische Profil eines Urhebers von Hassrede (Hrdina, 2016).

Demgegenüber stehen drei abhängige Variablen: Die auf μV Biosignal-Messungen des EEG-Systems *MUSE II* an den Frontallappenpositionen AF7 und AF8 (links, rechts) basierenden Werte der beta Frequenzenergie sowie die aus den Rohdaten der Messungen abgeleiteten Werte der BAR- und FAA-Energieverhältnisse.

5.1.5 Durchführung

Vor der eigentlichen Durchführung des Experiments wurden die 28 Teilnehmer*innen wie in unseren früheren Studien nach dem Zufallsprinzip einer von zwei experimentellen Listen zugewiesen: 50 % der Teilnehmer*innen begannen mit den gesprochenen Stimuli und durchliefen anschließend die geschriebenen Stimuli. Die anderen 50 % der Teilnehmer*innen begannen mit den geschriebenen Stimuli, gefolgt von den gesprochenen. Um Ermüdungs- oder Routineartefakten vorzubeugen, durften die Teilnehmer*innen eine 15-minütige Pause zwischen den Listen einlegen.

Das Experiment wurde im Akustiklabor des *Centre for Industrial Electronics* (CIE) an der SDU durchgeführt. Die Teilnehmer*innen saßen in einer schallberuhigten Umgebung vor einem PC-Bildschirm, siehe Abb. 4. Nachdem die Teilnehmer*innen durch das Klicken eines Buttons auf dem Bildschirm die Kenntnisnahme einer Warnmeldung zur Natur der Stimuli bestätigt und ihr Einverständnis zur Teilnahme gegeben hatten, gelangten sie zu einer Eingabemaske, auf der allgemeine Personendaten zum Zwecke der statistischen Auswertung anonymisiert abgefragt wurden. Zuletzt erschien die Information, dass die Teilnehmer*innen in diesem Experiment nichts weiter tun müssten, als sich konzentriert und so authentisch und natürlich wie möglich den nachfolgenden Stimuli auszusetzen, die sowohl schriftlich als auch mündlich präsentiert werden würden.

Hiernach wurden die Teilnehmer*innen gebeten, erst das *MUSE II* Headset einzuschalten und aufzusetzen und danach die ebenfalls bereitgelegten Kopfhörer *(Quite Comfort 35 II)* aufzusetzen. Die aktive Geräuschunterdrückung der Kopfhörer war abgeschaltet. Die Kopfhörer kamen in der Bedingung der

Abb. 4 Schallberuhigte Umgebung des Akustiklabors des CIE an der SDU, in dem das Experiment durchgeführt wurde

gesprochenen Stimuli zum Einsatz, wurden aber auch in der Bedingung der geschriebenen Stimuli noch/schon getragen, um den besonderen akustischen Effekt des Kopfhörers als konfundierte Variable des Stimulusmodus im Experiment zu kontrollieren.

Im Falle der sozialen Kontextbedingung ‚allein' wartete der beste Freund bzw. die beste Freundin vor dem Gebäude. In der Bedingung ‚begleitet' saß er/sie mit einigem Abstand neben dem Teilnehmer/der Teilnehmerin, jedoch stets in dessen/deren Sichtfeld. Der beste Freund bzw. die beste Freundin erhielt die Instruktion, während der Dauer des Experiments ein paar absichtlich durcheinander gebrachte, längere Kabel auseinander zu sortieren und aufzurollen. Diese Aktivität war, unseren Pilottests zufolge, stimmig der Umgebung angepasst und gleichermaßen lebendig wie repetitiv, sodass sich der Teilnehmer/die Teilnehmerin stets der Anwesenheit seiner/ihrer Begleitperson gewahr war, ohne jedoch durch diese abgelenkt zu werden.

Die 12 Stimuli jedes Typs wurden blockweise präsentiert, also z. B. erst die 12 HOL Stimuli, dann die 12 IRO Stimuli usw. Der Sinn der blockweisen Präsentation bestand darin, die Teilnehmer*innen etwa 85–95 Sekunden lang durchgehend einem einzigen Stimulustyp auszusetzen. Im Gegensatz zur Dauer einzelner Stimuli war dieses Blockintervall lang genug, um signifikante Veränderungen in den Biosignalen des Teilnehmers bzw. der Teilnehmerin als Folge des Stimulustyps hervorrufen zu können.

Vor den sieben blockweisen Stimuluspräsentationen erhielt der Teilnehmer/die Teilnehmerin die Aufgabe, 30 Sekunden lang gar nichts zu tun. Diese Ruhephase diente als Null-Stimulus-Referenzbedingung, mit der alle Messwerte bzw. Resultate der späteren Stimulusblöcke (d. h. Stimulustypen) verglichen werden konnten. Bei einem ordnungsgemäßen Funktionieren der Messungen ist zu erwarten, dass die Referenzbedingung (RUHE) signifikant niedrigere Messwerte liefert als alle oder zumindest die meisten anderen Stimulustypen. Noch wichtiger wäre, dass sich die RUHE-Werte zwischen den Bedingungen ‚allein' und ‚begleitet' nicht unterscheiden, damit dahingehende Unterschiede während der Stimulusrezeption als stress-/emotionsbeeinflussende Effekte des sozialen Kontexts interpretiert werden können und nicht als Offset-Effekte zweier verschiedener Teilnehmer*innengruppen.

Der Experimentleiter verließ bereits vor der Null-Stimulus-Referenzbedingung den Raum und kam erst nach dem letzten Stimulusblock wieder herein, sodass der Teilnehmer/die Teilnehmerin in der ‚allein' Bedingung tatsächlich gänzlich allein war und in der ‚begleitet' Bedingung nur den besten Freund/die beste Freundin an seiner/ihrer Seite hatte.

Eine komplette Experimentsession dauerte insgesamt ca. 40 Minuten, bestehend aus zehn Minuten pro Stimulusmodus, einer fünfzehnminütigen Pause zwischen den Modi sowie einem kurzen Briefing und De-Briefing am Anfang und Ende der Session.

5.2 Ergebnisse

5.2.1 Stressempfinden

Die Messungen zur Betaband-Energie wurden in einem linearen gemischten Modell mit Messwiederholung analysiert. Das statistische Modell umfasste die beiden Innersubjektfaktoren Stimulustyp und Stimulusmodus sowie den Zwischensubjektfaktor Sozialer Kontext. Der Faktor Stimulustyp hatte in diesem Modell 8 anstelle von 7 Faktorstufen, weil neben den 7 Typen ORIG, FGL, IND, HOL, IMP, IRO, RQ auch die 30-sekündige Ruhephase des Teilnehmers/der Teilnehmerin – die oben genannte Null-Stimulus-Referenzbedingung RUHE – mit einbezogen wurde.

Die Ergebnisse zeigen signifikante Haupteffekte für alle drei Faktoren (Stimulustyp: $F[7,182] = 420,4$; $p < 0.001$, $\eta^2_p = 0.942$; Stimulusmodus: $F[1,26] = 822,9$; $p < 0.001$, $\eta^2_p = 0.969$; Sozialer Kontext: $F[1,26] = 201,8$; $p < 0.001$, $\eta^2_p = 0.886$). Daneben gibt es signifikante Interaktionen des Sozialen Kontexts sowohl mit Stimulusmodus ($F[1,26] = 65,4$; $p < 0.001$, $\eta^2_p = 0.716$) als auch mit Stimulustyp ($F[7,182] = 32,5$; $p < 0.001$, $\eta^2_p = 0.556$) sowie eine signifikante Interaktion zwischen Stimulusmodus und Stimulustyp ($F[7,182] = 41,1$; < 0.001, $\eta^2_p = 0.613$). Die Dreifachinteraktion war nicht signifikant.

Zur Aufschlüsselung der Haupteffekte und deren Interaktionen wurden multiple Paarvergleiche (mit Sidak-Korrektur) zwischen den Faktorstufen der Inner- und Zwischensubjektfaktoren durchgeführt. Das Gesamtbild der Ergebnisse ist überdies in den Abb. 5a–c dargestellt. Als erstes soll herausgestellt werden, dass laut der Paarvergleiche des Faktors Stimulustyp die Betaband-Energie in der Null-Stimulus-Referenzbedingung RUHE signifikant niedriger lag als für alle gelesenen und gehörten Stimulustypen (Abb. 5a). Außerdem gibt es zwischen den RUHE-Messungen der beiden sozialen Kontextbedingungen ‚allein' und ‚begleitet' keinen signifikanten Unterschied. Damit sind die Grundvoraussetzungen für die interne Validität der Daten und die darauf aufbauende Ergebnisinterpretation erfüllt.

Abb. 5a zeigt, dass der Haupteffekt des Sozialen Kontexts darauf beruht, dass die Betaband-Energie bei den Teilnehmer*innen über alle Stimuli hinweg in der ‚allein' Bedingung um durchschnittlich 24 % höher lag als in der ‚begleitet'

Die Erforschung geschriebener und gesprochener Hassrede … 51

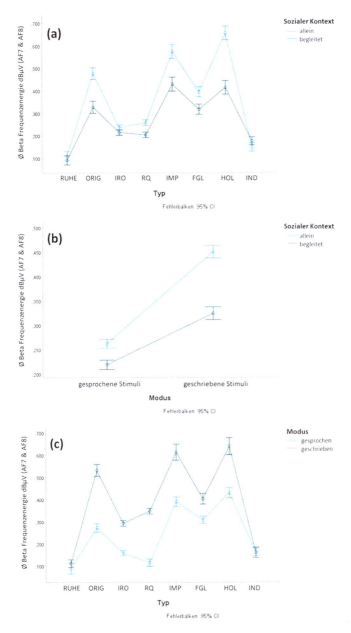

Abb. 5 Mittelwerte der EEG-Messungen für die beta Frequenzenergie (in dBμV über AF7&8) über alle 2 × 14 Teilnehmer*innen und Experimentbedingungen (Fehlerbalken entsprechen 95 % CI)

Bedingung (ø 0.356 dBμV vs. ø 0.272 dBμV). Im Einzelnen variierte dieser Prozentwert allerdings stark mit dem Stimulustyp. Für IRO und IND lagen die ‚allein'-Werte nur um wenige Prozent (allerdings weiterhin signifikant) oberhalb der ‚begleitet'-Werte. Für IMP und HOL sowie für die ORIG Stimuli erhöhten sich die Werte hingegen stark von ‚begleitet' zu ‚allein'. Darüber hinaus fiel das Niveau der Betaband-Energie für die geschriebenen Stimuli sehr viel höher aus als für die gesprochenen Stimuli (Abb. 5b). Generell gilt: Je höher das Niveau der Betaband-Energie in der ‚allein' Bedingung, desto stärker war die Absenkung dieses Energieniveaus durch die Anwesenheit des besten Freundes/der besten Freundin. Dies ist die Basis für die Interaktionen des Sozialen Kontexts mit Stimulustyp und Stimulusmodus.

Was den Stimulusmodus betrifft, so geht aus Abb. 5c hervor, dass die Betaband-Energie für die geschriebenen Stimuli im Mittel um 62 % höher lag als für die gesprochenen Stimuli (ø 0.388 dBμV vs. ø 0.240 dBμV). Das gilt nicht (signifikant) für IND, jedoch umso mehr für IRO, RQ und ORIG, für die die absoluten dBμV Unterschiede von gesprochen zu geschrieben um zirka 100 % anstiegen. Aus diesem differenzierten Effektauftreten resultiert die oben genannte Interaktion zwischen Stimulusmodus und -typ. Bemerkenswert ist, dass die Betaband-Energie in der gesprochenen RQ-Bedingung, also in den Stimuli, in denen die rhetorischen Fragen mit entsprechender Prosodie perzipiert werden, auf das Niveau der RUHE-Referenzbedingung absank und sich nicht signifikant davon unterscheidet. Wenn die IRO Stimuli mit entsprechend gesprochener Prosodie präsentiert wurden, ergab sich ein ähnliches Bild. Allerdings ist hier der Unterschied zur RUHE-Bedingung weiterhin signifikant.

5.2.2 Emotionsempfinden

Im Rahmen der Emotionsempfindung wurden zwei statistische Modelle berechnet. Sie waren vom gleichen Typ wie das zur Betaband-Energie oben. Eines der Modelle betraf die BAR-Werte des *Arousals* und das andere die FAA-Werte der Valenz. Das letztgenannte Model wird hier nur kurz in Tab. 1 zusammengefasst wiedergegeben; einerseits, weil sich keine signifikanten Effekte des Sozialen Kontextes gezeigt haben, und andererseits, weil das Gesamtbild der Ergebnisse dem gleicht, was aus den Studien zur expliziten Beurteilung der hier verwendeten Stimuli (im 2D-Urteilsraum, Abb. 1) bereits bekannt ist. Es sei vor diesem Hintergrund nur erwähnt, dass sich für die Stimulustypen ORIG, FGL und HOL im Mittel ein Wertebereich zwischen 0,6–0,8 und damit eine klare Negativität in der Valenz der Emotionsempfindung ergeben hat. Für die Stimulustypen IRO, RQ und IND galt dies hingegen nicht. Ihr Wertebereich lag zwischen

Tab. 1 Übersicht über die deskriptive und inferenzstatistische Analyse der mittels EEG gemessenen FAA-Werte des Experiments. HE = Haupteffekt, INT = Interaktion, n.s. = nicht signifikant

Soz Kontext	Ø FAA Wert	Stimulus- modus	Ø FAA Wert	Stimulustyp	Ø FAA Wert
allein	0,892	gesprochen	0,871	RUHE	1,228
begleitet	0,872	geschrieben	0,894	ORIG	0,812
				IRO	0,961
				RQ	0,946
				IMP	0,869
				FGL	0,613
				HOL	0,634
				IND	0,995

Lineares gemischtes Modell mit Messwiederholung für FAA-Werte		
HE Sozialer Kontext n.s.	HE Modus n.s.	HE Typ $F[7,182] = 77,2$, $p < 0.001$, $\eta p^2 = 0,748$
INT Sozialer Kontext x Modus n.s.		INT Modus x Typ $F[7,182] = 77,2$, $p<0.001$, $\eta p^2 = 0,748$
INT Sozialer Kontext x Typ n.s.		
INT Sozialer Kontext x Modus x Typ n.s.		

0,95 und 1,0 bzw. für die gesprochenen Stimuli zum Teil auch deutlich über 1,0 dBµV.

Das statistische Modell zum *Arousal* zeigt keine signifikanten Unterschiede zwischen den BAR-Werten in der RUHE-Bedingung der beiden Personengruppen, die die unterschiedlichen sozialen Kontextbedingungen repräsentieren. Zudem lagen die BAR-Werte in der RUHE-Bedingung signifikant niedriger als für alle gelesenen und gehörten Stimulustypen (Abb. 6a). Der RUHE-Wert lag im Mittel unter 1,0, das heißt, die Energie im Alphaband überstieg die im Betaband. Damit sind abermals die Grundvoraussetzungen für die interne Validität der Daten und die darauf aufbauende Ergebnisinterpretation erfüllt.

Das statistische Modell zum *Arousal* umfasst signifikante Haupteffekte für Stimulustyp ($F[7,182] = 146,6$; $p < 0.001$, $\eta^2_p = 0.849$) und Stimulusmodus ($F[1,26] = 43,1$; $p < 0.001$, $\eta^2_p = 0.624$) sowie für den sozialen Kontext ($F[1,26] = 141,7$; $p < 0.001$, $\eta^2_p = 0.845$). Daneben gibt es signifikante Interaktionen des Sozialen Kontexts sowohl mit Stimulusmodus ($F[1,26] = 6,5$;

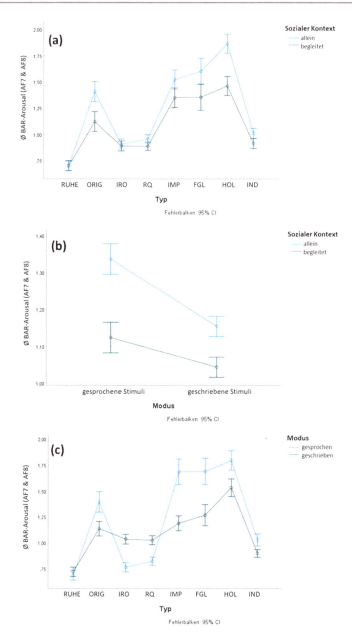

Abb. 6 Mittelwerte der EEG-Messungen für BAR (über AF7&8) über alle 2 × 14 Teilnehmer*innen und Experimentbedingungen (Fehlerbalken entsprechen 95 % CI)

p = 0.017, η^2_p = 0.200) als auch mit Stimulustyp (F[7,182] = 6,3; p < 0.001, η^2_p = 0.194) sowie eine signifikante Interaktion zwischen Stimulusmodus und Stimulustyp (F[7,182] = 30,8; p < 0.001, η^2_p = 0.542). Die Dreifachinteraktion war nicht signifikant.

Das Gesamtbild der Ergebnisse ähnelt dem der Betaband-Energie, siehe Abb. 6a–c. Allerdings gibt es ein paar nennenswerte Unterschiede. Erstens hatte die Anwesenheit des besten Freundes/der besten Freundin zwar wie bei der Betaband-Energie einen positiven Effekt in Form einer Absenkung der BAR-*Arousal*-Werte, allerdings war dieser Effekt mit im Mittel –13 % geringer als im Falle der Betaband-Energie (–24 %). Zweitens fiel der Effekt signifikant stärker für die gesprochenen (–17 %) als für die geschriebenen Stimuli aus (–9 %). Bei der Betaband-Energie war es gerade umgekehrt. Ein weiterer Unterschied besteht darin, dass das Niveau der Betaband-Energie für die geschriebenen Stimuli durchweg über dem für die gesprochenen Stimuli lag; oder auf vergleichbarem Niveau im Falle einiger Stimulustypen. Im Falle der BAR-*Arousal*-Werte dreht sich dieses Verhältnis gerade um. Die gesprochenen Stimuli erzeugten höhere Werte als die geschriebenen, mit Ausnahme von IRO und RQ, in denen die Prosodie eine entscheidende Rolle spielt für die Interpretation der Stimuli als ironisch bzw. rhetorisch fragend.

5.3 Diskussion

Wir wollten mit unserem Experiment eine erste, grundsätzliche Antwort auf die Frage erhalten, ob die „power of social connectedness" (Morawetz et al., 2021) bzw. der soziale Kontext nicht nur im Rahmen von physischen Schmerzreizen (Hände im Eiswasser) oder negativen Bildreizen eine Rolle spielt, sondern auch in der Wahrnehmung von Hassrede. Die hierzu erlangten experimentellen Ergebnisse untermauern dies nachdrücklich. In Begleitung ihres besten Freundes/ihrer besten Freundin kamen die Teilnehmer*innen mit den Hassredestimuli signifikant besser zurecht. Teilnehmer*innen, die den Hassredestimuli allein ausgesetzt waren, zeigten ein um fast ein Viertel (24 %) höheres Stressniveau im EEG. Die Intensität des negativen Emotionserlebens *(Arousal)* erhöhte sich um knapp ein Siebtel (13 %). Insgesamt manifestierte sich der Unterschied, Hassrede allein oder in Begleitung ausgesetzt zu sein, mehr im Stress- als im Emotionsempfinden.

Was Letzteres anbelangt, legen die EEG-Daten zudem nahe, dass weder der soziale Kontext noch das Hassredemedium die Valenz der Emotionsempfindung signifikant verändern konnte. Der jeweilige Hassredestimulus wurde demnach immer als gleichermaßen negativ empfunden, ob er nun geschrieben, gesprochen, allein oder in Begleitung rezipiert wurde. Die Stärke der Negativität variierte einzig in Abhängigkeit vom Stimulustyp. Das dazu entstandene Bild passt zu all unseren früheren Biosignal- und Bewertungsergebnissen insofern, als IRO, RQ und IND schwächer negativ gewirkt haben als ORIG, FGL, IMP und HOL. Über unsere früheren Studien hinaus offenbart das EEG mit FAA-Werten von zum Teil > 1,0 dBµV auch, dass insbesondere gesprochene IRO und RQ Stimuli nicht durchgängig und von allen Teilnehmer*innen überhaupt als negativ valent empfunden wurden.

Hinsichtlich des Faktors Medium können die aktuellen EEG-Befunde die Ergebnisse früherer Studien überdies dahingehend präzisieren, dass gesprochene Stimuli gegenüber geschriebenen eine geringere Stressreaktion, dafür aber eine intensiver negative Emotionsreaktion auslösen. Obwohl auf den ersten Blick unvereinbar, könnte beides mit der Prosodie zu tun haben. In geschriebener Hassrede bleibt die Bedrohung durch die fehlende Prosodie abstrakter und löst so zwar mehr Stress bzw. Unsicherheit aber eine geringere negative Emotionsstärke aus. In gesprochener Sprache verhält es sich genau umgekehrt, wobei zusätzlich die bekannte, verstärkende Wirkung der Prosodie bei ORIG, FGL, IMP und HOL hinzukommt. Nachfolgende Studien müssen dem genauer nachgehen.

6 Zusammenfassung

Es gibt fraglos eine wachsende Notwendigkeit, sich des Phänomens der Hassrede anzunehmen. Dies gilt nicht allein für die Wirtschaft und Politik. Es gilt allem voran auch für die empirische, linguistische und phonetische Forschung, deren diesbezügliche Aufgabe darin bestehen muss, den gesellschaftlichen Entscheidungsträgern Daten, Kriterien und Leitplanken dafür an die Hand zu geben, wie Hassrede identifiziert, evaluiert und ggf. sanktioniert werden kann. Vor diesem Hintergrund fasste der vorliegende Beitrag die fortlaufenden phonetischen Forschungen des *XPEROHS* Projektes zum Deutschen mit Blick auf zwei relevante und vielfach unterschätzte Faktoren zusammen: Prosodie und Kontext.

Es wurde beschrieben, dass Hassrede selbst kein homogenes Phänomen ist. Erstens kristallisieren sich verschiedene Subtypen von Hassrede heraus. Zweitens sind diese Subtypen mit jeweils eigenen Prosodien assoziiert. Das heißt, obwohl bestimmte prosodische Veränderungen systematisch damit einherzugehen scheinen, als wie persönlich inakzeptabel und folgenschwer für den Urheber/die Urheberin die jeweilige Hassrede bewertet wird (tieftonigeres, leiseres, knarrigeres Sprechen verstärkt den Hassredecharakter), gibt es keine eigenständige, spezifische Prosodie der Hassrede. Vielmehr folgt die Prosodie stets der zugrundeliegenden kommunikativen Funktion des Hassredetyps. Bei rhetorischen Fragen findet sich eine dafür passende Prosodie, und Gleiches gilt für Ironie, Imperative usw. Drittens gibt es bemerkenswerte Unterschiede in der Bewertung von geschriebener und gesprochener Hassrede. In welcher Weise diese Unterschiede wirken, hängt wiederum vom Typ der Hassrede ab. Einfach gesagt: Typen mit bereits klaren Hassredeindikatoren im Wortlaut (z. B. HOL, FGL, IMP) entfalten eine stärkere negative Wirkung, wenn sie laut ausgesprochen und gehört statt nur gelesen werden. Typen, in denen hingegen die prosodische Funktion zur Abschwächung des Hassredecharakters beitragen kann, z. B. durch das Hinzufügen einer ironischen Note oder einer rhetorischen Frage (Neitsch & Marinis, 2020; Niebuhr, 2014), werden in ihren negativen Wirkungen abgeschwächt, wenn sie laut ausgesprochen und gehört statt nur gelesen werden. In all diesen Zusammenhängen hat sich überdies gezeigt, dass Hassrede, die auf klar umrissene, konkrete Zielgruppen bzw. Minderheiten wie Muslime abzielt, als negativer empfunden wird als Hassrede, die unspezifischere, allgemeinere Zielgruppen wie Ausländer adressiert. Diese Erkenntnisse weisen gleichzeitig auch den Weg hin zu gezielteren und damit effektiveren Gegenstrategien in der Bekämpfung von Hassrede, z. B. hinsichtlich der Fragen, welche Kommentare im Netz für eine Gegenrede ausgewählt werden sollten und welcher Art diese Gegenrede sein müsste. An dieser Stelle können diese möglichen Strategien allerdings nicht weiter vertieft werden, da dies den Rahmen unseres Beitrags sprengen würde.

Den beiden Kontextfaktoren Medium (geschrieben vs. gesprochen) und Zielgruppe (Ausländer vs. Muslime) wurde hier erstmalig – und daher ausführlicher beschrieben – ein weiterer Kontextfaktor hinzugefügt: sozialer Kontext. Die diesbezügliche Studie bestätigt erneut die Wirkungsweise des Kontextfaktors ‚Medium' und liefert überdies klare experimentelle Belege für die Relevanz des sozialen Kontexts. Diese Belege gehen mit Befunden aus Studien zu anderen negativen Einflüssen konform und zeigen, allgemein gesagt, dass ein negativer Stimulus schwächer ausgeprägte Stress- und Emotionsreaktionen triggert, wenn er nicht allein, sondern in Begleitung perzipiert wird, hier in Anwesenheit des besten Freundes bzw. der besten Freundin. Der in diesem Sinne positive Effekt des Nicht-Alleinseins fällt für die stark negativen Hassredestimuli (FGL, IMP, HOL, ORIG) größer aus als für die schwach negativen Stimuli (IRO, RQ, IND).

Des Weiteren verdichten sich mit Blick auf die gesprochenen RQ- und IRO-Versionen – zusammen mit den diesbezüglichen Befunden aus dem 2D-Bewertungsraum (Abb. 1) – die Hinweise darauf, dass die Prosodie grundsätzlich über das Potential verfügt, Stimuli, die in geschriebener Form als Hassrede bewertet werden, in gesprochener Sprache in Nicht-Hassrede zu verwandeln. Für die IND Stimuli hat sich im Einklang mit früheren Studien hier außerdem erneut gezeigt, dass die physiologische Reaktion auf diese Stimuli schwächer ausfällt als dies aufgrund ihrer expliziten Bewertungen im 2D-Raum der Abb. 1 zu erwarten gewesen wäre. In letzteren Bewertungen waren die IND Stimuli klar inakzeptabel und lösten einen deutlichen Ruf nach Konsequenzen für den Urheber/die Urheberin aus. In den Biosignalen hingegen rangierten die IND Stimuli eher auf dem schwachen Reaktionsniveau der IRO und RQ Stimuli. Wie schon in Abschn. 5.1.3 vermutet, könnte sich in dieser Diskrepanz der Effekt einer *Socially Desired Response* manifestieren. Das heißt, in den expliziten 2D-Bewertungen geben die Teilnehmer*innen die vermeintlich gewünschte Antwort und verurteilen die IND Stimuli deutlich als Hassrede, wohingegen die Biosignale offenbaren, dass dieser Typ von Hassrede („Ich hab' nichts gegen ___, aber__") für die Teilnehmer*innen eigentlich in gewissem Grade tolerabel ist.

Bezüglich Ratschlägen für den Alltag ließe sich aus den zusammengefassten und neu gewonnenen Daten zweierlei konstatieren: 1) Potentielle Opfer von erwartbaren Hasskommentaren sollten sich diesen nicht allein aussetzen, sondern vorher (bekannte) Gesellschaft suchen. 2) Urheber*innen von Hass im Netz müssen sich bewusst sein, dass selbst kleine Änderungen in Wortlaut ihrer Kommentare eine große (negative) Wirkung entfalten können, dass das Lesen von Hasskommentaren Stress und andere negative Reaktionen auslöst – selbst bei denjenigen Rezipienten, die gar nicht primär adressiert sind – und dass geschriebene Hassrede zum Teil eine negativere Wirkung entfalten kann als gesprochene. Wenn man also Dinge nicht laut aussprechen mag, dann sollte das im Zweifelsfall umso mehr für ihr Aufschreiben gelten.

Im Ausblick zeigen diese Ratschläge und Möglichkeiten nur allzu klar, wie wichtig es perspektivisch ist, den Faktoren Prosodie und Kontext in zukünftigen Studien weiter intensiv nachzugehen. Biosignale bieten sich hierfür als experimentelles Instrument besonders an. Sie erfordern keine explizite Bewertung der Stimuli oder eine ähnliche metasprachliche Aufgabe von den Teilnehmer*innen, liefern dabei gleichzeitig Einblicke in unwillkürliche physiologische Stimulusreaktionen und haben wiederholt durch ein hohes Maß an Übereinstimmung mit expliziten Bewertungen ihre externe Validität unter Beweis gestellt. Das gilt besonders für EEG-Messungen, aber mit Blick auf Neitsch & Niebuhr (2020c) auch für Hautleitwiderstand und Atmung.

Insbesondere in Relation zu einer Null-Stimulus-Referenzbedingung könnten Biosignalanalysen zudem effektiv dafür sein, die Schwelle zwischen Hassrede und Nicht-Hassrede für verschiedene Inhalte und Kontextfaktoren zu bestimmen – und damit schrittweise endlich eine Hassrededefinition zu abstrahieren, die erstens den Rezipienten ins Zentrum stellt und die zweitens weit über Schlüsselwörter und -phrasen hinausgeht, wie sie derzeit von Wirtschaft und Politik für die Identifikation und Evaluation von Hassrede hauptsächlich eingesetzt werden. In diesem Zusammenhang sehen wir natürlich die Limitation, dass unsere eigenen Studien bislang noch nicht mit den eigentlichen Zielgruppen der Hassredestimuli als Teilnehmer*innen durchgeführt worden sind, also z. B. Ausländern im Allgemeinen und Muslimen im Besonderen. Hierin – sowie in der generellen Ausdifferenzierung des Faktors ‚Rezipient' (beispielsweise nach Beruf und Geschlecht) – werden die weiteren Schritte unserer Forschung bestehen. In diesem Rahmen werden wir auch der impliziten Prosodie in (geschriebener) Hassrede und den vermeintlichen Diskrepanzen hierin zwischen Urhebern bzw. Urheberinnen und Rezipienten bzw. Rezipientinnen nachgehen. Wenn etwa Bedingungen gefunden werden, unter denen Urheber*innen eine weniger hassvolle, negative Prosodie beim Verfassen von Hassrede im Kopf haben als auf Rezipientenseite beim Lesen entsteht, dann ließe sich auf dieser Basis ein gezieltes Sensibilisierungsprogramm gegen Hass im Netz entwickeln.

Abschließend wirft der zuvor umrissene Ausblick die generelle Frage auf, inwieweit Ergebnisse zur Hassrede aus einer experimentellen Situation in die reale Lebenssituation von Menschen übertragbar sind. Wir sind optimistisch, was diese Frage der Generalisierbarkeit angeht, obwohl wir uns natürlich gerade bei der Erforschung kontextueller Faktoren der Hassredewahrnehmung sehr wohl des Umstands bewusst sind, dass viele dieser Faktoren aktuell weder identifiziert noch untersucht sind, insbesondere nicht solche, die ein Experiment von der realen Welt unterscheiden. Unser Optimismus ist in der Tatsache begründet, dass sich alle hier berichteten Befunde (d. h. Unterschiede und Effekte) stets als sehr robust erwiesen haben, obwohl wir Umgebungsbedingungen bislang nicht sonderlich streng kontrolliert haben bzw. kontrollieren konnten. Die Bewertung der Stimuli im 2D-Urteilsraum etwa fand als Online-Experiment statt und wurde von den Teilnehmer*innen in sehr verschiedenen Umfeldern durchgeführt, die von der heimischen Couch bis zum Büro am Arbeitsplatz reichten. Die Biosignalerhebungen wurden nicht nur wie im hier berichteten, neuen Experiment im Labor der Universität durchgeführt, sondern in vorherigen Experimenten auch beim Experimentleiter zuhause, und trotzdem ist ein vergleichbares Ergebnisbild entstanden. Diese Robustheit steht nicht etwa im Widerspruch zur Relevanz des Kontextes, sie zeigt lediglich, dass Kontextfaktoren unabhängig voneinander untersucht werden können und dass auch die Identifikation relevanter Kontextfaktoren für die Hassredewahrnehmung eine weitere bedeutsame Aufgabe für die zukünftige Forschung ist.

Literatur

Allen, K., Blascovich, J., & Mendes, W. (2002). Cardiovascular reactivity and the presence of pets, friends, and spouses: The truth about cats and dogs. *Psychosomatic Medicine, 64*, 727–739.
Arvaniti, A. (2020). The phonetics of prosody. In M. Aronoff (Hrsg.), *Oxford research encyclopedia of linguistics*. Oxford University Press.
Asif, A., Majid, M., & Anwar, S. M. (2019). Human stress classification using EEG signals in response to music tracks. *Computers in Biology and Medicine, 107*, 182–196.
BARMER. (2021). Neun Mythen über Hassrede im Internet. https://www.barmer.de/gesundheit-verstehen/gesundheit-2030/gesunde-digitale-gesellschaft/hate-speech-273558. Zugegriffen: 27. Aug. 2021.
Baumgarten, N., Bick, E., Geyer, K., Iversen, D. A., Kleene, A., Lindø, A. V., Neitsch, J., Niebuhr, O., Nielsen, R., & Petersen, E. N. (2019). Towards balance and boundaries in public discourse: Expressing and perceiving online hate speech (XPEROHS). *International Journal of Language and Communication (RASK), 50*, 87–108.
Bick, E., & Didriksen, T. (2015). Cg-3-beyond classical constraint grammar. In *Proceedings of the 20th Nordic Conference of Computational Linguistics, Vilnius, Lithuania* (S. 31–39).
Bick, E. (2020). An annotated social media corpus for German. In *Proceedings of the 12th International Conference on Language Resources and Evaluation, Marseille, France* (S. 6127–6135).
Bick, E., Geyer, K., & Kleene, A. (2021). „Die ách so friedlichen Muslime": Eine korpusbasierte Untersuchung von Formulierungsmustern fremdenfeindlicher Aussagen in Sozialen Medien. In S. Wachs, B. Koch-Priewe, & A. Zick (Hrsg.), *Hate Speech – Multidisziplinäre Analysen und Handlungsoptionen* (S. 81–103). Springer Nature.
Brown, A. (2017). What is hate speech? Part 1: The myth of hate. *Law and Philosophy, 36*, 419–468.
Bryant, B., & Stephenson, W. (2018). How LGBTQ+ hate crime is committed by young people against young people. *BBC Three and BBC Data Team*. https://www.bbc.com/news/uk-46543874. Zugegriffen: 12. Okt. 2021.
Chayer, C., & Freedman, M. (2001). Frontal lobe functions. *Current Neurology and Neuroscience Reports, 1*, 547–552.
Fodor, J. D. (2002). Psycholinguistics cannot escape prosody. In *Proceedings of the 1st International Conference on Speech Prosody, Aix-en-Provence, France* (S. 83–88).
Forsa. (2021). forsa-Studie: Mehr Hass im Netz im Corona-Jahr. https://www.klicksafe.de/service/aktuelles/news/detail/mehr-hass-im-netz-im-corona-jahr/. Zugegriffen: 27. Aug. 2021.
García-Acosta, A., Riva-Rodríguez, J. D. L., Sánchez-Leal, J., & Reyes-Martínez, R. M. (2021). Neuroergonomic stress assessment with two different methodologies in a manual repetitive task-product assembly. *Computational Intelligence and Neuroscience 2021*.

Garcia-Moreno, F. M., Bermudez-Edo, M., Garrido, J. L., & Rodríguez-Fórtiz, M. J. (2020). Reducing response time in motor imagery using a headband and deep learning. *Sensors, 20*, 6730.

Geyer, K., Bick, E., & Kleene, A. (2022). "I am not a racist, but …". A corpus-based analysis of xenophobic hate speech constructions in Danish and German social media discourse. In N. Knoblock (Hrsg.), *Grammar of hate: Morphosyntactic features of hateful, aggressive, and dehumanizing discourse*. Cambridge University Press.

Herman, K., Ciechanowski, L., & Przegalińska, A. (2021). Emotional well-being in urban wilderness: Assessing states of calmness and alertness in informal green spaces (IGSs) with muse—Portable EEG headband. *Sustainability, 13*, 2212.

Hovel, E. (2020). Hate Speech Ergebnisse einer repräsentativen Bevölkerungsumfrage. https://www.jura.uni-leipzig.de/fileadmin/Fakult%C3%A4t_Juristen/Professuren/Hoven/gdp_Ergebnisse_HateSpeech_Kurzbericht.pdf. Zugegriffen: 27. Aug. 2021.

Hrdina, M. (2016). Identity, activism and hatred: Hate speech against migrants on Facebook in the Czech Republic in 2015. *Naše společnost, 14*, 38–47.

Kleene, A., & Geyer, K. (2021). *Hass und Hetze gegen Muslime in sozialen Netzwerken*. University of Southern Denmark.

Klem, G. H., Lüders, H. O., Jasper, H. H., & Elger, C. (1999). The ten-twenty electrode system of the international federation. *The International Federation of Clinical Neurophysiology. Electroencephalography and Clinical Neurophysiology, Supplement, 52*, 3–6.

Landesanstalt für Medien NRW. (2021). Forsa LFMNRW Hassrede2021 Ergebnisbericht. https://www.medienanstalt-nrw.de/fileadmin/user_upload/NeueWebsite_0120/Themen/Hass/forsa_LFMNRW_Hassrede2021_Ergebnisbericht.pdf. Zugegriffen: 27. Aug. 2021.

LaRocco, J., Le Minh, D., & Paeng, D.-G. (2020). A systemic review of available low-cost EEG headsets used for drowsiness detection. *Frontiers in Neuroinformatics, 14*, 1–42.

Mathew, B., Dutt, R., Goyal, P., & Mukherjee, A. (2019). Spread of hate speech in online social media. In *Proceedings of the 10th ACM Conference on Web Science (WebSci '19). Association for Computing Machinery, New York, NY, USA* (S. 173–182).

Mondal, M., Araújo Silva, L., & Benevenuto, F. (2017). A measurement study of hate speech in social media. *Proceedings of the 28th ACM Conference on Hypertext and Social Media (HT '17). Association for Computing Machinery, New York, NY, USA* (S. 85–94).

Morawetz, C., Berboth, S., & Bode, S. (2021). With a little help from my friends: The effect of social proximity on emotion regulation-related brain activity. *NeuroImage, 230*, 117817.

Niebuhr, O. (2022). Prosody in hate speech perception: A step towards understanding the role of implicit prosody. *Proc. Speech Prosody 2022*, (S. 520–524). Lisbon, Portugal. https://doi.org/10.21437/SpeechProsody.2022-106.

Neitsch, J., & Niebuhr, O. (2019). Types of hate speech in German and their prosodic characteristics. In *Proceedings of the 1st International Seminar on the Foundations of Speech: Breathing, Pausing, and the Voice, Sonderborg, Denmark* (S. 85–87).

Neitsch, J., & Marinis, T. (2020). The prosodic mapping of irony in German rhetorical questions. In M. Elmentaler & O. Niebuhr (Hrsg.), *An den Rändern der Sprache* (S. 147–179). Lang.

Neitsch, J., & Niebuhr, O. (2020a). On the role of prosody in the production and evaluation of German hate speech. In *Proceedings of the 10th International Conference on Speech Prosody, Tokyo, Japan* (S. 710–714).
Neitsch, J., & Niebuhr, O. (2020b). Are Germans better haters than Danes? Language-specific implicit prosodies of types of hate speech and how they relate to perceived severity and societal rules. In *Proceedings of the 21st International Interspeech Conference, Shanghai, China* (S. 1843–1847).
Neitsch, J., & Niebuhr, O. (2020c). Assessing hate-speech perception through bio-signal measurements: A pilot study. In *Proc. Biosignale 2020, Kiel, Germany* (S. 66–67).
Neitsch, J., & Niebuhr, O. (2020d). Hassrede und ihr direkter Einfluss auf die menschlichen Biosignale. In *Proc. 16. Phonetik und Phonologie Konferenz, Trier.*
Neitsch, J., Niebuhr, O., & Kleene, A. (2021). What if hate speech really was speech? Towards explaining hate speech in a cross-modal approach. In S. Wachs, B. Koch-Priewe, & A. Zick (Hrsg.), *Hate Speech-Theoretische, empirische und anwendungsorientierte Annäherungen an eine gesellschaftliche Herausforderung* (S. 105–135). Springer Nature.
Neitsch, J., & Niebuhr, O. (2021). Types of hate speech: How speakers of Danish rate spoken vs. written hate speech. In *Proceedings of the 4th International Conference of Phonetics and Phonology in Europe, Barcelona, Spain* (S. 1–2).
Niebuhr, O. (2014). "A little more ironic" – Voice quality and segmental reduction differences between sarcastic and neutral utterances. In *Proceedings of the 7th International Conference on Speech Prosody, Dublin, Ireland* (S. 608–612).
Reid-Steere, E. (2000). Das Selbst und das Internet. In U. Thiedeke (Hrsg.), *Virtuelle Gruppen* (S. 273–291). VS Verlag.
Richer, R., Zhao, N., Amores, J., Eskofier, B. M., & Paradiso, J. A. (2018). Real-time mental state recognition using a wearable EEG. In *Proceedings of the 40th Annual International Conference of the IEEE Engineering in Medicine and Biology Society, Honolulu, USA* (S. 5495–5498).
Sahi, R. S., Ninova, E., & Silvers, J. A. (2020). With a little help from my friends: Selective social potentiation of emotion regulation. *Journal of Experimental Psychology: General*. https://doi.org/10.1037/xge0000853.
Schwartz, R., & Pell, M. D. (2012). Emotional speech processing at the intersection of prosody and semantics. *PLoS ONE, 7*, e47279.
Zhang, X., Bachmann, P., Schilling, T. M., Naumann, E., Schächinger, H., & Larra, M. F. (2018). Emotional stress regulation: The role of relative frontal alpha asymmetry in shaping the stress response. *Biological Psychology, 138*, 231–239.
Zhao, G., Zhang, Y., & Ge, Y. (2018). Frontal EEG asymmetry and middle line power difference in discrete emotions. *Frontiers in Behavioral Neuroscience, 12*, 225.

Open Access Dieses Kapitel wird unter der Creative Commons Namensnennung 4.0 International Lizenz (http://creativecommons.org/licenses/by/4.0/deed.de) veröffentlicht, welche die Nutzung, Vervielfältigung, Bearbeitung, Verbreitung und Wiedergabe in jeglichem Medium und Format erlaubt, sofern Sie den/die ursprünglichen Autor(en) und die Quelle ordnungsgemäß nennen, einen Link zur Creative Commons Lizenz beifügen und angeben, ob Änderungen vorgenommen wurden.

Die in diesem Kapitel enthaltenen Bilder und sonstiges Drittmaterial unterliegen ebenfalls der genannten Creative Commons Lizenz, sofern sich aus der Abbildungslegende nichts anderes ergibt. Sofern das betreffende Material nicht unter der genannten Creative Commons Lizenz steht und die betreffende Handlung nicht nach gesetzlichen Vorschriften erlaubt ist, ist für die oben aufgeführten Weiterverwendungen des Materials die Einwilligung des jeweiligen Rechteinhabers einzuholen.

Automatische Klassifikation offensiver deutscher Sprache in sozialen Netzwerken

Christoph Demus, Dirk Labudde, Jonas Pitz, Nadine Probol, Mina Schütz und Melanie Siegel

1 Einleitung

Die sozialen Medien wie Twitter, Facebook und auch die Kommentarspalten der Online-Präsenzen von Zeitungen und Radiosendern werden zunehmend von Menschen dominiert, die diffamieren, beleidigen und bedrohen. Automatisch generierte Nachrichten werden verwendet, um den Eindruck zu erwecken, dass diese extremen Meinungen in der Bevölkerung weit verbreitet sind, aber auch, um politische Gegner mundtot zu machen. Infolgedessen gelingt es vielen Betreibern von Social-Media-Webseiten nicht mehr, Nutzerbeiträge manuell zu moderieren, und das bedeutet für

---

C. Demus · D. Labudde
Digital Intelligence & Investigation, Fraunhofer SIT, Darmstadt, Deutschland
E-mail: cdemus@hs-mittweida.de; christoph.demus@sit.fraunhofer.de

D. Labudde
E-mail: dirk.labudde@sit.fraunhofer.de

J. Pitz · N. Probol · M. Schütz · M. Siegel (✉)
Forschungszentrum für Angewandte Informatik, Hochschule Darmstadt, Darmstadt, Deutschland
E-mail: melanie.siegel@h-da.de

J. Pitz
E-mail: jonas.pitz@h-da.de

N. Probol
E-mail: nadine.probol@stud.h-da.de

M. Schütz
E-mail: mina.schuetz@h-da.de

© Der/die Autor(en) 2023
S. Jaki und S. Steiger (Hrsg.), *Digitale Hate Speech*,
https://doi.org/10.1007/978-3-662-65964-9_4

die Moderator*innen eine enorme psychische Belastung. Daher besteht ein dringender Bedarf an Methoden zur automatischen Identifizierung verdächtiger Beiträge. Erst in den letzten Jahren hat man damit begonnen, Methoden zur automatischen Klassifikation von Hatespeech auch auf deutschsprachige Texte anzuwenden. In diesem Beitrag stellen wir verschiedene Methoden zur Erkennung deutschsprachiger agressiver Textbeiträge vor. Grundlage unserer Darstellungen sind die Shared Tasks, die in den letzten Jahren zu diesem Thema stattgefunden haben.

Dabei gehen wir zunächst auf die Besonderheiten der deutschen Sprache ein, die es erforderlich machen, die Methoden der Forschungsliteratur für die Analyse von Hatespeech, die sich zunächst auf die englische Sprache bezogen haben, zu erweitern und zu verfeinern. Danach beschreiben wir eine Methode der Forschung zur Verarbeitung von Sprache, mit der Datensätze erzeugt und Forschungsansätze verglichen werden, die Shared Task. Anschließend werfen wir einen Blick auf die verfügbaren deutschsprachigen Datensätze, die zumeist im Kontext der Shared Tasks entstanden sind. Die Methoden zur automatischen Erkennung, die durch die Forschungsgruppen entwickelt wurden, werden danach kurz erklärt.

2 Deutschsprachige Hatespeech: Besonderheiten der Analyse

Die automatische Verarbeitung deutscher Sprache bringt einige Besonderheiten und Schwierigkeiten mit sich. Die am besten untersuchte Sprache im Natural Language Processing (NLP) ist die englische Sprache (Ortmann et al., 2019). Das ist vor allem darin begründet, dass Englisch die international am meisten verwendete Sprache ist, die nahezu überall – vor allem im wissenschaftlichen Kontext – verstanden wird und daher auch weltweit Bestandteil von Untersuchungen ist. Durch die große Verbreitung gibt es für viele NLP-Aufgaben große englische Datensätze. Deshalb ist es notwendig, bei der Abweichung von der englischen Sprache mit einem höheren Aufwand geeignete Datensätze in der entsprechenden Sprache zu finden. Eine weitere Folge der Verbreitung englischer Sprache ist, dass sehr viele Tools und Code-Bibliotheken auf die englische Sprache ausgerichtet sind und nicht immer direkt für die deutsche Sprache übernommen werden können. Ortmann et al. (2019) haben deshalb mehrere Tools für die Verarbeitung deutscher Sprache zusammengetragen und einheitlich auf Datensätzen verschiedener Domains evaluiert. Es wurden Tools für Satzsegmentierung, Tokenisierung, Part-of-Speech (POS) Tagging, morphologische Analyse, Lemmatisierung und Dependency Parsing getestet.

Neben Schwierigkeiten, die auf die geringere Ausbreitung der deutschen Sprache zurückzuführen sind, unterscheiden sich die grundlegenden Strukturen der deutschen von der englischen Sprache in einigen Punkten. Das führt dazu, dass andere Verarbeitungsschritte notwendig sind. Ein umfassender Vergleich der beiden Sprachen ist beispielsweise in Hawkins (2015) zu finden. Hier sollen jedoch nur einige Besonderheiten herausgegriffen werden, die für das NLP zum Zweck der Erkennung von Hatespeech relevant sind.

Beispielsweise ist es im Englischen meist ausreichend, ein Stemming durchzuführen, wohingegen im Deutschen Lemmatisierung aufgrund einer komplexeren Morphologie der Wörter besser geeignet ist.

Ein weiterer bedeutender Unterschied ist die Kompositabildung im Deutschen. Dadurch können lange Wörter entstehen, die jedoch nur sehr selten vorkommen, weil Substantive nahezu beliebig kombiniert werden können. Das bereitet Schwierigkeiten, da selten vorkommene Wörter nur schwer maschinell interpretierbar sind. Im Englischen werden dagegen die Wörter in der Regel getrennt geschrieben, z. B. bei „Kettenreaktion" und „chain reaction".

Einen Vorteil hat man im Englischen auch bei der Named-Entity Recognition, die oft als Schritt zum besseren Textverständnis genutzt wird. Im Gegensatz zum Englischen, wo nur Namen groß geschrieben werden, werden im Deutschen alle Substantive und Namen groß geschrieben werden. Die Named-Entity Recognition kann daher nicht auf die Großschreibung fokussieren wie im Englischen und muss andere Methoden einsetzen.

Für die Detektion von Hatespeech ist die Erkennung von Negationen ein wichtiger Bestandteil. Die Wortstellung in der englischen Sprache ist viel weniger variabel als in der deutschen Sprache. Dort fällt auf, dass die Negation eines Wortes nicht im nahen Umfeld stehen muss, sondern beispielsweise sogar durch Kommata getrennt von diesem stehen kann. Probleme treten insbesondere häufig mit dem Vorkommen von „dass" auf, beispielsweise in dem Satz „Ich denke nicht, dass mir das Spaß macht." (Siegel & Alexa, 2020).

Zusammenfassend kann man sagen, dass die automatische Verarbeitung deutscher Sprache einige Schwierigkeiten im Vergleich zum Englischen mit sich bringt. Diese sind zum einen darauf zurückzuführen, dass Englisch weiter verbreitet ist und zum anderen, dass die deutsche Sprache einige sprachliche Besonderheiten aufweist, die dadurch weniger gut erforscht sind als die Besonderheiten der englischen Sprache.

3 Shared Task – eine Methode zur Datenerhebung und zum Vergleich von Klassifikationsansätzen

Im Bereich der Sprachverarbeitung sind sogenannte „Shared Tasks" ein häufig erfolgreich eingesetztes Mittel, um vor allem zu neuen Fragestellungen und zu noch nicht untersuchten Sprachen Daten und Ressourcen aufzubauen und Methoden auszuprobieren. Hier sind vor allem die Shared Tasks der „SemEval"-Reihe zu nennen, die seit 1998 Wettbewerbe durchführen, die sich mit der Semantik von Sprache beschäftigen. Während sich die ersten Shared Tasks der SemEval-Reihe vor allem mit lexikalischer Semantik beschäftigten, sind in den letzten Jahren Themen wie Sentiment-Analyse, Question-Answering, Wissensextraktion und das Erkennen von Argumentstrukturen vorherrschend. Seit 2019 wird auch die automatische Klassifikation von offensiver Sprache in Shared Tasks der SemEval-Reihe untersucht.[1]

Bei einer Shared Task werden Sprachdaten zunächst gesammelt, dann annotiert, und anschließend wird der größere Teil der annotierten Daten (meist ca. 80 %) als Trainingsdaten öffentlich verfügbar gemacht. Internationale Forschungsgruppen entwickeln anhand dieser Trainingsdaten Systeme zur automatischen Klassifikation entlang der Annotationen. Die zurückbehaltenen Daten werden ohne Annotation als Testdaten diesen Forschungsgruppen gegeben. Die Forschungsgruppen wenden die entstandenen Systeme und Modelle auf diese Testdaten an und geben den Organisatoren der Shared Task ihre Ergebnisse (manchmal auch ihre Systeme und Modelle) zur Auswertung. Die Auswertung vergleicht die automatischen Klassifikationen mit den Annotationen und erstellt eine Rangliste der Systeme. Wichtig dabei ist, dass die beteiligten Forschungsgruppen ihre Methoden beschreiben und dann in einem Workshop miteinander vergleichen, so zu innovativen Kombinationen und erweiterten Sprachressourcen kommen und das Forschungsfeld damit vorantreiben.

Die Klassifikation von offensiver/aggressiver Sprache ist seit dem Jahr 2018 Gegenstand von Shared Tasks. In dem Jahr gab es Shared Tasks zu italienischer Hassrede in Twitter und Facebook (Bosco et al., 2018), zu italienischer und englischer Misogynie (Fersini et al., 2018), zur Erkennung von Aggression in Englisch und Hindi (Kumar et al., 2018) und auch schon zur automatischen Erkennung offensiver deutscher Sprache (Wiegand et al., 2018b). Im Jahr 2019 fand eine Neuauflage der GermEval mit erweiterten Daten statt (Struss et al., 2019).[2] Außerdem fan-

---

[1] (siehe https://semeval.github.io/SemEval2021/tasks.html, https://alt.qcri.org/semeval2020/index.php?id=tasks, https://alt.qcri.org/semeval2019/index.php?id=tasks).

[2] Im Jahr 2021 wird die GermEval-Reihe mit neuen Daten fortgeführt: https://germeval2021toxic.github.io/SharedTask/.

Tab. 1 Shared Tasks und Klassifikationsaufgaben

Jahr	Shared task	Subtasks	Sprachen
2018	HaSpeeDe	A – binär auf Facebook-Daten B – binär auf Twitter-Daten C – mit beiden Daten-Arten (Cross)	Italienisch
2018	EVALITA	A – Misogyny Identification (binär) B – Misogynistic Behaviour and Target Classification	Italienisch, Englisch
2018	TRAC	A – Overtly aggressive, covertly aggressive, non-aggressive	Hindi, Englisch
2018	GermEval	A – Offense or other (binär) B – Profanity, Insult, Abuse	Deutsch
2019	GermEval	A – Offense or other (binär) B – Profanity, Insult, Abuse C – explicit, implicit	Deutsch
2019	OffensEval	A – Binäre Klassifikation B – Offense types (Hassrede – Profanity) C – Offense target identification (Individual – Group – Other)	Englisch
2019	SemEval	A – binäre Klassifikation B – Ziel als individuell oder generisch	Spanisch, Englisch
2019	HASOC	A – binär B – Hate Speech, Offensive, Profane C – Targeted, Untargeted	Deutsch, Hindi, Englisch
2020	TRAC	A – Overtly, Covertly or Non-Aggressive B – gendered or non-gendered	Bengalisch, Hindi, Englisch
2020	OffensEval	A – Binäre Klassifikation B – Offense types (Hassrede – Profanity) C – Offense target identification (Individual – Group – Other)	Arabisch, Dänisch, Englisch, Griechisch, Türkisch
2020	HaSpeeDe	A – binär (Hate or Not) B – Stereotype Detection C – Nominal Utterance Detection	Italienisch
2020	HASOC	A – binär (Hate or Not) B – Hate, Profane and Offensive	Tamil, Malayalam, Hindi, Englisch, Deutsch
2021	GermEval	A – Binäre Klassifikation B – Engaging Comment Classification (binär, besonders gute und engagierte Kommentare) C – Fact-Claiming Comment Classification (binär)	Deutsch
2021	HASOC	A – Englisch und Hindi B – Dravidian Languages C – Arabic Misogyny Identification D – Urdu	Englisch, Hindi, Dravidian, Arabisch, Urdu

den 2019 Shared Tasks zur Klassifikation englischer offensiver Sprache (Zampieri et al., 2019b), zur mehrsprachigen englisch-spanischen Erkennung von Hassrede gegen Immigranten und Frauen (Basile et al., 2019) und zur Klassifikation von Hatespeech und offensivem Inhalt in Indo-Europäischen Sprachen (Mandl et al., 2019) statt. Im Jahr 2020 wurden die Shared Tasks der Reihen TRAC (Kumar et al., 2020) mit zusätzlichen Daten in bengalischer Sprache, OffensEval (Zampieri et al., 2020) mit zusätzlichen Daten in Arabisch, Dänisch, Englisch, Griechisch und Türkisch, HaSpeeDe (Sanguinetti et al., 2020) mit zusätzlichen Daten einer neuen Domäne und HASOC (Mandl et al., 2020) mit zusätzlichen Daten in Tamilisch, Malayalam, Hindi, Englisch und Deutsch fortgeführt. HASOC wurde auch 2021 mit neuen Sprachen (Englisch, Hindi, Dravidian, Arabisch, Urdu) durchgeführt, ebenso GermEval mit neuen Daten.[3]

Alle Shared Tasks haben als grundlegende Aufgabe die binäre Klassifikation der Texte als offensiv/aggressiv oder nicht. In den meisten Fällen kommen aber weitere Klassifikationen hinzu. Bei der GermEval 2018 war das eine feinere Klassifikation der offensiven Texte als *Abuse, Insult* oder *Profanity* (Ruppenhofer et al., 2018). EVALITA 2018 hatte in der Klassifikationsaufgabe für die feinere Klassifikation sogar fünf Klassen von Misogynie (Fersini et al., 2018). OffensEval 2019 unterschied in zwei Subtasks die Arten offensiver Sprache in *Hassrede* und *Profanity* sowie die Ziele von Hassrede in *Individuum – Gruppe – Andere* (Zampieri et al., 2019b). Andere Klassifikationsaufgaben betreffen den Ursprung der Daten (Bosco et al., 2018) oder auch die Unterteilung der offensiven Texte in explizite oder implizite Aussagen (Struß et al., 2019) (siehe Tab. 1). Die Gestaltung der Aufgaben bestimmt natürlich auch die Annotation der Daten.

Diese Aktivitäten führten dazu, dass große annotierte Datensätze für verschiedene Sprachen verfügbar sind, darunter auch Datensätze für die deutsche Sprache.

4 Daten für die Klassifikationsaufgabe

Eine wesentliche Grundlage für die Entwicklung von Methoden zur automatischen Klassifikation sind Datensätze mit annotierten Daten. Diese müssen in ausreichender Zahl vorhanden und qualitativ hochwertig sein. In diesem Abschnitt beschäftigen wir uns daher mit den deutschsprachigen Datensätzen.

---

[3] http://fire.irsi.res.in/fire/2021/hasoc, https://germeval2021toxic.github.io/SharedTask/.

4.1 Art der Datensammlung

Die weitaus häufigste Quelle für Hatespeech-Datensätze ist Twitter. Dies ist vor allem auf die gut zugängliche API von Twitter zurückzuführen. GermEval 2018 und 2019 nutzten Twitter-Daten, GermEval 2021 dagegen die Facebook-Seite einer politischen Talkshow. Facebook ist ein weiteres Netzwerk, das zur Datensammlung genutzt wird. Die Shared Task TRAC 2020 nutzte YouTube-Kommentare.

Wenn man einfach alle deutschsprachigen Tweets (oder auch Facebook Posts) in einem bestimmten Zeitraum sammeln würde, wäre das Datenset, das dabei herauskommt, äußerst schlecht balanciert: Es wären viel zu wenige Beispiele für Hatespeech darin enthalten. Wenn man auf so einem Datenset ein Modell maschinell lernen würde, dann würde dieses Modell am besten funktionieren, wenn es immer „No Hate" klassifizieren würde. Die Fehlerrate wäre sehr gering, aber das gelernte Modell wäre nicht nutzbar, um Hatespeech zu klassifizieren. Das Problem wird ausführlich in Wiegand et al. (2019) beschrieben. Um die Daten zu verdichten, haben die Organisator*innen der Shared Tasks verschiedene Methoden entwickelt. Diese Methoden führen jedoch häufig zu Daten, die ein verzerrtes Bild liefern (auf Englisch „Biased Data"). Wenn man einfach nach Hass-Schlüsselwörtern suchen würde, dann macht man es der automatischen Klassifikation extrem leicht, die ebenfalls wieder nach diesen Schlüsselwörtern suchen muss. Ein solches Modell ist aber nicht auf neue Daten und weitere Schlüsselwörter übertragbar. Eine andere Möglichkeit ist, nach Themen zu suchen, zu denen häufig Hasskommentare gepostet werden. Das Problem dabei ist, dass sich diese Themen im Laufe der Zeit verändern. War es in den Jahren 2018 und 2019 vor allem das Thema „Flüchtlinge", so hat sich das mit dem Aufkommen der Corona-Pandemie verlagert. Bei der GermEval 2018 und 2019 war es z. B. so, dass Tweets, die sich auf die Kanzlerin Merkel bezogen, vor allem Hassrede waren, sodass die Klassifikatoren falsche Schlüsse gezogen hätten. Daher wurden gezielt Tweets der CDU hinzugenommen, die Frau Merkel in einen positiven Kontext stellen. Vorsicht ist auch geboten, um zu verhindern, dass vor allem Hasskommentare von wenigen Autoren verwendet werden, wie Wiegand et al. (2019) beschreiben. In dem Fall könnte es passieren, dass sich die Klassifikatoren an der Sprache des Autors orientieren und die entstandenen Modelle wiederum auf neue Daten nicht anwendbar sind. Bei der GermEval 2018 und 2019 wurden zunächst mit Schlüsselwörtern, die auf Hass hindeuten, eine große Menge von Accounts identifiziert, von denen häufig in offensiver Sprache gepostet wurde. Aus diesen Accounts wurde ein Teil der Timeline extrahiert, anschließend wurden weitere Posts hinzugezogen, um „Biased Data" zu vermeiden. Es wurde streng darauf geachtet, dass Trainings- und Testdaten aus verschiedenen Accounts stammten (Struß et al., 2019). Dennoch sind die so entstandenen Daten vor allem aus dem

Themengebiet „Flüchtlinge", das zur Zeit der Datensammlung vorherrschend war. HASOC 2020 (Mandl et al., 2020) versuchte einen neuen Weg der Datensammlung: Aus dem kompletten Archiv von Twitter für Mai 2019 wurden Daten der beteiligten Sprachen herausgezogen. Auf den Daten der HASOC 2019 und GermEval 2018 wurde ein SVM-Modell trainiert, das einen F1-Score von etwa 0,5 hat. Alle Tweets, die damit als Hassrede klassifiziert wurden, wurden ins Datenset aufgenommen, zusätzlich 5 % der Daten, die nicht als Hassrede klassifiziert wurden. Diese Art der Datensammlung führte zu realistischeren Daten und machte die Aufgabe der automatischen Klassifikation extrem schwierig, sodass die Ergebnisse deutlich schlechter waren als die auf anderen Datensets.

4.2 Annotation der Daten

Die Annotation der Daten ist extrem zeitaufwändig und muss sehr sorgfältig gemacht werden, damit die Daten überhaupt für das automatische Training nutzbar sind. Es muss entschieden werden, welche Personen die Annotationen durchführen, nach welchen Standards annotiert wird und wie viele Personen jeweils einen Tweet bzw. Post annotieren.

Grundsätzlich gibt es drei Möglichkeiten, wer die Daten annotiert (Poletto et al., 2020). Im besten Fall werden die Daten von ausgewählten Fachexperten annotiert. Das ist aufgrund des hohen Aufwands jedoch nicht immer möglich, weshalb Amateure zur Annotation herangezogen werden. Das können wiederum ausgewählte Personen sein (z. B. Studierende), deren fachliche Herkunft bekannt ist. Die dritte Möglichkeit ist die Nutzung von Crowdsourcing Plattformen, wo die konkreten Annotator*innen im Vorfeld nicht bekannt sind. Letztere Methode ist aber nützlich, wenn Daten vor allem von vielen Personen annotiert werden sollen, um ein breites Bild der Gesellschaft zu erhalten.

Die GermEval 2018 (Wiegand et al., 2018b) hat zunächst Annotationsrichtlinien dafür aufgestellt, ebenso wie andere Shared Tasks es getan haben, z. B. in Zampieri et al. (2019a). Die Annotationen wurden zunächst von den drei Organisator*innen der Shared Task durchgeführt, nachdem sie sich nach vielen Tests sicher waren, dass sie eine gute Annotationsübereinstimmung erreicht hatten. Dann wurde aber jeder Tweet nur von einer Person annotiert. Andere Shared Tasks gingen einen anderen Weg und ließen die Daten von Personen annotieren, die dafür beauftragt wurden, z. B. Studierende, wie HASOC 2020. In dem Fall wurden aber alle Tweets/Posts von mehreren Personen annotiert und die Ergebnisse verglichen.

4.3 Datenqualität

Für das Training von Hatespeech-Klassifikatoren werden große Mengen annotierter Trainingsdaten benötigt. Die Beschaffung und Annotation dieser Daten ist in der Regel von hohem manuellem Aufwand, doch dieser ist am Ende für eine ausreichende Datenqualität und Datenquantität von zentraler Bedeutung.

Die Datenqualität (Abb. 1) kann unter drei Aspekten betrachtet werden: Interpretierbarkeit *(Interpretability)*, Relevanz *(Relevancy)*, Genauigkeit *(Accuracy)* (Kiefer, 2016). Die Interpretierbarkeit beschreibt die Erwartung des Konsumenten (Maschine/Algorithmus oder Mensch) an die Daten. Es müssen verschiedene Ansprüche erfüllt sein, damit die Daten überhaupt verarbeitet werden können. In der Detektion von Hatespeech ist beispielsweise zu überlegen, wie mit Texten in Bildern umgegangen wird, da NLP-Algorithmen nur Text verarbeiten können. Ein Bild wäre demzufolge nicht interpretierbar. Die Relevanz gibt an, wie geeignet die Daten zum Lösen des konkreten Problems oder der Fragestellung sind. In der Detektion von Hatespeech ist unter diesem Punkt die Auswahl der Daten anzusiedeln, d. h. es sollte ein gewisser Teil Hatespeech, aber nicht nur Hatespeech enthalten sein und es muss beachtet werden, dass der Datensatz keinen Bias enthält. Der dritte Punkt, die Genauigkeit, gibt schließlich an, inwieweit die Daten die Realität widerspiegeln. Da in der Regel nicht alle existierenden Daten genutzt werden können, weil es schlicht deutlich zu viele und nicht alle Daten (öffentlich) verfügbar sind, sollte der ausgewählte Datensatz trotzdem probieren, die realen Daten adäquat abzubilden.

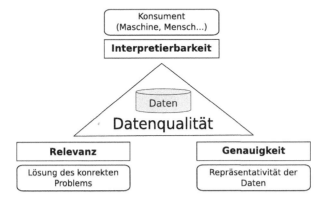

Abb. 1 Aspekte der Beurteilung von Datenqualität

Die bisher genannten Merkmale dienen der Einschätzung der Qualität der Daten selbst. Darüber hinaus spielt auch die Qualität der Annotation der Daten zur Nutzung für überwachte Lernverfahren eine wichtige Rolle. Ziel ist immer eine einheitliche und konsistente Annotation. Dafür sind detaillierte Annotationsrichtlinien notwendig, die eine klare Trennung der zu annotierenden Klassen (z. B. Hatespeech – Ja/Nein) vorgeben. Die Meinung und Erfahrung des Einzelnen sollten aus technischer Sicht keine Rolle spielen, da sonst auch das System keine klare Grenze lernen kann. In der Realität ist das im Bereich Hatespeech-Detektion ein großes Problem, da Hatespeech kaum genau definiert werden kann. Sehr häufig gibt es Grenzfälle, die auch durch umfassende Diskussion nicht eindeutig geklärt werden können. Ross et al. (2017) haben in ihrem Versuch zur binären Annotation von Hatespeech sogar gezeigt, dass das Inter-Annotator-Agreement höher sein kann, wenn keine Definition von Hatespeech vorgegeben wird.

Wie bereits angesprochen, wird in der Praxis häufig das Inter-Annotator-Agreement als Maß für die Güte der Annotationen herangezogen: Je größer die Übereinstimmung ist, desto besser die Annotationen. Als konkrete Werte dienen dabei meist Cohens Kappa oder Fleiss Kappa, bei denen die Übereinstimmung der Annotationen von zwei oder mehreren Annotator*innen gemessen werden (Struß et al., 2019; Bretschneider & Peters, 2017; Ross et al., 2017). Problematisch ist jedoch, dass die Werte nur bedingt vergleichbar sind, weil sie auf unterschiedliche Weisen erhoben wurden. In Struß et al. (2019) und Mandl et al. (2019) wurde beispielsweise jeweils nur eine geringe Menge Kommentare von mehreren Personen annotiert, um den Kappa-Wert zu bestimmen, und der Rest der Kommentare wurde jeweils nur noch von einer Person annotiert. Im Gegensatz dazu wurde in Bretschneider und Peters (2017) und Ross et al. (2017) der ganze Datensatz von mehreren Personen annotiert. Auch die Anzahl der Annotator*innen, über die das Inter-Annotator-Agreement berechnet wird, variiert.

Aufgrund der Probleme bei der Annotation von Daten haben Hanke et al. (2020) das Inter-Rater-Agreement-Learning vorgeschlagen, womit insbesondere die Verlässlichkeit von Annotator*innen bestimmt werden kann. Zur Beurteilung fließen zum einen Eigenschaften der Annotatoren ein, wie Vorerfahrung, Expertise im entsprechenden Gebiet und ggf. themenspezifische Merkmale. Zum anderen werden die Dauer der Annotation pro Text und die Konsistenz gemessen. Zur Messung der Konsistenz bekommt jede Person einige Texte doppelt zur Annotation, was einen Vergleich möglich macht. Werden gleiche Daten von einer Person oft (im Idealfall immer) gleich annotiert, deutet das auf eine hohe Konsistenz hin. Der Nutzen der Analyse besteht darin, dass die Annotationen der verschiedenen Annotator*innen anschließend gewichtet werden können und somit ein verlässlicherer Gold-Standard erstellt werden kann.

4.4 Datenquantität

Der Einfluss der Datenquantität – der Menge der vorhandenen Trainingsdaten – auf das Klassifikationsergebnis ist schwer einschätzbar. Es ist bekannt, dass klassische Machine-Learning-Modelle wie SVM und Naive Bayes in der Regel weniger Trainingsdaten benötigen als hochkomplexe Deep-Learning-Modelle wie Transformer oder Deep Neural Networks (Zampieri et al., 2019b; Kumar et al., 2020). Allerdings erreichen letztere bei ausreichender Menge vorhandener Trainingsdaten meist ein besseres Klassifikationsergebnis. Es stellt sich daher die Frage, ab welcher Datenmenge es sinnvoll ist, Deep-Learning-Modelle zu nutzen und bis zu welcher Menge vorhandener Daten klassische Modelle besser funktionieren. Zum aktuellen Zeitpunkt ist uns keine Untersuchung bekannt, die das Problem umfassend untersucht. In engem Zusammenhang mit dem Problem steht die Abschätzung der nötigen Trainingsdatenmenge (Sample Size Determination) (Figueroa et al., 2012), jedoch ist uns auch dabei noch kein Vergleich zwischen Deep-Learning und klassischen Modellen bekannt. Eine Analyse für SVM und Naive Bayes haben beispielsweise Riekert et al. (2021) vorgenommen. Doch obwohl einige Analysen in dieser Richtung existieren, sind Vergleiche zwischen diesen kaum möglich, weil sich die Ergebnisse je nach Domain, den konkreten Modellen, Daten und verwendeten Features unterscheiden.

Auch in dieser Hinsicht können Shared Tasks eine hilfreiche Möglichkeit sein, einen Eindruck zu bekommen, inwieweit die Menge der Trainingsdaten die Ergebnisse beeinflusst. Insbesondere die Ergebnisse der GermEval 2018 (Wiegand et al., 2018b) und der GermEval 2019 (Struß et al., 2019) können gut verglichen werden, weil 2019 der Trainingsdatensatz von 2018 um 7526 Kommentare (3994 neue Kommentare plus 3532 Testdaten von 2018) erweitert wurde. Die Ergebnisse haben gezeigt, dass sich trotz der mehr als doppelt so großen Trainingsdatenmenge der beste F1-Score nur um 0,0018 und damit unwesentlich verbessert hat (von 0,7677 auf 0,7695). Eine geringe Verbesserung (+0,0380) hat sich im Median der F1-Scores abgezeichnet, was vermutlich daran lag, dass 2019 schon bekannt war, welche Modelle 2018 gut funktioniert haben. Neben klassischen Modellen, die 2018 dominierten, wurden 2019 auch Transfomer-Modelle eingereicht. Jedoch konnten auch damit keine deutlichen Verbesserungen erzielt werden.

4.5 Deutschsprachige Datensätze

Eine Übersicht über verfügbare deutschsprachige Datensätze gibt Tab. 2. Der größte Datensatz ist der der GermEval Shared Task 2019 (Struß et al., 2019). Dieser beinhaltet manuell annotierte Twitter-Kommentare. Für die Shared Task wurde der Datensatz der GermEval Shared Task 2018 erweitert. Insgesamt beinhaltet der Datensatz damit 15,567 Kommentare, die einerseits binär mit den Klassen OFFENSE oder OTHER und andererseits nach einer feineren Klassifikation mit ABUSE, INSULT und PROFANITY für die Klasse OFFENSE annotiert sind. Darüber hinaus gab es bei der GermEval 2019 eine Subtask zur Klassifikation der offensiven Tweets in explizit oder implizit. Dafür wurden Trainings- und Testdaten mit einem Gesamtumfang von 2888 annotierten Kommentaren zur Verfügung gestellt.

Beim GermEval Shared Task 2021 stand wie schon in vorherigen Jahren die Analyse von Kommentaren in sozialen Netzwerken im Vordergrund. Dafür wurde ein 4188 Kommentare umfassender Datensatz mit Kommentaren vom Facebookauftritt einer deutschen Talkshow von den Organisatoren bereitgestellt (Risch et al., 2021). Die Daten stammen aus dem Jahr 2019. Entsprechend der drei Subtasks wurde die Toxizität der Kommentare annotiert, ob ein Kommentar positiv zur Diskussion beiträgt (Engaging Comment Classification) und ob Kommentare Tatsachenbehauptungen enthalten (Fact-Claiming Comment Classification). Alle drei Annotationen sind binär.

Ein weiterer rund 5600 Facebook- und Twitterkommentare enthaltender Datensatz wurde von Bretschneider und Peters (2017) mit dem Ziel der Detektion von Hass gegen Ausländer erstellt. Dabei wurden Kommentare von drei ausländerfeindlichen Gruppen auf Facebook analysiert. Annotiert wurden jeweils, ob ein Kommentar Hatespeech enthält und wenn ja, wie ausgeprägt die Hatespeech ist (moderate oder clearly). Durch letztere Einschätzung können Grenzfälle von eindeutiger Hatespeech unterschieden werden. Darüber hinaus wurde das jeweilige Ziel der Hatespeech einer von sechs Gruppen (Targets) zugeordnet, sofern der Kommentar ein Target identifiziert. Die annotierten Gruppen sind u. a. Ausländer, Politiker, Medien und die Facebook-Community.

2019 wurde für die HASOC Shared Task ein Datensatz mit 4669 deutschsprachigen Kommentaren erstellt und annotiert (Mandl et al., 2019). Dabei gab es wie bei der GermEval Shared Task eine binäre Grobklassifizierung in Offensive und Non-Offensive und eine Feinklassifizierung in Hate, Offensive oder Profane. Mit der Feinklassifizierung wurden nur Kommentare klassifiziert, die in der Grobklassifizierung der Klasse Offensive zugeordnet wurden. Neben deutschen Kommentaren wurden für diese Shared Task auch annotierte Datensätze in Englisch und Hindi zur Verfügung gestellt, wodurch ein Vergleich zwischen verschiedenen Sprachen ermöglicht werden sollte.

Von Ross et al. (2017) wurde ein kleiner 470 Twitter-Kommentare umfassender Datensatz erstellt. Hierbei stand nicht das Training von Hatespeech-Klassifikatoren im Vordergrund, sondern die Messung der Verlässlichkeit von Hatespeech-Annotationen unter Vorgabe unterschiedlicher Annotationsrichtlinien. Für die Erstellung des Goldstandards wurde jeder Kommentar von zwei Personen annotiert. Dabei wurde zunächst binär klassifiziert (Hatespeech oder nicht Hatespeech) und anschließend wurde die Stärke der Hatespeech auf einer Skala von 1 bis 6 bewertet.

5 Klassifikationsmethoden und Ergebnisse der Shared Tasks

In der Analyse natürlicher Sprache werden Methoden des maschinellen Lernens eingesetzt. Beim maschinellen Lernen von Klassifikationen geht es darum, aus Textdaten Modelle abzuleiten, mit denen neue Textdaten klassifiziert werden. Die Methoden lassen sich grob in überwachtes Lernen (Supervised Learning) und unüberwachtes Lernen (Unsupervised Learning) unterscheiden. Beim Supervised Learning stehen Dokumente zum Training zur Verfügung, die manuell klassifiziert sind, wie die Datensätze, die wir im Abschn. 4.5 beschrieben haben. Weil für das Supervised Learning große Mengen annotierter Daten benötigt werden, hat man nach Methoden gesucht, die mit Daten ohne Annotationen arbeiten. Auf der Basis von Daten, aber ohne Annotationen arbeitet daher das Unsupervised Learning. In den letzten Jahren kamen die Transformer als Verfahren dazu. Dabei werden die Textdaten mithilfe von Word Embeddings in numerische Vektoren überführt, wobei der Wortkontext berücksichtigt wird. Dieser Schritt fällt unter das Unsupervised Learning, denn er benötigt keine Annotationen. Anschließend kann mit einer kleineren Menge annotierter Daten das „Finetuning" durchgeführt werden.

5.1 Supervised Learning

Eine Möglichkeit des Supervised Learnings ist das Lernen auf Merkmalen (Features). Dazu werden die Aspekte des Texts benannt, die einen Einfluss auf die Entscheidung haben könnten. Das können Wörter aus vorgegebenen Wortlisten sein, die im Text vorkommen, aber auch die Verwendung von Emojis, Satzzeichen, syntaktische Kategorien, Groß- und Kleinschreibung, Sentiment und andere. Die Aspekte werden als numerische Daten kodiert, also z. B. die Anzahl der Hasswörter im Text oder die Anzahl der Ausrufezeichen. Auch Metadaten wie Zeitangaben oder Autorenschaft können – falls vorhanden – als Features verwendet werden. Die Textdaten werden automatisch mit diesen Aspekten angereichert, sodass jeder Text als nume-

Tab. 2 Übersicht annotierter deutschsprachiger Datensätze

Datensatz	Quelle	Anzahl	Annotationen
Bretschneider und Peters (2017)	Facebook	5600	Grob: Hatespeech – Ja/Nein Ausprägung: moderate/clearly
Ross et al. (2017)	Twitter	470	Hatespeech – Ja/Nein Stärke: Skala 1–6
GermEval 2018 und 2019	Twitter	15,567	Grob: Offense, Other Fein: Abuse, Insult, Profanity
	Twitter	2888	Implizit, Explizit
HASOC 2019	Twitter, Facebook	4669	Grob: Offensive, Not Offensive Fein: Hate, Offensive, Profane
GermEval 2021	Facebook	4188	Toxic/Not toxic Engaging Comments Fact-Claiming Comments

risches Datum vorliegt. Es wird dann berechnet, welchen Einfluss welcher Aspekt auf die Klassifikation hat und damit ein Modell aufgebaut.

Eine andere Möglichkeit sind Wortlisten und andere lexikalische Methoden. Dazu zählen unter anderem Bag-of-words (BOW), N-Grams, Lemmatisierung und Stemming. Eine Hate-Wortliste enthält beispielsweise Wörter, die auf Hass schließen lassen. Diese Wortlisten entstehen auf unterschiedliche Arten, wobei sie häufig aus mehreren Projekten kompiliert werden. BOW funktioniert ähnlich, erstellt eine solche Liste jedoch automatisch aus den Trainingsdaten, indem die Wörter in den verschiedenen Klassen miteinander verglichen werden (Alrehili, 2019). Um herauszufinden, welche Wörter in einem Text besondere Bedeutung haben, kann die Term Frequency-Inverse Document Frequency (TF-IDF) verwendet werden.

In einigen Fällen werden sogenannte „N-Grams" verwendet. Anstelle von Wörtern beim BOW treten bei N-Grams Ketten von Wörtern oder von Zeichen. N-Grams auf Wortebene sind Ketten von N (meist zwei oder drei) Wörtern, N-Grams auf Zeichenebene sind Ketten von N Zeichen (Buchstaben, Satzzeichen, Leerzeichen etc.). Das maschinelle Lernen lernt dabei die Häufigkeit des Vorkommens der N-Grams in den einzelnen Klassen. N-Grams werden laut einer Studie von Alrehili (2019) am häufigsten genutzt. Diese können direkt als Features verwendet werden, wie zum Beispiel in Roy et al. (2020) oder Wiegand et al. (2018a).

Mithilfe von Part-of-Speech (POS) Tagging kann bestimmt werden, welcher syntaktischen Kategorie ein Wort angehört. Kombiniert man beispielsweise POS Tagging mit N-Grams, so lassen sich Rückschlüsse auf Wortart-Kombinationen schließen.

Zu den klassischen Machine-Learning-Methoden zählen unter anderem Support Vector Machines (SVM), Logistic Regression (LR), Random Forest (RF), Naive Bayes (NB), Decision Trees (DT), Gradient Boosting (GB) und k-nearest-neighbour (KNN). Roy et al. (2020) untersuchen verschiedene Methoden bei der Erkennung von Hatespeech und kommen zum Schluss, dass keine der angewandten Methoden konsistent besser als andere ist. Abhängig von den verwendeten Features (hier verschiedene N-Grams), erreichten sie mit RF, SVM oder KNN die besten Ergebnisse. Auffällig ist jedoch, dass die F1-Werte bei diesen Experimenten für „Nicht Hatespeech" bei etwa 0,97 lagen, „Hatespeech" dagegen bei gerade einmal 0,54 im besten Fall. Dies bedeutet, dass noch immer etwa die Hälfte aller „Hatespeech"-Daten falsch klassifiziert wurden. Die Autoren betonen jedoch die Unausgewogenheit der Datensätze (über 90 % der Daten waren „Nicht Hatespeech"), sodass nicht automatisch darauf geschlossen werden kann, dass die Methoden ungeeignet für bessere Klassifikationen von „Hatespeech" sind.

Auch Kumar Sharma et al. (2018) erreichen mit SVM, RF, LR und GB Accuracy-Werte zwischen gerade einmal 0,523 (SVM) und 0,545 (RF). Durch das Trainieren mit zusätzlichen Features ist es Wiegand et al. (2018a) jedoch gelungen, deutlich höhere Werte zu erreichen.

5.2 Unsupervised Learning

Neben den überwachten Lernmethoden gibt es auch das unüberwachte Lernen (Unsupervised Learning). Dabei wird ein Modell auf nicht-annotierten Daten trainiert. Die zu lernenden Aspekte sind nicht in den Daten gekennzeichnet und der Lernalgorithmus versucht, Muster zu erkennen. Der wichtigste Vorteil davon ist, dass der Annotationsschritt wegfällt und damit potenziell mit weniger Aufwand größere Datenmengen verfügbar sind. Ein weitere Vorteil ist, dass das Modell auch Unterschiede lernen kann, die nicht in einem Feature für jedes Einzelbeispiel extrahiert worden sind. Der Nachteil ist jedoch, dass hierdurch die Erklärbarkeit der Ergebnisse erschwert wird. Im Vergleich zum überwachten Lernen werden für das unüberwachte Lernen auch größere Datenmengen benötigt, um gute Ergebnisse erzielen zu können.

Zur Erkennung von Hatespeech mit Deep-Learning-Modellen werden die Textdaten in numerische Vektoren überführt. Hierzu verwendet man sogenannte „Word Embeddings". In diesen Vektoren ist für jedes Wort kodiert, mit welchen anderen Wörtern es im Kontext (mit welcher Wahrscheinlichkeit) auftreten kann. Es wird dabei der Kontext rechts wie auch links betrachtet. Dadurch kann man semantische Zusammenhänge zwischen Wörtern in den Trainingsdaten erkennen: Semantisch ähnliche Wörter, die in ähnlichen Kontexten auftreten, und semantisch zusammenhängende Wörter, die häufig gemeinsam auftreten.

Zu den bekanntesten Word Embeddings gehören word2vec, FastText,[4] Google Embeddings[5] und GloVe Embeddings.[6] Es ist jedoch auch möglich, durch die Deep-Learning-Modelle selbst Word Embeddings zu erstellen, deren Gewichtung in den einzelnen Trainingsdurchgängen trainiert und angepasst werden.

Die populärsten Deep-Learning-Verfahren im Bereich der Erkennung von Hatespeech basieren auf Convolutional Neural Networks (CNN), Gated Recurrent Units (GRU), Long-Short-Term-Memory (LSTM) und Recurrent Neural Networks (RNN). Bei der GermEval 2018 gab es viele Einreichungen mit LSTM (11), CNN (10) und GRU (6) (Wiegand et al., 2018b), ein Jahr später dagegen gab es keine Einreichungen mit Deep-Learning-Verfahren mehr (Struß et al., 2019). CNN können Beziehungen zwischen den benachbarten Wörtern gut erkennen, LSTM dagegen können längere Abhängigkeiten zwischen den Wörtern erkennen. Badjatiya et al. (2017) haben herausgefunden, dass Deep-Learning-Verfahren signifikant bessere Ergebnisse erreichen als klassische Machine-Learning-Verfahren. Laut einer Studie von Istaiteh et al. (2020) erreichen LSTM signifikant bessere Ergebnisse als CNN, jedoch kommen Badjatiya et al. (2017) zum gegenteiligen Ergebnis, dass CNN besser als LSTM performen. Die höchsten F1-Werte konnten jedoch mit LSTM, Word Embeddings mit zufälligen Startgewichten und Gradient Boosted Decision Trees (GBDT) erreicht werden (0,93). Das Verwenden von FastText-Embeddings oder GloVe-Embeddings hat nicht zu besseren Ergebnissen geführt. Dies kann daran liegen, dass diese vortrainierten Word Embeddings möglicherweise Wörter nicht enthalten, die im jeweiligen Kontext von Bedeutung sind, wie beispielsweise „Islamolunatic" (Pitsilis et al., 2018).

Ebenfalls gute Ergebnisse konnte Roy et al. (2020) mit einem Deep Convolutional Neural Network (DCNN) in Kombination mit einer Methode zur Adaption des

---

[4] https://fasttext.cc/docs/en/english-vectors.html.
[5] https://mccormickml.com/2016/04/12/googles-pretrained-word2vec-model-in-python/.
[6] https://nlp.stanford.edu/projects/glove/.

Modells auf ungesehene Daten, „K-Fold Cross-Validation", erreichen (F1 = 0,92). Laut der Autoren ist eine K-Fold Cross-Validation bei unausgewogenen Datensätzen hochgradig performant. Bei einer K-Fold Cross-Validation wird der Datensatz in eine bestimmte Anzahl (K) Teile unterteilt. Ein Teil wird als Testset und ein anderer Teil als Validationsset deklariert. Die restlichen Teile werden als Trainingssets verwendet. Diese Aufteilung wird so oft wiederholt, bis alle möglichen Varianten durchgegangen sind.

5.3 Transformer-Modelle

Eine neue Entwicklung in der Sprachverarbeitung wurde durch sogenannte Transformer Modelle vorangetrieben. Diese unterscheiden sich von klassischen neuronalen Netzen dadurch, dass sie den sogenannten „Attention-Mechanismus" verwenden. Der Attention-Mechanismus speichert die relevanteste Information eines verarbeiteten Satzes. Dadurch ist es möglich, die Kontextabhängigkeiten von Wörtern auch über Satzgrenzen hinweg während des Trainings zu speichern (Vaswani et al., 2017). Das hat auch dazu geführt, dass bidirektionale Sprachenmodelle verwendet werden können, die die Sätze nicht mehr nur von einer Richtung lesen, sondern von beiden Richtungen aus gleichzeitig. Eines dieser Modelle ist BERT (Bidirectional Encoder Representations from Transformers), welches in der ursprünglichen Version auf englischen Daten trainiert wurde (Devlin et al., 2019).

Solche Modelle werden auf einer großen Anzahl von generischen Daten (also Texten) vortrainiert und können damit für beliebige Arten von NLP-Aufgabenstellungen, wie Question Answering, Klassifikation, Named Entity Recognition u. a. verwendet werden (Devlin et al., 2019). Wenn vortrainierte Modelle auf spezifischen Daten weiter trainiert werden, wird dies auch „Fine-Tuning" genannt. Dies führt dazu, dass sehr gute Vorhersagen bei Klassifikationen mit kleinen Datensätzen erreicht werden können. Mittlerweile gibt es vortrainierte monolinguale Transformer (Devlin et al., 2019; Liu et al., 2019) in vielen verschiedenen Sprachen oder auch als multilinguale Varianten (Conneau et al., 2019), die über 100 Sprachen beherrschen.

Dieser Ansatz wurde auch im Bereich der automatischen Erkennung von Hatespeech eingesetzt. Madukwe et al. (2020) haben verschiedene Experimente mit BERT und zwei Hatespeech-Datensätzen durchgeführt, um herauszufinden, welche Layer des Modells am Besten zur Klassifikation geeignet sind. Das beste Ergebnis hatte der Embedding Layer. Auch D'Sa et al. (2020) haben sich mit der Klassifikation von englischsprachiger Hatespeech, offensiver und toxischer Sprache befasst. Dabei vergleichen sie ein neuronales Netz mit FastText und BERT Embeddings und dem klassischen Fine-Tuning von BERT. Bei allen Experimenten erzielt das Fine-Tuning mit Abstand die besten F1-Werte (0,97 F1). Aber auch bei der GermEval 2019 – die sich mit deutscher Sprache befasst hat – wurde BERT eingesetzt. Das Team bertZH (Graf & Salini, 2019) hat hierbei ein auf Deutsch vortrainiertes BERT-Modell als auch ein multilinguales verwendet, wobei die finale F1-Werte zwischen 0,43 und maximal 0,53 lagen. Ähnlich – für spanische und englische Tweet-Klassifikation – haben Stappen et al. (2020) ein eigenes Modell *AXEL* entwickelt und mit BERT und XLM (Conneau & Lample, 2019) verglichen. Safi Samghabadi et al. (2020) haben sich hingegen nur auf Misogynie und Aggressionserkennung (je drei Klassen) in Englisch, Hindi und Bengalisch fokussiert, welche auch als Sub-Kategorien bzw. Spezifizierungen im Bereich von Hatespeech sind. Als Modell wurde eine Kombination aus BERT, einem extra Attention- und Klassifikations-Layer verwendet, welches bei der Erkennung von Aggressionen einen F1-Wert von über 0,7 und bei Misogynie abhängig von der Sprache zwischen 0,8 bis über 0,92 erreichte (Safi Samghabadi et al., 2020). Mozafari et al. (2020) erforschten Rassismus in Hatespeech – mit Fokus auf Modelle, die Rassismus auf Basis der verwendeten Wörter einer sozialen Gruppe beim Training lernen. Dazu wurden mehrere Datensätze und Varianten von BERT getestet, wobei die F1-Werte auf die Testdaten zwischen 0,75 und 0,94 variierten.

Zudem wurde auch eine Studie zu Hatespeech (Florio et al., 2020) publiziert, die sich mit dem Vergleich von einer SVM und einem Transformer-Modell befasst hat. Dort wurde untersucht, wie viel Einfluss eine größere Datenmenge mit unterschiedlichen Zeitfenstern bei der Extraktion der Daten auf die jeweiligen Modelle haben. Das Ergebnis war, dass – durch die schnelle Veränderung der Themen in sozialen Netzwerken – Daten, die zeitlich näher beieinander liegen, die Klassifikationsergebnisse verbessern können, aber mehr Daten generell die Modelle weniger robust machen (Florio et al., 2020).

5.4 Methoden in den Shared Tasks

Bei den Methoden, die die Forschungsgruppen anwendeten, um die Klassifikationsaufgaben zu lösen, ist eine Entwicklung zu beobachten: Die Methodenvielfalt ist über den Zeitraum von zwei Jahren gesunken, zugunsten von neuronalen Netzen und auf BERT basierenden Transformern.

2018 wurden vor allem klassische Verfahren des maschinellen Lernens (ML) wie Support-Vector-Machines (SVM) eingesetzt, gefolgt von neuronalen Netzen (LSTM, RNN, CNN, BiLSTM, GRU) und lexikalischen Methoden wie TF-IDF, Bag-of-Words, Lexikon-Ressourcen für Hassrede und Sentiment, N-Grams und Word Embeddings. Die Gewinner-Systeme nutzten klassisches ML (SVM), lexikalische Methoden(TF-IDF) und neuronale Netze(LSTM, BiLSTM).

2019 wurden die klassischen ML-Verfahren nur noch selten eingesetzt, dafür mehr die neuronalen Netze. Die ersten Transformer-Modelle (BERT und ELMo) wurden zu den Wettbewerben eingereicht. Die Gewinner-Gruppen nutzten BERT, aber auch SVM.

Im Jahr 2020 schließlich nutzten die meisten Systeme Varianten der BERT-Transformer. Auf diesen basierten auch die Gewinner-Systeme, wobei in einem Fall ein neuronales Netz (BiLSTM) dazu kam.

Die F1-Werte der Gewinner-Systeme haben sich zwischen 2018 und 2019 nicht verbessert. Struß et al. (2019) stellen dies für die GermEval-Serie ebenfalls fest: „Compared to the previous year, this year's winning F-score is higher, but very slightly so (76,95 vs. 76,77)." Die Werte liegen 2018 zwischen 0,64 und 0,84 und 2019 zwischen 0,73 und 0,83. Im Jahr 2020 gab es zwei Besonderheiten: Der maximale F1-Wert, der bei HASOC erreicht wurde, lag lediglich bei 0,53. Mandl et al. (2020) führen das auf die neuartige Art der Datensammlung, aus der ein realistischeres Datenset entstanden ist, zurück. In der OffensEval konnte 2020 für die englische Sprache ein F1-Wert von 0,92 erreicht werden, indem das Transformer-Modell ALBERT genutzt wurde (Zampieri et al., 2019b).

6 Zusammenfassung und Ausblick

In diesem Kapitel haben wir uns mit Methoden zur automatischen Klassifikation von deutschsprachiger Hatespeech beschäftigt. Wir haben dargestellt, wie die Methoden, die für die Klassifikation englischer Sprache entwickelt worden sind, für die Verarbeitung deutscher Sprache angepasst werden müssen. Anhand einer Untersuchung von Shared Tasks zur automatischen Klassifikation von Hatespeech der letzten Jahre haben wir vielversprechende Methoden identifiziert und einen Trend von Standard-Machine-Learning-Methoden hin zu Transformer-Methoden festgestellt, wobei die Standard-Machine-Learning-Methoden nach wie vor ihre Berechtigung haben. Die meisten Forschungsgruppen beschäftigen sich jedoch ausschließlich mit binären Klassifikationen, wo schon recht gute Ergebnisse erzielt werden. Es wird sich in Zukunft zeigen, ob komplexere Klassifikationen (z. B. Art der Hatespeech, strafrechtliche Relevanz) andere Methoden benötigen. Da Daten eine wichtige Grundlage für Modelle zur Klassifikation sind, haben wir den öffentlich zugänglichen Datensätzen zur deutschsprachigen Hatespeech einen Abschnitt gewidmet. Die Datensätze stammen zumeist aus Twitter oder Facebook. Noch gibt es relativ wenige Datensätze für die deutsche Sprache. Durch die wachsende Zahl an Shared Tasks in dem Themenbereich ist jedoch zu erwarten, dass weitere Datensätze entstehen. Anschließend haben wir die Funktionsweise der wichtigsten aktuell eingesetzten Klassifikationsmethoden kurz dargestellt. Ein wichtiges Thema der nächsten Zeit wird die Erklärbarkeit der automatischen Klassifikationen sein, die vor allem im Kontext der Hatespeech-Klassifikation relevant ist. In diesem Bereich erwarten wir weitere Arbeiten in der nächsten Zeit, denn gerade im untersuchten Themenbereich können sich Anwender nicht mit Black-Box-Systemen zufrieden geben, deren Entscheidungen nicht nachvollziehbar sind.

Literatur

Alrehili, A. (2019). Automatic hate speech detection on social media: a brief survey. In *2019 IEEE/ACS 16th international conference on computer systems and applications (AICCSA)* (S. 1–6). http://dx.doi.org/10.1109/AICCSA47632.2019.9035228.

Badjatiya, P., Gupta, S., Gupta, M., & Varma, V. (2017). Deep learning for hate speech detection in tweets. In *Proceedings of the international conference on world wide web (WWW), Perth, Australia* (S. 759–760).

Basile, V., Bosco, C., Fersini, E., Nozza, D., Patti, V., Pardo, F. M. R., Rosso, P., & Sanguinetti, M. (2019). SemEval-2019 task 5: multilingual detection of hate speech against immigrants and women in Twitter. In *Proceedings of the 13th international workshop on semantic evaluation* (S. 54–63). https://iris.unito.it/retrieve/handle/2318/1723924/512658/S19-2007.pdf.

Bosco, C., Felice, D., Poletto, F., Sanguinetti, M., & Maurizio, T. (2018). Overview of the EVALITA 2018 hate speech detection task. In *EVALITA 2018-sixth evaluation campaign of natural language processing and speech tools for Italian* (Bd. 2263, S. 1–9). CEUR. https://iris.unito.it/retrieve/handle/2318/1686264/465071/paper010.pdf.

Bretschneider, U., & Peters, R. (2017). Detecting offensive statements towards foreigners in social media. In *Proceedings of the 50th Hawaii international conference on system sciences (2017)*. Hawaii International Conference on System Sciences. http://dx.doi.org/10.24251/hicss.2017.268.

Conneau, A., & Lample, G. (2019). Cross-lingual language model pretraining. In H. Wallach, H. Larochelle, A. Beygelzimer, F. d'Alché Buc, E. Fox, & R. Garnett (Hrsg.), *Advances in neural information processing systems* (Bd. 32). Curran Associates, Inc. https://proceedings.neurips.cc/paper/2019/file/c04c19c2c2474dbf5f7ac4372c5b9af1-Paper.pdf.

Conneau, A., Khandelwal, K., Goyal, N., Chaudhary, V., Wenzek, G., Guzmán, F., Grave, E., Ott, M., Zettlemoyer, L., & Stoyanov, V. (2019). Unsupervised cross-lingual representation learning at scale. *CoRR* abs/1911.02116. http://arxiv.org/abs/1911.02116.

Devlin, J., Chang, M. W., Lee, K., & Toutanova, K. (2019). BERT: pre-training of deep bidirectional transformers for language understanding. In *Proceedings of the 2019 conference of the North American chapter of the association for computational linguistics: human language technologies, (Long and Short Papers), Minneapolis, Minnesota*. Association for Computational Linguistics. (Bd. 1, S. 4171–4186). https://www.aclweb.org/anthology/N19-1423, http://dx.doi.org/10.18653/v1/N19-1423.

D'Sa, A. G., Illina, I., & Fohr, D. (2020). BERT and fastText embeddings for automatic detection of toxic speech. In *2020 international multi-conference on: „organization of knowledge and advanced technologies" (OCTA)* (S. 1–5). http://dx.doi.org/10.1109/OCTA49274.2020.9151853.

Fersini, E., Nozza, D., & Rosso, P. (2018). Overview of the EVALITA 2018 task on automatic misogyny identification (AMI). In *EVALITA evaluation of NLP and speech tools for Italian, 12* (S. 59). http://personales.upv.es/prosso/resources/FersiniEtAl_Evalita18.pdf.

Figueroa, R. L., Zeng-Treitler, Q., Kandula, S., & Ngo, L. H. (2012). Predicting sample size required for classification performance. *BMC Medical Informatics and Decision Making, 12*(1), 1–10.

Florio, K., Basile, V., Polignano, M., Basile, P., & Patti, V. (2020). Time of your hate: the challenge of time in hate speech detection on social media. *Applied Sciences, 10*(12). https://www.mdpi.com/2076-3417/10/12/4180, http://dx.doi.org/10.3390/app10124180.

Graf, T., & Salini, L. (2019). bertZH at GermEval 2019: fine-grained classification of German offensive language using fine-tuned BERT. In *KONVENS*.

Hanke, K. J., Ludwig, A., Labudde, D., & Spranger, M. (2020). Towards inter-rater-agreement-learning. In *IMMM 2020: the tenth international conference on advances in information mining and management*.

Hawkins, J. (2015). *A comparative typology of English and German*. Routledge. https://doi.org/10.4324/9781315687964.

Istaiteh, O., Al-Omoush, R., & Tedmori, S. (2020). Racist and sexist hate speech detection: literature review. In *2020 international conference on intelligent data science technologies and applications (IDSTA)* (S. 95–99). http://dx.doi.org/10.1109/IDSTA50958.2020.9264052.

Kiefer, C. (2016). Assessing the quality of unstructured data: an initial overview. In *LWDA* (S. 62–73). http://ceur-ws.org/Vol-1670/paper-25.pdf.

Kumar, R., Ojha, A. K., Malmasi, S., & Zampieri, M. (2018). Benchmarking aggression identification in social media. In *Proceedings of the first workshop on trolling, aggression and cyberbullying (TRAC-2018), Santa Fe, New Mexico, USA* (S. 1–11). Association for Computational Linguistics. https://www.aclweb.org/anthology/W18-4401.

Kumar, R., Ojha, A. K., Malmasi, S., & Zampieri, M. (2020). Evaluating aggression identification in social media. In *Proceedings of the second workshop on trolling, aggression and cyberbullying* (S. 1–5). https://lrec2020.lrec-conf.org/media/proceedings/Workshops/Books/TRAC2book.pdf.

Kumar Sharma, H., Kshitiz, K., & Shailendra. 2018. NLP and machine learning techniques for detecting insulting comments on social networking platforms. In *2018 International conference on advances in computing and communication engineering (ICACCE)* (S. 265–272). http://dx.doi.org/10.1109/ICACCE.2018.8441728.

Liu, Y., Ott, M., Goyal, N., Du, J., Joshi, M., Chen, D., Levy, O., Lewis, M., Zettlemoyer, L., & Stoyanov, V. (2019). RoBERTa: a robustly optimized bert pretraining approach. http://arxiv.org/abs/1907.11692.

Madukwe, K. J., Gao, X., & Xue, B. (2020). A ga-based approach to fine-tuning BERT for hate speech detection. In *2020 IEEE symposium series on computational intelligence (SSCI)* (S. 2821–2828). http://dx.doi.org/10.1109/SSCI47803.2020.9308419.

Mandl, T., Modha, S., Majumder, P., Patel, D., Dave, M., Mandlia, C., & Patel, A. (2019). Overview of the HASOC track at FIRE 2019: hate speech and offensive content identification in Indo-European languages. In *Proceedings of the 11th forum for information retrieval evaluation* (S. 14–17). http://ceur-ws.org/Vol-2517/T3-1.pdf.

Mandl, T., Modha, S., Kumar, M. A., & Chakravarthi, B. R. (2020). Overview of the HASOC track at FIRE 2020: hate speech and offensive language identification in Tamil, Malayalam, Hindi, English and German. In *Forum for information retrieval evaluation* (S. 29–32). http://ceur-ws.org/Vol-2826/T2-1.pdf.

Mozafari, M., Farahbakhsh, R., & Crespi, N. (2020). Hate speech detection and racial bias mitigation in social media based on bert model. *PLOS ONE, 15*(8), 1–26. https://doi.org/10.1371/journal.pone.0237861, http://dx.doi.org/10.1371/journal.pone.0237861.

Ortmann, K., Roussel, A., & Dipper, S. (2019). Evaluating off-the-shelf NLP tools for German. In *proceedings of the 15th conference on natural language processing (konvens 2019): Long Papers, Erlangen, Germany* (S. 212–222). German Society for Computational Linguistics & Language Technology. https://corpora.linguistik.uni-erlangen.de/data/konvens/proceedings/papers/KONVENS2019_paper_55.pdf.

Pitsilis, G. K., Ramampiaro, H., & Langseth, H. (2018). Effective hate-speech detection in Twitter data using recurrent neural networks. *Applied Intelligence, 48*(12), 4730–4742.

Poletto, F., Basile, V., Sanguinetti, M., Bosco, C., & Patti, V. (2020). Resources and benchmark corpora for hate speech detection: a systematic review. In *Language Resources and Evaluation* (S. 1–47). https://link.springer.com/content/pdf/10.1007/s10579-020-09502-8.pdf, http://dx.doi.org/10.1007/s10579-020-09502-8.

Riekert, M., Riekert, M., & Klein, A. (2021). Simple baseline machine learning text classifiers for small datasets. *SN Computer Science, 2*(3). http://dx.doi.org/10.1007/s42979-021-00480-4.

Risch, J., Stoll, A., Wilms, L., & Wiegand, M. (2021). Overview of the GermEval 2021 shared task on the identification of toxic, engaging, and fact-claiming comments. In *Proceedings of the GermEval 2021 workshop on the identification of toxic, engaging, and fact-claiming comments : 17th conference on natural language processing KONVENS 2021*. https://netlibrary.aau.at/obvukloa/content/pageview/6435205.

Ross, B., Rist, M., Carbonell, G., Cabrera, B., Kurowsky, N., & Wojatzki, M. (2017). Measuring the reliability of hate speech annotations: the case of the European refugee crisis. In *Proceedings of NLP4CMC III: 3rd workshop on natural language processing for computer-mediated communication (Bochum), Bochumer Linguistische Arbeitsberichte, Sep 2016* (Bd. 17, S. 6–9). https://github.com/UCSM-DUE/IWG_hatespeech_public, http://arxiv.org/abs/1701.08118, http://dx.doi.org/10.17185/duepublico/42132.

Roy, P. K., Tripathy, A. K., Das, T. K., & Gao, X. Z. (2020). A framework for hate speech detection using deep convolutional neural network. *IEEE Access, 8,* 204951–204962. https://doi.org/10.1109/ACCESS.2020.3037073.

Ruppenhofer, J., Siegel, M., & Wiegand, M. (2018). Guidelines for IGGSA shared task on the identification of offensive language. ms. https://projects.fzai.h-da.de/iggsa/.

Safi Samghabadi, N., Patwa, P., PYKL, S., Mukherjee, P., Das, A., & Solorio, T. (2020). Aggression and misogyny detection using BERT: a multi-task approach. In *Proceedings of the second workshop on trolling, aggression and cyberbullying, Marseille, France* (S. 126–131). European Language Resources Association (ELRA). https://aclanthology.org/2020.trac-1.20.

Sanguinetti, M., Comandini, G., Di Nuovo, E., Frenda, S, Stranisci, M., Bosco, C., Caselli, T., Patti, V., Russo, I., & Pisa, I. (2020). HaSpeeDe 2@ EVALITA2020: overview of the EVALITA 2020 hate speech detection task. In *Proceedings of seventh evaluation campaign of natural language processing and speech tools for Italian. Final Workshop (EVALITA 2020), Online. CEUR. org.*

Siegel, M., & Alexa, M. (2020). *Sentiment-Analyse deutschsprachiger Meinungsäußerungen.* Wiesbaden: Springer Fachmedien. https://doi.org/10.1007/978-3-658-29699-5.

Stappen, L., Brunn, F., & Schuller, B. (2020). Cross-lingual zero-and few-shot hate speech detection utilising frozen transformer language models and axel. arXiv preprint http://arxiv.org/abs/2004.13850arXiv:2004.13850.

Struß, J. M., Siegel, M., Ruppenhofer, J., Wiegand, M., & Klenner, M. (2019). Overview of GermEval task 2, 2019 shared task on the identification of offensive language. In *Proceedings of the 15th conference on natural language processing (KONVENS 2019), Friedrich-Alexander-Universität Erlangen-Nürnberg* (S. 352–363). German Society for Computational Linguistics & Language Technology und Friedrich-Alexander-Universität Erlangen-Nürnberg. http://www.melaniesiegel.de/publications/2019_GermEval_overview.pdf.

Vaswani, A., Shazeer, N., Parmar, N., Uszkoreit, J., Jones, L., Gomez, A.N., Kaiser, L. u., & Polosukhin, I. (2017). Attention is all you need. In I. Guyon, U. V. Luxburg, S. Bengio, H. Wallach, R. Fergus, S. Vishwanathan, & R. Garnett (Hrsg.), *Advances in neural information processing systems 30* (S. 5998–6008). Curran Associates, Inc. http://papers.nips.cc/paper/7181-attention-is-all-you-need.pdf.

Wiegand, M., Ruppenhofer, J., Schmidt, A., & Greenberg, C. (2018a). Inducing a lexicon of abusive words – a feature-based approach. In *Proceedings of the 2018 conference of the North American chapter of the association for computational linguistics: human language technologies, New Orleans, Louisiana* (S. 1046–1056). Association for Computational Linguistics.

Wiegand, M., Siegel, M., & Ruppenhofer, J. (2018b). Overview of the GermEval 2018 shared task on the identification of offensive language. In *Proceedings of the GermEval 2018 workshop, Vienna, Austria. Austrian Academy of Sciences.* http://www.melaniesiegel.de/publications/2018_GermEval_Proceedings.pdf.

Wiegand, M., Ruppenhofer, J., & Kleinbauer, T. (2019). Detection of abusive language: the problem of biased datasets. In *Proceedings of the 2019 conference of the North American chapter of the association for computational linguistics: human language technologies, Bd. 1 (long and short papers)* (S. 602–608).

Zampieri, M., Malmasi, S., Nakov, P., Rosenthal, S., Farra, N., & Kumar, R. (2019a). Predicting the type and target of offensive posts in social media. In *Proceedings of the 2019 conference of the North American chapter of the association for computational linguistics: tutorials (NAACL).*

Zampieri, M., Malmasi, S., Nakov, P., Rosenthal, S., Farra, N., & Kumar, R. (2019b). SemEval-2019 task 6: identifying and categorizing offensive language in social media (OffensEval). In *Proceedings of SemEval@NAACL-HLT 2019*. https://arxiv.org/pdf/1903.08983.pdf.

Zampieri, M., Nakov, P., Rosenthal, S., Atanasova, P., Karadzhov, G., Mubarak, H., Derczynski, L., Pitenis, Z., & Cöltekin, C. (2020). SemEval-2020 task 12: multilingual offensive language identification in social media (OffensEval 2020). In *Proceedings of SemEval 2020*. https://arxiv.org/pdf/2006.07235.pdf.

Open Access Dieses Kapitel wird unter der Creative Commons Namensnennung 4.0 International Lizenz (http://creativecommons.org/licenses/by/4.0/deed.de) veröffentlicht, welche die Nutzung, Vervielfältigung, Bearbeitung, Verbreitung und Wiedergabe in jeglichem Medium und Format erlaubt, sofern Sie den/die ursprünglichen Autor(en) und die Quelle ordnungsgemäß nennen, einen Link zur Creative Commons Lizenz beifügen und angeben, ob Änderungen vorgenommen wurden.

Die in diesem Kapitel enthaltenen Bilder und sonstiges Drittmaterial unterliegen ebenfalls der genannten Creative Commons Lizenz, sofern sich aus der Abbildungslegende nichts anderes ergibt. Sofern das betreffende Material nicht unter der genannten Creative Commons Lizenz steht und die betreffende Handlung nicht nach gesetzlichen Vorschriften erlaubt ist, ist für die oben aufgeführten Weiterverwendungen des Materials die Einwilligung des jeweiligen Rechteinhabers einzuholen.

Hate Speech behandeln: Diagnosewerkzeuge aus der Computerlinguistik

Johannes Schäfer

1 Einführung

Hate Speech ist beim Konsum von sozialen Medien mittlerweile allgegenwärtig. Die hohe Geschwindigkeit, mit der Millionen Nutzer:innen neue Nachrichten produzieren, hat zur Folge, dass diese nicht manuell gesichtet werden können, bevor sie öffentlich zugänglich als Einträge für alle sichtbar werden (so berichtet @raffi, 2013 zum Beispiel von 500 Mio. eingehenden *Tweets* pro Tag). Dadurch ist es leicht möglich, dass problematische Inhalte, insbesondere hier auch Hassbotschaften, scheinbar ungehindert verbreitet werden können. Dies hat auch seinen Ursprung im generellen Aufbau der Kommunikation online. Hier gibt es für verschiedene Bedürfnisse von Nutzer:innen vielfältige Angebote, die im Rahmen der technischen Möglichkeiten diverse Kommunikationskanäle öffnen.

Das Problem Hate Speech lässt sich zusätzlich besser verstehen, wenn man den Unterschied in der Kommunikation online im Vergleich zum Erstellen von Äußerungen offline betrachtet. So könnte man zum Beispiel das Verfassen von Beiträgen in einem sozialen Netzwerk dem Schreiben von Leserbriefen in einem Nachrichtenmagazin gegenüberstellen. Hier hat die Kommunikation online zunächst nur die Voraussetzung, dass, sofern bei Nutzer:innen die technische Ausrüstung vorhanden ist, ein Nutzerkonto erstellt wurde, welches je nach Plattform jedoch auch teils mit unüberprüften Falschangaben versehen werden kann oder gar von vornherein weitestgehend anonymisiert gehalten ist. Das Anschreiben eines Nachrichtenmagazins scheint erheblich aufwändiger und persönlicher, wobei typischerweise vor

---

J. Schäfer (✉)
Institut für Informationswissenschaft und Sprachtechnologie, Universität Hildesheim, Hildesheim, Deutschland
E-mail: johannes.schaefer@uni-hildesheim.de

© Der/die Autor(en) 2023
S. Jaki und S. Steiger (Hrsg.), *Digitale Hate Speech*,
https://doi.org/10.1007/978-3-662-65964-9_5

dem Erscheinen eines Leserbriefs noch eine Überprüfung des Inhalts stattfindet. Bei sozialen Medien hingegen gibt es meist keine Redaktion, die Nachrichten sichtet, bevor sie veröffentlicht werden. Hier bleibt es üblicherweise anderen Nutzer:innen überlassen, unpassende Inhalte zu melden, wodurch zunächst nur die Betreiber der Plattform auf diese aufmerksam gemacht werden.

Fortschritte in der Kommunikation online scheinen daher gesellschaftlichen Regeln des Miteinanders zu widersprechen. Beschäftigt man sich gezielt mit dem Phänomen Hate Speech, möchte man meinen, sich in einer Pandemie zu befinden, in der Hass wie ein Virus verbreitet wird, um eigene Agenden zu verfolgen. Soziale Medien machen es dem Populismus leicht, schnell viele Menschen ohne großen Aufwand zu erreichen, wie Engesser et al. (2017) zeigen. Nichts eint dabei so sehr wie die gemeinsame Ablehnung, bis hin zum Hass, gewisser Denkweisen, Personen(-gruppen) oder Dinge.

Eine Regulierung des Inhalts, dargestellt auf öffentlichen Webseiten, ist unabdingbar. So sind auch die Betreiber von Plattformen der sozialen Medien in der Verantwortung, da sie den Inhalt, der von Nutzer:innen erstellt wird, für jedermann zugänglich machen; diese Verantwortlichkeit besteht auch nach der Erstveröffentlichung fort (Gillespie, 2018). Eine weiterführende Diskussion der Regulierungsproblematik geben Schünemann und Steiger in diesem Band. Es gilt jedenfalls, geeignete Methoden einzusetzen, um den richtigen Grad einer möglichst unbeschränkten Kommunikation mit all den technischen Möglichkeiten des Internets zu ermöglichen, gleichzeitig jedoch mit den gesellschaftlichen – zum Teil auch gesetzlichen – Vorschriften und Regeln konform zu bleiben.

An dieser Stelle kommt die Computerlinguistik ins Spiel, welche Methoden zur vorrangig automatischen Verarbeitung von sprachlichem Material erforscht. Das Phänomen Hate Speech findet sich in Nachrichten in sozialen Medien, welche man als sprachliche Äußerungen beschreiben kann, meist geäußert in Form von Text, jedoch manchmal auch multimodal (wie es beispielsweise Kiela et al., 2020 oder De Smedt & Jaki, 2018 untersuchen). Hier ist nun speziell die Analyse und Erkennung von relevanten Nachrichten gefragt, in Anwendungen für Betreiber, Autor:innen und Konsument:innen von sozialen Medien.

Am wichtigsten sind wohl die Anwendungen für Konsument:innen: aus gesellschaftspolitischer Sicht zum Schutz der Bevölkerung vor illegalem Inhalt und zur Verhinderung von dessen Weiterverbreitung. Hierbei geht es also um eine Regulierung des Konversationsstils und -inhalts. In manchen Fällen mag es auch ausreichen, Leser:innen eine Warnung anzuzeigen, zum Beispiel bei Behauptungen mit mangelnden Fakten, also möglichen Falschnachrichten. Forschungen dazu präsentieren beispielsweise Shu et al. (2017) und Hardalov et al. (2016).

Anwendungen für Betreiber betreffen primär das Blockieren von inakzeptablem Inhalt, worunter auch Hate Speech fällt. Dies ist motiviert durch gesetzliche Vorschriften, kann aber auch nach eigenen Regeln der Betreiber erfolgen. Ein Beispiel für so eine plattformspezifische Content-Regulierung sind Produktbewertungen auf *Amazon*, bei denen es nicht erlaubt ist, die Qualität der Lieferung miteinzubeziehen. Versuchen Nutzer:innen trotzdem in seiner Rezension darüber zu schreiben, kann es dazu kommen, dass eine Warnmeldung erscheint, dass der Kommentar nicht akzeptiert werden kann. Dahinter steckt ein automatisches (computerlinguistisches) System, welches den Inhalt von Nachrichten bezüglich der Plattformrichtlinien analysiert.

Das obige Beispiel kann auch als eine Anwendung für Autor:innen verstanden werden, wobei diese Kategorie in der Praxis selten integriert ist. Eine Anwendung für (die Interaktion mit) Autor:innen würde über eine Rechtschreibkorrektur, welche mittlerweile weit verbreitet angeboten wird, hinausgehen und gezielte automatische Analysen auch zur Bedeutung des Inhalts von Nachrichten einschließen. Bei Grenzfällen zu Hate Speech wären Warnungen denkbar, dass Nachrichten zum Beispiel falsch verstanden werden könnten, doppeldeutige oder eventuell in einem Kontext verletzende Begriffe beinhalten könnten. Damit könnten Nutzer:innen in der Rolle von Autor:innen auf ein mögliches Fehlverhalten hingewiesen werden. Bei Fällen von Hate Speech stellt sich allerdings die Frage, ob deren Autor:innen sich dessen nicht sowieso meist bewusst sind, was die Wirkung eines Warnsystems in Frage stellt.

Im Fokus, sowohl bei der Nachfrage nach Anwendungen als auch in der computerlinguistischen Forschung zu Hate Speech, sind sicherlich Methoden zu deren automatischer Erkennung. Einen Überblick zu dieser Problematik geben Schmidt und Wiegand (2017). In diesem Anwendungsfall geht es für ein System darum, für jede gegebene Nachricht zu entscheiden, ob sie als Hate Speech kategorisiert werden könnte, oder ob sie komplett aus unkritischem Inhalt besteht. Dabei besteht eine große Schwierigkeit darin, präzise vorab zu definieren, wie diese Entscheidung zu treffen ist. In diesem Artikel möchte ich dieses Definitionsproblem allerdings nicht tiefer diskutieren, da dies nicht eine speziell computerlinguistische Aufgabe ist, sondern interdisziplinär beantwortet werden muss. Ich möchte jedoch auf einige geeignete computerlinguistische Methoden hinweisen, die bei der Erforschung dieses Problems Anwendung finden. In Abb. 1 ist eine thematische Unterteilung der Erkennung von Hate Speech in der Computerlinguistik dargestellt.

Das übliche Vorgehen gestaltet sich so, dass im Rahmen von Projekten eine ungefähre Definition von Hate Speech vorgegeben wird, gegebenenfalls erklärt mit Hilfe von ein paar wenigen Beispielen. Im nächsten Schritt ist es die Aufgabe von mehreren Annotator:innen, eine größere Menge von empirisch gesammelten Daten

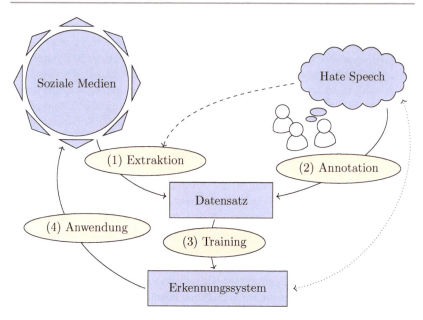

Abb. 1 Computerlinguistische Ressourcen und Prozesse bei der Erkennung von Hate Speech. Als Ressourcen sind hier dargestellt: die sozialen Medien links oben, das Wissen oder Vorstellungen über das Phänomen Hate Speech rechts oben, ein maschinelles Erkennungssystem unten und ein Datensatz mit Textbeispielen im Zentrum. Zu deren Verbindung sind vier Prozesse gekennzeichnet: (1) Die Extraktion von Hate-Speech-Beispieldaten aus den sozialen Medien, bei der die menschliche Vorstellung vom Phänomen auch eine Rolle spielt, wie ich weiterführend in Abschn. 2 diskutiere. (2) Die manuelle Annotation von Daten, bei der das Wissen über das Phänomen dem Datensatz explizit angereichert wird (auch dazu mehr in Abschn. 2). (3) Das Training des Erkennungssystems mit einem annotierten Datensatz. Hierbei ist es das Ziel, das System auf Aufgaben vorzubereiten, die es bei (4), der Anwendung auf neue Daten, ausführen soll. Dazu betrachte ich in Abschn. 3 mögliche Aufgaben im Detail und gebe in Abschn. 4 einen Überblick zu grundlegenden Methoden der Erkennung. Im Idealfall erhält man ein System, das die menschliche Vorstellung des Phänomens nachbildet, was in der Grafik mit einer gepunkteten Verbindung angedeutet ist

anhand der Definition zu annotieren. Das bedeutet, für jede einzelne Nachricht ist zu entscheiden, in welche Kategorie sie nach der Definition einzuordnen wäre. Schwierigkeiten bei der unvoreingenommenen Sammlung von Daten, die möglichst alle verschiedenartigen Vorkommen von Hate Speech gleichmäßig abdecken sollte, beleuchte ich detaillierter in Abschn. 2. Zum Erstellen solcher Ressourcen berichtet auch Mandl in diesem Band. Die teils auf subjektiven Interpretationen basierenden

Entscheidungen der Einzelpersonen können dadurch relativiert werden, dass die Markierungen mehrerer Annotator:innen vereint werden. Zusätzlich handelt es sich im Idealfall um eine so große Menge an Daten, dass einzelne Falschentscheidungen nicht schwer ins Gewicht fallen. Bei diesem Prozess werden diverse, computergestützte Werkzeuge zur manuellen Annotation von Texten eingesetzt, die den Prozess beschleunigen und vereinfachen; zum Beispiel gibt es hierfür die Werkzeuge Webanno (de Castilho et al., 2016) oder BRAT (Stenetorp et al., 2012). Als Ergebnis entsteht ein Goldstandard von manuell annotierten Texten, wobei eine bestmögliche menschliche Einschätzung angestrebt wird, welche nur zu einem geringen Grad fehlerhaft und inkonsistent sein soll. Automatische Systeme werden nun üblicherweise mit solchen Daten optimiert und auch evaluiert. Dabei wird eine der menschlichen Einschätzung entsprechende Leistung als obere Grenze für die Erkennungsrate von Systemen angenommen.

Im folgenden Abschnitt (Abschn. 2) möchte ich zunächst aus eigener Forschung zur empirischen Datensammlung für das Phänomen Hate Speech berichten und dabei auf weiter bestehende Probleme hinweisen. Für den darauf folgenden Abschnitt sehe ich es als gegeben an, dass von Menschen entschieden werden kann, welche Nachrichten als Hate Speech gelten und welche nicht. Aufgaben für computerlinguistische Werkzeuge stellen sich nun anhand dieser Eingabe. In Abschn. 3 diskutiere ich diverse Arten von Aufgaben für die Computerlinguistik zur Analyse von Hate Speech, die in der Forschung unterschiedlich prominent untersucht werden. Daran anschließend gebe ich in Abschn. 4 einen Überblick über grundlegende Methoden zur automatischen Erkennung von Hate Speech. Ich schließe in Abschn. 5 mit einem Ausblick, in dem ich zusammenfasse und diskutiere, welche Fragen für die zukünftige Forschung offen bleiben.

2 Empirische Datensammlung

Das Ziel einer Sammlung von Daten für das Phänomen Hate Speech formuliere ich hier so, dass es gilt, eine möglichst große und zum Phänomen passende Menge an Beispielen in einem Datensatz zu vereinen. Dabei bietet sich eine empirische Methodik an, also eine Sammlung von real existierenden, geäußerten Beiträgen von verschiedenen Autor:innen, um ein möglichst realitätsnahes Abbild des Phänomens zu erzielen. Eine Vorgabe von Beispielen aus sich heraus im Stil von „Armchair"-Linguist:innen würde für das komplexe Phänomen Hate Speech sicherlich nicht genügen, da es hier darum gehen soll, die gesamte Varietät des Phänomens abzudecken, das von verschiedenen Nutzer:innen in öffentlich zugänglichen sozialen Medien verbreitet wird. In der Forschung werden auch synthetisch erstellte Datensätze verwendet, zum Beispiel zur Evaluierung von Systemen, wie der Datensatz HatemojiCheck von Kirk et al. (2021). Solche sind jedoch für eine grundlegende Phänomenerfassung ungeeignet. Angestrebt werden sollte hier also eine möglichst unvoreingenommene Sammlung von Beispielen, bei der unter anderem auch auf die Varietät im Bezug auf die Autor:innen von Nachrichten, thematische Bezüge und anderen sprachlichen Realisierungen des Phänomens geachtet werden sollte. Als Resultat soll ein in seiner Struktur konsistentes Sprachkorpus entstehen, welches automatisch weiterverarbeitet werden kann für aufbauende Analysen.

Den Zielen gegenüber stehen diverse Möglichkeiten, Grenzen beziehungsweise Einschränkungen, die die Online-Welt mit sich bringt. So muss bei der Wahl der Plattformen, die als Quellen für eine Datensammlung dienen sollen, miteinbezogen werden, inwiefern diese eine automatische Sammlung ermöglicht. Diese wird oft durch Filtermöglichkeiten unterstützt, welche beispielsweise eine Suche nach bestimmten Begriffen zulässt. Eine zufällige Sammlung von Beiträgen ist für das Phänomen Hate Speech unzureichend, da dieses an der Gesamtmenge von erstellten Beiträgen gemessen relativ selten ist und damit einen unrealistisch hohen manuellen Aufwand zur Beispielsuche erfordern würde. Daher muss abgewogen werden, inwiefern die automatische Suche durch die Wahl bestimmter Filter eingeschränkt werden kann. Einerseits sollte durch einen auf das Phänomen passenden Filter der Nachbearbeitungsaufwand reduziert werden, andererseits trotzdem eine möglichst hohe Diversität des Phänomens durchgelassen werden. Bei der Datensammlung müssen außerdem Rechte von Autor:innen betrachtet werden, im Bezug auf den Schutz der Daten von Nutzer:innen, welche als Metadaten im Korpus gespeichert werden können, und auch auf den Kopierschutz der Beiträge an sich. Dies spielt in der Forschung insbesondere für die freie Weiterveröffentlichung der Daten eine Rolle, denn hier soll ein Ziel sein, das Wissen, welches bei der Datensammlung und einer eventuell anschließenden Annotation in das Korpus fließt, anderen Forscher:innen weiterzugeben. Auch entscheidend für die Auswahl von Quellen ist der Aufwand für eine manuelle Weiterverarbeitung oder Annotation, weshalb meist der Fokus auf Kurznachrichten liegt.

Eine manuelle Annotation stellt den üblicherweise durchgeführten, ersten systematischen Schritt zur Analyse von empirisch gesammelten Daten dar. Dieser Schritt der manuellen Durchsicht ist hier meist notwendig, da, je nach Methode der Sammlung, nur ein ungewisser Teil der gesammelten Daten wirklich dem Phänomen zuzuschreiben ist. Auf jeden Fall gilt es, dies festzustellen, wobei der übrige Teil der Daten als Gegenbeispiele weiterverwendet werden kann. Für die manuelle Annotation von Äußerungen bezüglich Hate Speech stellt sich nun zunächst die Frage, was genau in den Daten annotiert werden soll. Hierzu ist eine Phänomendefinition nötig, die entweder vage sein kann, um die eigenen Vorstellungen der Annotator:innen zu nutzen, oder möglichst präzise vorgegeben wird, um eine einheitliche Annotation zu erzielen. Ein Beispiel solcher Annotationsrichtlinien präsentieren Ruppenhofer et al. (2018). In Annotationsexperimenten, bei denen mehrere Annotator:innen die selben Äußerungen annotieren, kann zudem eine Auswertung der Annotation erfolgen. Dadurch können Aussagen getroffen werden über die Qualität der Annotation, aber auch bezüglich der Schwierigkeit der Aufgabe für menschliche Entscheider, woraus man oft eine obere Grenze für automatische Systeme ableitet.

Auf der Basis dieser Vorüberlegungen berichte ich nun beispielhaft aus einer Forschungsarbeit (Schäfer & Boguslu, 2021), in der wir den Prozess einer Datensammlung und Annotation vollzogen haben. In unserer Arbeit war eine wichtige Fragestellung, unter welchen Gesichtspunkten eine Hate-Speech-Nachricht illegal ist. Nachrichten, die gesetzeswidrig sind, müssen in Anwendungen gesondert gehandhabt werden. Sie werden in manchen Fällen nicht einfach nur gelöscht, sondern sollten gemeldet werden. Daher sollte auch hierfür eine Klassifikation angestrebt werden. Dabei haben wir die Unterscheidung von Hate Speech in legal vs. illegal zuzüglich zur Abgrenzung von sonstigen Nachrichten so realisiert, dass wir folgende drei Kategorien definiert haben:

1. (illegale) Hate Speech,
2. (legale) Offensive Language,
3. sonstige, neutrale Nachrichten.

Generell waren wir besonders an einer möglichst exakten Phänomendefinition interessiert, um dafür fundierte Merkmale entwickeln zu können, mit denen automatische Erkennungssysteme bei der Auswertung spezifischer überprüft werden können. Daher verwendeten wir Gesetzestexte und Gerichtsurteile (aus Deutschland) als Basis. Diese sollten als Quellen für Beispiele und damit die Definition des Phänomens Hate Speech dienen. Die Online-Suchportale von Gerichten zeigten sich jedoch als nicht ergiebig genug, um einen größeren Datensatz zum Thema illegale Hate Speech in den sozialen Medien zu gewinnen. So finden sich zwar passende Gerichtsprotokolle, allerdings erwähnen diese nur in seltenen Fällen spezielle Nachrichtenbeiträge oder stützen sich gar auf einzelne davon in der Urteilsbegründung. Dadurch lassen sich keine automatisch verarbeitbaren Beispiele des Phänomens sammeln. Die im Kontext interpretierten und bewerteten Passagen in Gerichtsurteilen passen nicht auf die reduzierten Daten, die später für Erkennungssysteme verarbeitet werden (welcher Struktur diese Daten sind, betrachte ich genauer in Abschn. 3). Um trotzdem der Grundmotivation zu folgen, verwendeten wir in der Forschungsarbeit die Gesetzestexte und Gerichtsurteile als Basis für unsere Annotationsrichtlinien und spezifizierten dadurch Unterkategorien von illegaler Hate

Speech. In einem zweiten Schritt wendeten wir diese Richtlinien auf neue, empirisch gesammelte Daten an. Hierbei führten wir eine Datensammlung auf Twitter durch, wobei wir nur deutsche Beiträge gesucht haben. Durch die Verwendung von Suchbegriffen fanden wir Beispiele des Phänomens Hate Speech. Um dabei eine möglichst unvoreingenommene Suche durchzuführen, wählten wir vorrangig Suchbegriffe, die nicht ausschließlich im Zusammenhang mit Hate Speech stehen. Zum Beispiel verwendeten wir keine Schimpfworte, sondern wählten Begriffe, die wir sowohl in Kontexten von Hate Speech, als auch in neutralen Kontexten vermuteten. Beispiele hierfür wären „Schwein" oder „Polizei", welche jeweils verschieden verwendet werden können, also nicht immer zu einer Interpretation als Hate Speech führen. Als Resultat produzierten wir einen Datensatz, der in verschiedenen Annotationsexperimenten ausgewertet wurde. Hierbei hat sich gezeigt, dass speziell mit dem Phänomen vertraute Annotator:innen eine höhere Übereinstimmung in den Bewertungen haben.

Bei der empirischen Datensammlung ist es wichtig, sich darüber im Klaren zu sein, inwiefern es Einschränkungen für das Resultat im Vergleich zur Realität gibt. Der gewonnene Datensatz ist immer nur ein Ausschnitt aus einer Sprechpraxis, jedoch sollte versucht werden, eine möglichst repräsentative Abbildung der Realität zu erreichen. Ein Nebeneffekt der empirischen Datensammlung sind Verzerrungen (Bias) der Daten verschiedenster Art. Wird der Datensatz nun zum Trainieren eines automatischen Systems verwendet, lernt dieses diese Verzerrung mit. Einen Bias bezüglich des Phänomens Hate Speech gibt es bei einer Suche, wie oben beschrieben, zunächst aufgrund der Wahl der Suchbegriffe: Im Ergebnis erscheinen nur Beiträge, die diese beinhalten. Daher sollte darauf geachtet werden, dass deren Vorkommen nicht übermäßig mit den Kategorien der Klassifikation korrelieren. Außerdem kann es zu Verzerrungen zu gewissen Themen (Topic-Bias) oder Identitätsbegriffen (Identity-Term-Bias) kommen, welche vom Suchzeitraum, von der Auswahl der Quellen/Plattform oder erneut von der Wahl der Suchbegriffe begünstigt sein können. Eine Diskussion dieser Problematik liefern zum Beispiel Davidson et al. (2019), indem sie hier speziell den Bias von Hate-Speech-Daten bezüglich der Nennung bestimmter Rassenbezeichnungen untersuchen. Abschließend lässt sich zur Datensammlung sagen, dass auch hier weitere Lösungen zu finden sind, um das Phänomen Hate Speech genauer beschreiben zu können. Trotz alledem lässt sich mit der dargestellten Methodik umfangreiches Material zum Phänomen Hate Speech sammeln, welches wir im folgenden Abschnitt als Grundlage nutzen möchten, um Aufgaben zur weiteren Analyse für die Computerlinguistik herauszuarbeiten.

3 Aufgaben für die Computerlinguistik

Generell untersucht die Computerlinguistik Methoden zur computergestützten Verarbeitung von linguistischem Material. Äußerungen von Hate Speech gelten im Allgemeinen als sprachliche Äußerungen, da sie vorrangig in Form von Text ausgedrückt werden. Es gibt jedoch auch multimodale Äußerungen, bei denen nur durch eine Kombination von Bild und Text eine Nachricht als Hassbotschaft interpretierbar wird (siehe auch Jaki in diesem Band). Das Medium, also ob es sich um eine schriftliche oder (audio-)visuelle Äußerung handelt, ist für die vorliegende Diskussion sekundär. Ich möchte hier auf sprachliche Äußerungen in schriftlicher Form fokussieren, da dies die wohl häufigste vorkommende Form von Hate Speech ausmacht.

Die größten Sammlungen computerlinguistischer Forschungen zum Thema Hate Speech finden statt in Form von Shared Tasks (Bosco et al., 2018; Wiegand et al., 2018; Zampieri et al., 2019; Basile et al., 2019; Struß et al., 2019; Mandl et al., 2020). Diese werden in einem Modus abgehalten, bei dem von einem Team von Organisator:innen diverse Gruppen von Forscher:innen eingeladen werden, um gemeinsam zu einem bestimmten Thema Beiträge einzubringen. Bei bisher veranstalteten Shared Tasks zu Hate Speech hat sich bewährt, dass ein vorgegebener, annotierter Datensatz für gemeinsame Untersuchungen bereitgestellt wird. Als Grundaufgabe steht üblicherweise die Erkennung von Hate Speech in Kurznachrichten im Vordergrund. Hier kann man die Erkennung von Hate Speech formal definieren als die binäre Klassifikation von Kurznachrichten bezüglich dessen, ob die jeweilige, aus einem Kontext gegriffene Nachricht eine Teiläußerung beinhaltet, die als Hate Speech interpretiert werden kann. Eine Formulierung als Regressionsproblem, das heißt das Messen der Stärke des Hasses in einer Nachricht, ist möglich, wie zum Beispiel in einer Arbeit von Ross et al. (2016), allerdings selten.

Wie schon oben angedeutet, werden bei der Aufgabenstellung aus vielen Gründen häufig mehrere Vereinfachungen getroffen. So werden Beiträge separat analysiert, also ohne den Kontext auf der Plattform, in dem sie geschrieben und später auch dargestellt werden, was das Problem vereinfacht. Aufgrund von Datenschutzrechten ist es außerdem oft nicht möglich, die Nachrichten mit den gesamten Metadaten zu speichern, weiterzuverbreiten und für die Forschungen zu nutzen. Daher ist es oft notwendig, dass Anonymisierungsverfahren angewandt werden, bei denen zum Beispiel Namen von Nutzer:innen und andere personenbezogene Daten gelöscht werden; eine Diskussion dieser Problematik wird beispielsweise von Townsend und Wallace (2018) präsentiert. Lösungsansätze, die mit solchen reduzierten Datensätzen arbeiten, trainiert und evaluiert werden, können daher nur diese verminderte Repräsentation der Realität als Basis nutzen.

Weitere Aufgabenstellungen untersuchen oftmals Unterkategorien von Hate Speech oder verwandte Kategorien wie Obszönitäten, abhängig von der jeweilig gewählten Definition von Hate Speech, wie zum Beispiel in der Arbeit von Ruppenhofer et al. (2018). Diese Aufgabe bezeichnet man in der Computerlinguistik als Klassifizierungsproblem mit mehreren Klassen. Hierbei ist die Aufgabe, für jede gegebene Nachricht eine Kategorie aus einer Menge auszuwählen, welche vom Werkzeug passend zu annotieren ist. Eine Annotation von mehreren Kategorien gleichzeitig für eine Nachricht ist hingegen äußerst selten, da dies die Aufgabe ungemein verkompliziert. Dies wäre allerdings wohl realitätsnaher, wenn man betrachtet, dass zum Beispiel ein Beitrag mehrere Teiläußerungen und auch ganze Sätze beinhalten kann, von denen nur ein Teil als Hate Speech gelten könnte. Demnach findet man auch Äußerungen, von denen verschiedene Teiläußerungen unterschiedlichen Hate-Speech-Kategorien zuzuordnen wären. In solchen Fällen müsste die Gesamtäußerung dann mit mehreren Kategorien annotiert werden. Grundsätzlich wird in der Forschung jedoch primär die Frage gestellt, ob der Beitrag auf einer Plattform der sozialen Medien als Ganzes als Hate Speech einzustufen wäre. Ich möchte hier explizit darauf hinweisen, dass die üblicherweise untersuchte Erkennung von Hate Speech daher also nicht als Satzklassifikation bezeichnet werden kann, was eine häufige computerlinguistische Aufgabe ist, sondern allgemeiner als eine Klassifikation von Kurznachrichten.

Eine computerlinguistische Analyse von Hate-Speech-Nachrichten könnte im Detail wie folgt durchgeführt werden: Im ersten Schritt untersucht man die Wortebene und damit die Bedeutung der einzelnen Wörter, deren Semantik. Hierbei wäre es zum Beispiel möglich, durch die Erfassung in Lexika beleidigende Wörter oder allgemeiner Wörter mit einem negativen Sentiment zu identifizieren. Auch andere Charakteristika von Hate Speech lassen sich damit abdecken, wie zum Beispiel das Target (Ziel) der Äußerung. Viele Formen von Hate Speech, wie Beleidigungen oder Äußerungen der Volksverhetzung, sind zielgerichtet, das heißt sie werden geäußert, um eine spezielle Person oder Gruppe anzugreifen. Diese wird oft explizit genannt und kann daher auf Wortebene erkannt werden, wie beispielsweise ElSherief et al. (2018) zeigen.

Wortkomponenten können mit morphologischen Analysewerkzeugen untersucht werden, wie zum Beispiel mit dem Werkzeug SMOR (Schmid et al., 2004). Hiermit können zum Beispiel Komposita zerlegt werden, wozu zum Beispiel Cap (2014) Methoden präsentiert. Damit können Hate-Speech-Nachrichten, in denen nur Teile von Wörtern beleidigende Ausdrücke sind, speziell untersucht werden. Ein Rückfall auf die Zerteilung von Wörtern durch n-Gramme von Buchstaben, also Sequenzen von aufeinanderfolgenden Buchstaben der Länge n, ist eine weitere, allerdings linguistisch weniger motivierte Möglichkeit. Auch ist es manchmal sinnvoll, Wörter auf ihre Grundformen zurückzuführen, um eine erhöhte Verallgemeinerungsfähigkeit in der weiteren Analyse zu ermöglichen. Hierfür bietet die Computerlinguistik Lemmatisierungswerkzeuge an, wie zum Beispiel die Systeme von Müller et al. (2015) und Bergmanis und Goldwater (2018).

Üblicherweise bedient sich die semantische Analyse von Wörtern sogenannter Word Embeddings, die numerische Bedeutungsrepräsentationen sind. Eine häufig genutzte Methode zu deren Training ist Word2Vec (Mikolov et al., 2013). Diese Embeddings können auf großen Datenmengen vortrainiert werden. Nach dem Prinzip der distributionellen Semantik (Harris, 1954; Firth, 1957) vereinen sie dadurch präzise in sich diverse semantische Eigenschaften von Wörtern. Daher sind Word Embeddings gut geeignet für eine automatische Weiterverarbeitung.

Um nun weiter die Bedeutungen einzelner Wörter in einer Äußerung zu kombinieren, erfolgt die Analyse im nächsten Schritt auf Satzebene. Hierbei wird die Anordnung der Wörter, also die Struktur im Satz, die Syntax, betrachtet. Diese Betrachtung erlaubt es zum Beispiel oft auch, mehrdeutige Wörter zu disambiguieren, weil Wörter aus dem unmittelbaren Kontext Hinweise auf die gemeinte Bedeutung liefern. Mittels automatischer syntaktischer Analysewerkzeuge, sogenannter Parser (beispielsweise Bohnet, 2010), ist es außerdem möglich, die Bedeutung von Wortkombinationen in Hate-Speech-Nachrichten zu analysieren. Zum Beispiel ergibt sich, wenn mehrere Personennamen in einer Beleidigung vorkommen, erst aus der Satzstruktur, welche Person beleidigt werden soll.

Der logische nächste Schritt, nachdem eine semantische und syntaktische Analyse auf Wort- und Satzebene durchgeführt wurde, wäre eine pragmatische Diskursanalyse, bei der die Bedeutung im Kontext interpretiert wird, wie es beispielsweise von Assimakopoulos et al. (2017) präsentiert wird. Viele Forschungen zu Hate Speech jedoch wagen diesen Schritt noch nicht, da er die Aufgabe deutlich komplexer macht. Außerdem sind auch oft, wie oben bereits erwähnt, Zusatzinformationen aus dem Kontext nicht abrufbar, wie Metadaten oder andere Nachrichten aus dem direkten Diskurs auf der Plattform.

Ich möchte an dieser Stelle darauf hinweisen, dass die so beschriebene Methodik nach der Analyse auf Satzebene nicht immer komplette Nachrichten, die bezüglich Hate Speech zu analysieren sind, abdecken würde, da diese aus mehreren Sätzen, oder zusätzlichen Charakteristika von sozialen Medien, wie Emojis, bestehen können. Um diese Diskrepanz zu umgehen, wird der Schritt häufig vereinfacht. So betrachtet man oft einen Beitrag als ein einziges, komplettes Element, also eine Äußerung, die nicht unterteilt wird, und lässt die syntaktische Detailanalyse außen vor. Auch ist die Aufgabe meist so formuliert, dass Systeme nur erkennen sollen, ob ein Beitrag Hate Speech enthält und nicht, welcher Teil des Beitrags genau Hate Speech ausmacht. Auch wird oft angenommen, dass die zu analysierenden Beiträge

Kurznachrichten sind und damit so kurz, dass sich viele Analysemethoden für Sätze direkt auf sie übertragen lassen.

4 Methoden zur Erkennung

In diesem Abschnitt diskutiere ich nun grundlegende Methoden für die Erkennung von Hate Speech. Die Aufgabe für diese Methoden habe ich oben als binäre Kurztextklassifikation bezeichnet, mit den zwei disjunkten Klassen, die es zu unterscheiden gilt: Hate Speech und zulässiger/neutraler Inhalt. Ich nehme diese Kategorisierung nun als gegeben an, in Form von Richtlinien und von manuell vorannotierten Daten. Lösungsansätze werde ich im Folgenden mit der groben Einteilung in drei Kategorien diskutieren: Lexikonbasierte Erkennung, Methoden auf der Basis von erklärbaren maschinellen Lernsystemen und Methoden auf der Basis von neuronalen Netzwerken.

4.1 Lexikonbasierte Erkennungsansätze

Lexikonbasierte Erkennungsansätze verwenden ein vorab erstelltes Lexikon, welches Wörter und Wortverbindungen enthält, die als Merkmale für die Erkennung von Hate Speech hilfreich sind. Beispielanwendungen solcher Methoden werden von Spertus (1997), Gitari et al. (2015) und Del Vigna et al. (2017) gezeigt. Verwendete Lexika müssen dabei nicht nur aus Begriffen bestehen, die eindeutig über die Kategorisierung einer Äußerung entscheiden, zum Beispiel eindeutig als Beleidigung zu verstehende Begriffe. Genauso können auch Lexika für andere Charakteristika von Hate Speech genutzt werden, zum Beispiel Sammlungen von typischen Targets von Hate Speech können zusätzliche Merkmale zur Identifikation von potentiell relevanten Äußerungen liefern. Auch können Lexika anhand von gegebenen Trainingsdaten trainiert werden, wie von Razavi et al. (2010) gezeigt. Hierbei können zum Beispiel Gewichte maschinell gelernt werden, also einzelne Einträge der Lexika als in höherem bzw. geringerem Maß ausschlaggebend für die Klassifikation markiert werden. Schließlich gibt es beim Einsatz von Lexika auch viele Wahlmöglichkeiten, wie diese verwendet werden. Eine einfache Klassifikation beim Vorkommen eines einzelnen Begriffs aus dem Lexikon scheint zu trivial, um das Problem zu lösen, auch deswegen, weil eine solche Methodik leicht zu umgehen wäre. Vielmehr erscheint es sinnvoller, Regeln aufzustellen für das kombinierte Auftreten mehrerer Begriffe oder mehrerer unterschiedlicher Merkmalskategorien, die sich aus Lexika ableiten lassen, um verschiedenartige Äußerungen von Hate Speech erkennen zu können.

Wenngleich Entscheidungen von lexikonbasierten Systemen immer direkt nachvollziehbar sind, haben sie auch diverse Nachteile. Ein Problem ist, dass das Erstellen von guten Lexika einen extrem hohen manuellen Arbeitsaufwand fordert und das Ergebnis bei der Unendlichkeit der Sprache auch nie vollständig sein kann. So ist es immer nötig, Lexika regelmäßig zu erweitern und zu pflegen, da sich der Sprachgebrauch und damit auch Hate Speech im ständigen Wandel befindet. Ein reichhaltiges Lexikon präsentieren beispielsweise De Smedt et al. (2020). Allein nur durch regelbasierte Systeme mit Lexika ist die Anpassbarkeit an ein komplexes Phänomen, wozu eine umfassende Definition von Hate Speech unbestreitbar zählt, schwer oder gar unmöglich zufriedenstellend zu realisieren. Es scheint unmöglich, alle Regeln für das Phänomen Hate Speech aufzustellen, wenn selbst Menschen große Schwierigkeiten haben, eine eindeutige Definition für die gesamte Reichweite des Begriffs aufzustellen.

4.2 Erkennungsmethoden auf der Basis von erklärbaren maschinellen Lernsystemen

Maschinelle Lernsysteme hingegen verwenden üblicherweise Methoden des überwachten Lernens, die ihre Entscheidungen für bisher noch nicht gesehene Daten hauptsächlich anhand von Ähnlichkeiten von Merkmalen im Vergleich zu Trainingsdaten treffen. Sie werden als erklärbar bezeichnet, wenn der Pfad der Entscheidungsfindung vom System ausgegeben werden kann und dieser für Menschen relativ einfach nachvollziehbar dargestellt werden kann, wie von Doran et al. (2018) beschrieben. Dies wäre zum Beispiel der Fall, wenn ein System die Regeln, nach denen es seine Entscheidung getroffen hat, ausgeben würde, also zum Beispiel die speziell gefundenen Merkmale in einer Äußerung und deren Gewichte. Auch lexikonbasierte Systeme könnte man dazu zählen, wenn zum Beispiel, wie oben erwähnt, Gewichte für Einträge aus den Trainingsdaten gelernt wurden.

Ich möchte zu dieser Kategorie hier jedoch hauptsächlich Systeme zählen, bei denen das maschinelle Lernen im Fokus steht, auch wenn nicht notwendigerweise Wortlisten oder Lexika verwendet werden. Hierbei gestaltet sich der Prozess üblicherweise zweistufig. Zunächst wird definiert, wie aus einer Eingabe (hier eine Kurznachricht) Merkmale extrahiert werden. Dabei können auch anfänglich eventuell abstrakt erscheinende Merkmale, wie zum Beispiel die Anzahl der Wörter in der Nachricht oder die Anzahl der verwendeten Satzzeichen, im Gesamtsystem einen gewinnbringenden Effekt haben. In der Forschung wurden außerdem auch computerlinguistische Merkmale aus semantischen und syntaktischen Analysen der Eingabe sowie die Verwendung von Wortlisten oder Lexika erprobt. Nach der Merkmalsdefinition wird in der zweiten Stufe eine Lernmethode angewandt, bei der Gewichte und Kombinationen der Merkmale anhand von Trainingsdaten gelernt werden, wobei der Entscheidungsprozess dieser Systeme meist noch nachvollziehbar bleibt. Solche Systeme implementieren Algorithmen auf der Basis von beispielsweise Entscheidungsbäumen oder Support Vector Machines. Als Ergebnis erhält man ein trainiertes Modell, mit dem das System eine Vorhersage für ungesehene Daten anhand nachvollziehbarer Extraktion von Merkmalen, deren Gewichtung und deren Kombination treffen kann. Diverse solcher Systeme wurden zum Beispiel von Alfina et al. (2017), MacAvaney et al. (2019) und Rother und Rettberg (2019) angewandt. Ein Nachteil dieser Methoden ist, ähnlich wie bei lexikonbasierten Ansätzen, dass es sehr aufwändig sein kann, sinnvolle Merkmale für komplexe Probleme vorzugeben. Hierbei ist eine hohe Quantität der Merkmale entscheidend, um möglichst die gesamte Varietät des Phänomens zu erfassen. Zusätzlich gilt es aber auch, Merkmale mit einer hohen Qualität bezüglich deren Nutzen zur Erkennung des Phänomens zu finden, da es dem System sonst nicht gelingt, damit vernünftig zu lernen. Die angesprochenen Methoden haben allerdings den Vorteil, dass nicht geeignete Merkmale auch im Trainingsprozess identifiziert werden können. Außerdem ist die Anpassbarkeit an Veränderungen im Phänomen üblicherweise höher als bei rein lexikonbasierten Ansätzen.

4.3 Erkennungsmethoden auf der Basis von neuronalen Netzwerken

Die in den letzten Jahren populär genutzten Methoden auf der Basis von neuronalen Netzwerken unterscheiden sich von den bereits diskutierten Ansätzen insofern, dass ihre Entscheidungsprozesse nicht trivial nachvollziehbar sind. Sie bedienen sich beim maschinellen Lernprozess vielmehr einer äußerst komplexen und mehrfachen Kombination von Merkmalen. Üblicherweise wird hierbei so vorgegangen, dass Eingabedaten in einem möglichst unverarbeiteten Zustand dem Netzwerk zur Verfügung gestellt werden. Durch die manuelle Definition von Merkmalen, wie sie bei den obigen Systemen angewandt wird, wird eine Vorauswahl getroffen, die Teilinformationen herausfiltert. Dies wird nur angewandt, wenn es nötig ist, die Informationsmenge der Eingabe zu reduzieren. Neuronale Netzwerke hingegen sind dafür konzipiert, mit einer großen Menge an Eingabewerten zu arbeiten und wählen daher einen anderen Weg, indem sie direkt mit der unverarbeiteten Eingabe arbeiten. Sie haben den großen Vorteil, dass sie von der Architektur her so aufgebaut sind, dass sie nicht nur die Gewichtung und Kombinationen von Merkmalen selbst lernen können, sondern auch die Merkmalsextraktion. Außerdem sind die

Kombinationsmöglichkeiten von Merkmalen ungemein komplex. Daher ist es für einen Menschen nicht möglich, den Entscheidungsprozess nachzuvollziehen. Das Training des Netzwerks erfolgt im maschinellen Lernprozess, allerdings nur auf der Basis der gegebenen Daten. Das bedeutet, dass das Netzwerk sein Wissen über das Phänomen nur aus den Trainingsdaten zieht und dadurch seine Entscheidungen begründet werden können. Neuronale Netzwerke sind jedoch bekannt dafür, überaus hungrig nach Trainingsdaten zu sein, da sie mehrere Millionen von Gewichten lernen müssen. Im Bezug auf die Leistungsfähigkeit haben sich in den letzten Jahren neuronale Netzwerke in mehreren Anwendungen der Computerlinguistik als führend erwiesen. Richtungsweisend dabei ist die Methode im System BERT (Devlin et al., 2019), welches auf einem Transformer-Modell (Vaswani et al., 2017) basiert.

In Systemen werden zur Erkennung von Hate Speech mit neuronalen Netzwerken diverse Strukturen verwendet, die meist auf den Word Embeddings der Eingabe aufbauen. So rechnet ein Multilayer Perceptron (MLP) direkt mit allen beliebigen gewichteten Kombinationen der Eingabemerkmale. Bei einem Convolutional Neural Network (CNN) hingegen werden schrittweise aufeinanderfolgende Gruppen von Eingabemerkmalen ausgewählt und gewichtet kombiniert. Dies wird meist so konfiguriert, dass damit immer kurze Wortsequenzen (n-Gramme von Worten) betrachtet werden, was gut auf die Aufgabe der Erkennung von Hate Speech zu passen scheint, da es hierbei ja oft der Fall ist, dass nur eine Teilsequenz einer Äußerung Ausdruck von Hass ist. Bei einem Recurrent Neural Network (RNN) wird hingegen die Eingabe als eine komplette Sequenz verarbeitet, was längere Strukturen direkter in Kombination analysiert. Verschiedene neuronale Architekturen wurden zum Beispiel angewandt von Gröndahl et al. (2018), Founta et al. (2019) und Schäfer (2018). Richtungsweisende Forschungen der letzten Jahre haben darauf fokussiert, die Enkodierungsmethode auf Basis der Embeddings der Eingabe zu verbessern. So ist es mit dem Attention Mechanism (Bahdanau et al., 2015) möglich, für jedes Wort eine Gewichtung zu lernen, die aussagt, wie sehr es in der Bedeutung für eine Anwendung von seinen Kontextworten beeinflusst wird. Dies ist ein wichtiger Baustein von hochperformanten Transformer-Modellen. Mit diesen ist es möglich, kontextabhängige Word Embeddings vorzutrainieren (Devlin et al., Devlin et al. 2019), welche in vielen Anwendungen, wie auch bei der Erkennung von Hate Speech, mit die besten Ergebnisse bei statistischen Evaluierungen liefern. Anwendungen solcher Methoden auf die Hate-Speech-Erkennung präsentieren beispielsweise Risch et al. (2019), Paraschiv und Cercel (2019), Liu et al. (2019) und Wiedemann et al. (2020).

5 Ausblick

Methoden zur computerlinguistischen Behandlung von Hate Speech zeichnen sich meist dadurch aus, dass sie auf Trainingsdaten basieren und versuchen, daraus wiederkehrende Merkmalskombinationen zu lernen. Selbst neuronale Netzwerke basieren grundständig auf manuell annotierten Daten und implementieren keine unkontrollierte künstliche oder irgendwie kreative Intelligenz. Allerdings möchte ich damit schließen, dass neuste Systeme dennoch intelligent dabei vorgehen, durch Auswahl, Gewichtung und Kombination von Merkmalen zu lernen, womit man gegen Hate Speech vorgehen kann. Automatische Werkzeuge können dazu einen erheblichen Beitrag leisten, ersetzen jedoch die manuelle Moderation von Inhalten nicht vollständig.

Zusammenfassend lässt sich sagen, dass bei der Erkennung von Hate Speech in der Forschung oftmals detaillierte Analyseergebnisse computerlinguistischer Verfahren bislang nur begrenzt genutzt werden. Gerade die Extraktion und präzise Analyse von Teiläußerungen von als Hate Speech zu klassifizierenden Nachrichten durch computerlinguistische Werkzeuge scheint untererforscht. Vielversprechende Ergebnisse könnten sich jedoch in der Kombination diverser Methoden zeigen.

Literatur

Alfina, I., Mulia, R., Fanany, M. I., & Ekanata, Y. (2017). Hate speech detection in the Indonesian language: A dataset and preliminary study. In *2017 international conference on advanced computer science and information systems (ICACSIS)* (S. 233–238). IEEE. https://doi.org/10.1109/ICACSIS.2017.8355039.

Assimakopoulos, S., Baider, F. H., & Millar, S. (2017). *Online hate speech in the European Union: A discourse-analytic perspective*. Springer Nature. https://doi.org/10.1007/978-3-319-72604-5.

Bahdanau, D., Cho, K., & Bengio, Y. (2015). Neural machine translation by jointly learning to align and translate. In Y. Bengio & Y. LeCun (Hrsg.), *3rd international conference on learning representations, ICLR 2015, San Diego, CA, USA, May 7–9, 2015, conference track proceedings*. https://doi.org/10.48550/arXiv.1409.0473.

Basile, V., Bosco, C., Fersini, E., Debora, N., Patti, V., Pardo, F. M. R., Rosso, P., & Sanguinetti, M. (2019). SemEval-2019 task 5: Multilingual detection of hate speech against immigrants and women in Twitter. In *13th international workshop on semantic evaluation* (S. 54–63). Association for Computational Linguistics.https://doi.org/10.18653/v1/S19-2007.

Bergmanis, T., & Goldwater, S. (2018). Context sensitive neural lemmatization with Lematus. In *Proceedings of the 2018 conference of the North American chapter of the association for computational linguistics: Human language technologies, volume 1 (long papers)* (S. 1391–1400). https://doi.org/10.18653/v1/n18-1126.

Bohnet, B. (2010). Very high accuracy and fast dependency parsing is not a contradiction. In *Proceedings of the 23rd international conference on computational linguistics (Coling 2010)* (S. 89–97). https://aclanthology.org/C10-1011.

Bosco, C., Felice, D., Poletto, F., Sanguinetti, M., & Maurizio, T. (2018). Overview of the EVALITA 2018 hate speech detection task. In *EVALITA 2018-sixth evaluation campaign of natural language processing and speech tools for Italian* (Bd. 2263, S. 1–9). CEUR. http://ceur-ws.org/Vol-2263/paper010.pdf.

Cap, F. (2014). *Morphological processing of compounds for statistical machine translation.* Dissertation, Universität Stuttgart. https://doi.org/10.18419/opus-3474.

Davidson, T., Bhattacharya, D., & Weber, I. (2019). Racial bias in hate speech and abusive language detection datasets. In *Proceedings of the third workshop on abusive language online, Florenz, Italien* (S. 25–35). https://doi.org/10.18653/v1/W19-3504.

de Castilho, R. E., Mujdricza-Maydt, E., Yimam, S. M., Hartmann, S., Gurevych, I., Frank, A., & Biemann, C. (2016). A web-based tool for the integrated annotation of semantic and syntactic structures. In *Proceedings of the workshop on language technology resources and tools for digital humanities (LT4DH)* (S. 76–84). https://aclanthology.org/W16-4011/.

De Smedt, T., & Jaki, S. (2018). The Polly corpus: Online political debate in Germany. In *Proceedings of the 6th conference on computer-mediated communication (CMC) and social media corpora (CMC-corpora 2018)* (S. 33–36). https://doc.anet.be/docman/docman.phtml?file=.irua.de0576.153416.pdf#page=39.

De Smedt, T., Voué, P., Jaki, S., Röttcher, M., & De Pauw, G. (2020). Profanity & offensive words (POW): Multilingual fine-grained lexicons for hate speech. In *Textgain technical reports.* ISSN 2684-4842. https://www.textgain.com/portfolio/profanity-offensive-words/.

Del Vigna, F., Cimino, A., Dell'Orletta, F., Petrocchi, M., & Tesconi, M. (2017). Hate me, hate me not: Hate speech detection on Facebook. In *Proceedings of the first Italian conference on cybersecurity (ITASEC17)* (S. 86–95). http://ceur-ws.org/Vol-1816/paper-09.pdf.

Devlin, J., Chang, M. W., Lee, K., & Toutanova, K. (2019). BERT: Pre-training of deep bidirectional transformers for language understanding. In *Proceedings of the 2019 conference of the North American chapter of the association for computational linguistics: Human language technologies, volume 1 (long and short papers)* (S. 4171–4186). https://doi.org/10.18653/v1/N19-1423.

Doran, D., Schulz, S., & Besold, T. R. (2018). What does explainable ai really mean? A new conceptualization of perspectives. In *Proceedings of the first international workshop on comprehensibility and explanation in AI and ML 2017.* http://ceur-ws.org/Vol-2071/CExAIIA_2017_paper_2.pdf.

ElSherief, M., Kulkarni, V., Nguyen, D., Wang, W. Y., & Belding, E. (2018). Hate lingo: A target-based linguistic analysis of hate speech in social media. In *Proceedings of the twelfth international AAAI conference on web and social media (ICWSM 2018)* (S. 42–51). https://aaai.org/ocs/index.php/ICWSM/ICWSM18/paper/view/17910.

Engesser, S., Ernst, N., Esser, F., & Büchel, F. (2017). Populism and social media: How politicians spread a fragmented ideology. *Information, Communication & Society, 20*(8), 1109–1126. https://doi.org/10.1080/1369118X.2016.1207697

Firth, J. R. (1957). A synopsis of linguistic theory, 1930–1955. *Studies in Linguistic Analysis,* 1–32.

Founta, A. M., Chatzakou, D., Kourtellis, N., Blackburn, J., Vakali, A., & Leontiadis, I. (2019). A unified deep learning architecture for abuse detection. In *Proceedings of the 10th ACM conference on web science* (S. 105–114). https://doi.org/10.1145/3292522.3326028.

Gillespie, T. (2018). *Custodians of the internet: Platforms, content moderation, and the hidden decisions that shape social media.* Yale University Press. https://yalebooks.yale.edu/book/9780300261431/custodians-of-the-internet/.

Gitari, N. D., Zuping, Z., Damien, H., & Long, J. (2015). A lexicon-based approach for hate speech detection. *International Journal of Multimedia and Ubiquitous Engineering, 10*(4), 215–230. https://doi.org/10.14257/ijmue.2015.10.4.21.

Gröndahl, T., Pajola, L., Juuti, M., Conti, M., & Asokan, N. (2018). All you need is „love": Evading hate-speech detection. In *Proceedings of the 11th ACM workshop on artificial intelligence and security (AISec'18)* (S. 2–12). https://doi.org/10.1145/3270101.3270103.

Hardalov, M., Koychev, I., & Nakov, P. (2016). In search of credible news. In *Artificial intelligence: Methodology, systems, and applications (AIMSA 2016)* (S. 172–180). Springer International Publishing. https://doi.org/10.1007/978-3-319-44748-3_17.

Harris, Z. S. (1954). Distributional structure. *Word, 10*(2–3), 146–162. https://doi.org/10.1080/00437956.1954.11659520

Kiela, D., Firooz, H., Mohan, A., Goswami, V., Singh, A., Ringshia, P., & Testuggine, D. (2020). The hateful memes challenge: Detecting hate speech in multimodal memes. In *Advances in neural information processing systems 33 (NeurIPS 2020)* (S. 2611–2624). https://proceedings.neurips.cc/paper/2020/hash/1b84c4cee2b8b3d823b30e2d604b1878-Abstract.html.

Kirk, H. R., Vidgen, B., Röttger, P., Thrush, T., & Hale, S. A. (2021). Hatemoji: A test suite and adversarially-generated dataset for benchmarking and detecting emoji-based hate. arXiv preprint arXiv:2108.05921. https://doi.org/10.48550/arXiv.2108.05921.

Liu, P., Li, W., & Zou, L. (2019). NULI at SemEval-2019 task 6: Transfer learning for offensive language detection using bidirectional transformers. In *Proceedings of the 13th international workshop on semantic evaluation, Minneapolis, Minnesota, USA* (S. 87–91). Association for Computational Linguistics. https://doi.org/10.18653/v1/S19-2011.

MacAvaney, S., Yao, H. R., Yang, E., Russell, K., Goharian, N., & Frieder, O. (2019). Hate speech detection: Challenges and solutions. *PloS One, 14*(8), e0221152. https://doi.org/10.1371/journal.pone.0221152

Mandl, T., Modha, S., Shahi, G. K., Jaiswal, A. K., Nandini, D., Patel, D., Majumder, P., & Schäfer, J. (2020). Overview of the HASOC track at FIRE 2020: Hate speech and offensive content identification in Indo-European languages. In *Working notes of FIRE 2020 – Forum for information retrieval evaluation, Hyderabad, India* (S. 87–111). CEUR Workshop Proceedings. http://ceur-ws.org/Vol-2826/T2-1.pdf.

Mikolov, T., Sutskever, I., Chen, K., Corrado, G. S., & Dean, J. (2013). Distributed representations of words and phrases and their compositionality. In *Advances in neural information processing systems 26 (NIPS 2013)* (S. 3111–3119). https://proceedings.neurips.cc/paper/2013/hash/9aa42b31882ec039965f3c4923ce901b-Abstract.html.

Müller, T., Cotterell, R., Fraser, A., & Schütze, H. (2015). Joint lemmatization and morphological tagging with lemming. In *Proceedings of the 2015 conference on empirical methods in natural language processing* (S. 2268–2274). https://doi.org/10.18653/v1/D15-1272.

Paraschiv, A., & Cercel, D. C. (2019.) UPB at GermEval-2019 task 2: BERT-based offensive language classification of German Tweets. In *Proceedings of the 15th conference on*

natural language processing (KONVENS 2019). https://corpora.linguistik.uni-erlangen.de/data/konvens/proceedings/papers/germeval/Germeval_Task_2_2019_paper_9.UPB.pdf.
@raffi. (2013). New Tweets per second record, and how! https://blog.twitter.com/engineering/en_us/a/2013/new-tweets-per-second-record-and-how.html.
Razavi, A. H., Inkpen, D., Uritsky, S., & Matwin, S. (2010). Offensive language detection using multi-level classification. In *Advances in artificial intelligence, 23rd Canadian conference on artificial intelligence (Canadian AI 2010), Berlin, Heidelberg, Deutschland* (S. 16–27). Springer. https://doi.org/10.1007/978-3-642-13059-5_5.
Risch, J., Stoll, A., Ziegele, M., & Krestel, R. (2019). hpiDEDIS at GermEval 2019: Offensive language identification using a German BERT model. In *Proceedings of the 15th conference on natural language processing (KONVENS 2019)*. https://corpora.linguistik.uni-erlangen.de/data/konvens/proceedings/papers/germeval/Germeval_Task_2_2019_paper_10.HPIDEDIS.pdf.
Ross, B., Rist, M., Carbonell, G., Cabrera, B., Kurowsky, N., & Wojatzki, M. (2016). Measuring the reliability of hate speech annotations: The case of the European refugee crisis. In M. Beißwenger, M. Wojatzki, & T. Zesch (Hrsg.), *Bochumer Linguistische Arbeitsberichte 17, NLP4CMC III: 3rd workshop on natural language processing for computer mediated communication* (S. 6–9). http://dx.doi.org/10.17185/duepublico/42132.
Rother, K., & Rettberg, A. (2019). German Hatespeech classification with Naive Bayes and Logistic Regression-hshl at GermEval 2019-Task 2. In *Proceedings of the 15th conference on natural language processing (KONVENS 2019)*. https://corpora.linguistik.uni-erlangen.de/data/konvens/proceedings/papers/germeval/Germeval_Task_2_2019_paper_2.HSHL.pdf.
Ruppenhofer, J., Siegel, M., & Wiegand, M. (2018). Guidelines for IGGSA shared task on the identification of offensive language. http://www.melaniesiegel.de/publications/2018_GermEval_Guidelines.pdf.
Schäfer, J. (2018). HIIwiStJS at GermEval-2018: Integrating linguistic features in a neural network for the identification of offensive language in microposts. In *Proceedings of GermEval 2018, 14th conference on natural language processing (KONVENS 2018)* (S. 104–112). https://www.oeaw.ac.at/fileadmin/subsites/academiaecorpora/PDF/GermEval2018_Proceedings.pdf#page=110.
Schäfer, J., & Boguslu, K. (2021). Towards annotating illegal hate speech: A computational linguistic approach. In *Detect Then Act (DTCT) technical report 3*. ISSN 2736-6391. https://dtct.eu/wp-content/uploads/2021/10/DTCT-TR3-CL.pdf.
Schmid, H., Fitschen, A., & Heid, U. (2004). SMOR: A German computational morphology covering derivation, composition, and inflection. In *Proceedings of the fourth international conference on language resources and evaluation (LREC 2004)* (S. 1263–1266). http://www.lrec-conf.org/proceedings/lrec2004/summaries/468.htm.
Schmidt, A., & Wiegand, M. (2017). A survey on hate speech detection using natural language processing. In *Proceedings of the fifth international workshop on natural language processing for social media (SocialNLP@EACL 2017), Valencia, Spanien* (S. 1–10). https://doi.org/10.18653/v1/w17-1101.
Shu, K., Sliva, A., Wang, S., Tang, J., & Liu, H. (2017). Fake news detection on social media: A data mining perspective. *ACM SIGKDD Explorations Newsletter, 19*(1), 22–36. https://doi.org/10.1145/3137597.3137600.

Spertus, E. (1997). Smokey: Automatic recognition of hostile messages. In *Proceedings of the four-teenth national conference on artificial intelligence and ninth conference on innovative applications of artificial intelligence (AAAI'97/IAAI'97)* (S. 1058–1065). http://www.aaai.org/Library/IAAI/1997/iaai97-209.php.

Stenetorp, P., Pyysalo, S., Topić, G., Ohta, T., Ananiadou, S., & Tsujii, J. (2012). BRAT: A web-based tool for NLP-assisted text annotation. In *Proceedings of the demonstrations at the 13th conference of the European chapter of the association for computational linguistics, Avignon, Frankreich* (S. 102–107). https://aclanthology.org/E12-2021/.

Struß, J., Siegel, M., Ruppenhofer, J., Wiegand, M., & Klenner, M. (2019). Overview of GermEval task 2, 2019 shared task on the identification of offensive language. In *Proceedings of the 15th conference on natural language processing (KONVENS 2019), Erlangen, Deutschland* (S. 354–365). German Society for Computational Linguistics & Language Technology. https://corpora.linguistik.uni-erlangen.de/data/konvens/proceedings/papers/germeval/GermEvalSharedTask2019Iggsa.pdf.

Townsend, L., & Wallace, C. (2018). The ethics of using social media data in research: A new framework. In K. Woodfield (Hrsg.),*The ethics of online research, advances in research ethics and integrity* (Bd. 2,S. 189–207). Emerald Publishing Limited. https://doi.org/10.1108/S2398-601820180000002008.

Vaswani, A., Shazeer, N., Parmar, N., Uszkoreit, J., Jones, L., Gomez, A. N., Kaiser, Ł., & Polosukhin, I. (2017). Attention is all you need. In *Advances in neural information processing systems 30 (NIPS 2017)*. https://proceedings.neurips.cc/paper/2017/hash/3f5ee243547dee91fbd053c1c4a845aa-Abstract.html.

Wiedemann, G., Yimam, S. M., & Biemann, C. (2020). UHH-LT at SemEval-2020 task 12: Fine-tuning of pre-trained transformer networks for offensive language detection. In *Proceedings of the fourteenth workshop on semantic evaluation (SemEval@COLING 2020)* (S. 1638–1644). https://doi.org/10.18653/v1/2020.semeval-1.213.

Wiegand, M., Siegel, M., & Ruppenhofer, J. (2018). Overview of the GermEval 2018 shared task on the identification of offensive language. In *Proceedings of GermEval 2018, 14th conference on natural language processing KONVENS 2018), Wien, Österreich* (S. 1–10). Österreichische Akademie der Wissenschaften. https://www.oeaw.ac.at/fileadmin/subsites/academiaecorpora/PDF/GermEval2018_Proceedings.pdf#page=7.

Zampieri, M., Malmasi, S., Nakov, P., Rosenthal, S., Farra, N., & Kumar, R. (2019). SemEval-2019 task 6: Identifying and categorizing offensive language in social media (OffensEval). In *Proceedings of the 13th international workshop on semantic evaluation (SemEval@NAACL-HLT 2019)* (S. 75–86). https://doi.org/10.18653/v1/s19-2010.

Hate Speech behandeln: Diagnosewerkzeuge ... 109

Open Access Dieses Kapitel wird unter der Creative Commons Namensnennung 4.0 International Lizenz (http://creativecommons.org/licenses/by/4.0/deed.de) veröffentlicht, welche die Nutzung, Vervielfältigung, Bearbeitung, Verbreitung und Wiedergabe in jeglichem Medium und Format erlaubt, sofern Sie den/die ursprünglichen Autor(en) und die Quelle ordnungsgemäß nennen, einen Link zur Creative Commons Lizenz beifügen und angeben, ob Änderungen vorgenommen wurden.

Die in diesem Kapitel enthaltenen Bilder und sonstiges Drittmaterial unterliegen ebenfalls der genannten Creative Commons Lizenz, sofern sich aus der Abbildungslegende nichts anderes ergibt. Sofern das betreffende Material nicht unter der genannten Creative Commons Lizenz steht und die betreffende Handlung nicht nach gesetzlichen Vorschriften erlaubt ist, ist für die oben aufgeführten Weiterverwendungen des Materials die Einwilligung des jeweiligen Rechteinhabers einzuholen.

KI-Verfahren für die Hate Speech Erkennung: Die Gestaltung von Ressourcen für das maschinelle Lernen und ihre Zuverlässigkeit

Thomas Mandl

1 Maschinelles Lernen zum Erkennen von Hate Speech

In sozialen Netzwerken treten aufgrund der fehlenden Moderation problematische Inhalte auf. Nutzer*innen posten häufig Hassbotschaften, aggressive Äußerungen, Beschimpfungen oder Desinformation, die dann online sichtbar und verfügbar bleiben. Aufgrund der schieren Menge von Nachrichten können solche problematischen Inhalte nur automatisch erkannt werden. Ausprägungen von Hassrede sowie deren negative Folgen werden in diesem Band ebenso erläutert (Jaki in diesem Band) wie die Problematik der politischen Regulierung solcher Inhalte (Schünemann und Steiger in diesem Band).

Methoden des maschinellen Lernens und der automatischen Sprachverarbeitung werden eingesetzt, um möglicherweise problematische Posts zu identifizieren (Schäfer in diesem Band). Solche Verfahren werden gemeinhin als Methoden der Künstlichen Intelligenz (KI) bezeichnet. Einen rechtlichen Rahmen dafür setzt u. a. das im Oktober 2019 ergangene Urteil des EUGH, das den Einsatz von automatisierten Verfahren sogar für notwendig befindet (Heldt, 2020).

Bei dieser Bewertung von menschlichen Texten durch Computer rückt die ethische Dimension und vor allem der schmale Grat zwischen Meinungsfreiheit und Zensur in den Fokus. Die Gesellschaft wird KI-Methoden nur akzeptieren, wenn das Vertrauen in ihre Ergebnisse sichergestellt werden kann (Kuhlen,

---

T. Mandl (✉)
Institut für Informationswissenschaft und Sprachtechnologie, Universität Hildesheim, Hildesheim, Deutschland
E-Mail: mandl@uni-hildesheim.de

© Der/die Autor(en) 2023
S. Jaki und S. Steiger (Hrsg.), *Digitale Hate Speech*,
https://doi.org/10.1007/978-3-662-65964-9_6

1999). Marc Zuckerberg hat in seinen vier Thesen zur Regulierung des Internets gefordert, Hate Speech eindeutig zu definieren (Lewanczik, 2019). Jedoch gestaltet sich dies sehr schwierig, denn die Vorstellungen, welche Inhalte problematisch sind, variieren je nach Person sehr stark.

Das maschinelle Lernen konnte in den letzten Jahren erhebliche Fortschritte erzielen. Algorithmen suchen nicht nach einzelnen Wörtern oder anhand von manuell erstellten Regeln nach sprachlichen Mustern, sondern bauen aus vielen Beispielen Klassifikationsverfahren auf, die letztlich nach vergleichbaren Posts suchen (Schäfer in diesem Band). Ein Schema hierfür zeigt Abb. 1.

Diese Trainingsdaten bestehen aus Beispielen für unangemessene Inhalte und aus Gegenbeispielen für akzeptable Inhalte. Da die Themen innerhalb der hasserfüllten Inhalte äußerst heterogen sein können, sollten sie möglichst breit durch Trainingsdaten abgedeckt sein. Die für das Training verwendeten Texte und die Entscheidungen dazu sind für die Entwicklung von KI-Verfahren entscheidend. Ihre Zusammenstellung hat den größten Einfluss unter allen Design-Entscheidungen bei der Implementierung von Detektionssystemen für Hassrede.

Dieser Artikel stellt zunächst kurz einige wissenschaftliche Benchmarks vor, mit denen Verfahren trainiert und evaluiert werden. Dabei lassen sich neue Trends für die Gestaltung solcher Daten beobachten. Im Anschluss werden dann Herausforderungen besprochen, die zu Verzerrungen führen können, so dass die trainierten Systeme im Realbetrieb nicht die gewünschte Erkennungsleistung zeigen. Diese Gefahr droht, wenn Daten von den Trainingsdaten abweichen. Ein Weg, diese Übertragbarkeit auf reale Situationen zu erproben, besteht in der Anwendung mehrerer anderer Datenmengen für das Testen. Auch die Erhöhung der Transparenz im Betrieb für Moderator*innen oder Nutzer*innen kann Einblick in das Funktionieren der Systeme und damit auch die angestrebte Qualität der Daten bieten.

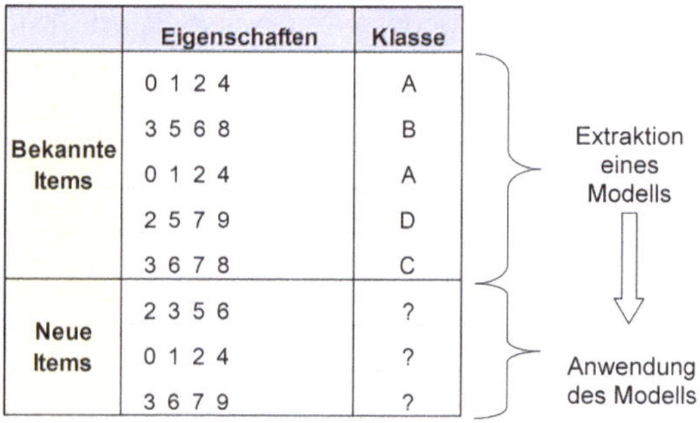

Abb. 1 Schematische Darstellung des maschinellen Lernprozesses bei der Klassifikation

	Eigenschaften	Klasse	
Bekannte Items	0 1 2 4	A	Extraktion eines Modells
	3 5 6 8	B	
	0 1 2 4	A	
	2 5 7 9	D	
	3 6 7 8	C	
Neue Items	2 3 5 6	?	Anwendung des Modells
	0 1 2 4	?	
	3 6 7 9	?	

2 Bestehende Benchmarks

Die Erstellung von Datensammlungen bildet ein zentrales Instrument für die Forschung zur Erkennung und Bekämpfung von Hassrede. Hierzu werden echte Tweets oder Posts aus sozialen Netzwerken systematisch gesammelt und zunächst von Menschen in zwei oder mehrere Klassen kategorisiert. Der Aufwand für die Erstellung solcher Daten ist hoch und kann nicht von allen Forscher*innen geleistet werden. Dementsprechend hat sich für diese Forschung das Prinzip der offenen Forschungsdaten etabliert. Einzelne Forschungsgruppen entwickeln Daten und stellen diese der Forschungs-Community zur Verfügung. Das führt zudem zu dem positiven Effekt, dass die verschiedensten Algorithmen von mehreren Forscher*innen anhand der gleichen Daten verglichen werden. Die Ergebnisse bei der Klassifikation sind direkt vergleichbar.

Diese Prinzipien haben beispielsweise auch bei der Forschung zum Information Retrieval zu erheblichen Fortschritten bei Suchalgorithmen geführt (Mandl, 2008; Womser-Hacker, 2013). Das Vorgehen wird oft als Organisation einer Shared Task oder als Aufbau eines Benchmarks bezeichnet. Dabei werden Daten nicht nur von der Fachwelt genutzt und gegebenenfalls auch später nachgenutzt, sondern auch die Qualität der Daten kann kritisch untersucht werden. Shared Tasks werden auch mit Daten zu Desinformation (Nakov et al., 2021), zu Bildern (Joly et al., 2020) oder Nutzer-Logfiles organisiert (Mandl et al., 2009).

So entstehen derzeit international zahlreiche Datensammlungen, um dem Problem der Hassrede begegnen zu können (siehe Madukwe et al., 2020 für einen Überblick). Auch für verwandte Themen wie Online-Extremismus entstehen solche Ressourcen (Gaikwad et al., 2021).

Im Folgenden werden der Benchmark GermEval für das Deutsche und die mehrsprachige Shared Task HASOC erläutert. Für das Deutsche wurden im Rahmen der GermEval-Initiative zwei Datensets entwickelt (Struß et al., 2019; Wiegand et al., 2018). Zugrunde lagen Twitter-Daten, welche die Organisator*innen annotieren ließen. GermEval definiert die Klassen ABUSE, INSULT und PROFANITY (Missbrauch und Beschimpfung, Beleidigung, Fluchen und Vulgarität). Die Systeme sollen als primäre Aufgabe alle Tweets in diese drei Klassen einteilen (De Smedt & Jaki, 2018). Insgesamt umfasste die Menge 2019 über 7000 Tweets. Dabei überwiegt laut den Organisatoren deutlich das extrem rechte politische Spektrum, denn 90 % der Inhalte fallen in diese Kategorie.

Neben dem Einordnen als Hassrede sollen die problematischen Tweets in zwei weitere Klassen, nämlich ‚implizit' vs. ‚explizit', sortiert werden. Gemessen wird die Klassifikationsgenauigkeit der Systeme mit dem F1-Maß, das Recall und Precision zusammenfasst. Der Recall beschreibt, wie viel Hassrede-Beiträge gefunden wurden, und die Precision, ob dabei wirklich nur problematische Inhalte oder auch andere Inhalte zurückgeliefert wurden. Das beste System erreichte für die binäre Task (Inhalt problematisch oder nicht) ein F1-Maß von 0,76 (Struß et al., 2019).

Im Rahmen der Initiative Hate Speech and Offensive Content Identification in Indo-European Languages (HASOC, hasocfire.github.io) wurden ebenfalls Daten für das Deutsche erstellt (Mandl et al., 2020; Modha et al., 2019). HASOC modelliert die Aufgabe zunächst als binäre Klassifikation. Die als problematisch erkannten Posts sollen dann im zweiten Schritt genauer in die folgenden Klassen unterteilt werden: HATE, OFFENSIVE und PROFANE (Hass gegen Gruppen, Aggression und Angriff gegen Einzelne, Fluchen und Vulgarität). Die Problematik der heterogenen Klassen bei Hate-Speech-Datensets diskutieren mehrere Forscher*innen (Fortuna et al., 2020) und sie wird unten erneut aufgegriffen.

Die Organisatoren von HASOC annotierten 2019 für das Deutsche 4600 Tweets und Facebook-Posts. Die Top Teams für das Deutsche nutzten überwiegend das BERT-System und liegen eng zusammen (Modha et al., 2019). Für HASOC 2020 wurden für das Deutsche über 3400 Tweets annotiert. Es zeigte sich, dass BERT und neuere Varianten wie RoBERTa zu sehr guten Ergebnissen führen, jedoch auch andere Systeme vergleichbare Werte erzielen (Mandl et al., 2020). Für den Durchgang im Jahr 2021 wurden Marathi, Hindi und Englisch angeboten und insgesamt über 10.000 Tweets annotiert (Modha et al., 2021).

Das Topic Model in Tab. 1 fasst die Themen im HASOC-2019-Datenset für das Deutsche zusammen. *Topic Modeling* versucht, die wichtigen thematischen Felder innerhalb einer Menge von Texten zu erkennen (Vayansky & Kumar, 2020). Dazu werden Wörter gesammelt, die häufiger zusammen vorkommen und zu einem Thema zusammengefasst. Diese Wörter werden der Reihenfolge ihrer Prominenz für das jeweilige Thema nach sortiert. Die Themen müssen interpretiert und mit einem Label als Überschrift versehen werden. Die Interpretation fällt nicht leicht, da auch häufig vorkommende Wörter wie Verben oder bei einem Twitter-Korpus die Namen von Nutzer*innen vorkommen.

Bei der Erstellung von Shared Tasks für Hassrede zeigen sich neben der Diversifizierung hinsichtlich der abgedeckten Sprachen noch weitere Trends. Neben der rein binären Klassifikation in problematische und unproblematische Inhalte werden weitere Ausprägungen von Hassrede berücksichtigt. So zielen beispielsweise drei Benchmarks spezifisch auf die Erkennung von Misogynie und Sexismus ab (Fersini et al., 2018; Guest et al., 2021; Ródriguez-Sánchez et al.,

Tab. 1 Topic Model aus den HASOC 2019 Trainings- und Testmengen für das Deutsche

Topic Label	Topic Wörter
Meinung	Gibt junge immer meinung land realjohr grünen kommen warum müssen
Polizei	Findbecci endlich finjafinte danke sucht polizei schwager deutschland ganze merkel
Chemnitz	Uwe_junge_mdl deutschland merkel hartes_geld chemnitz immer gehen sozialismus wählt angst
Nazis	Einfach nazis müssen berlin deutschland uwe_junge_mdl geld mainwasser migranten gewalt
Deutschland	Uwe_junge_mdl ralf69117 sagen immer deutschland dürfen gehen ekelwilfred ungebeten warum
Geflüchtete	Uwe_junge_mdl deutschland menschen deutschen deutsche welt heute flüchtlinge männer sagt
Wiltewka	Ekelwilfred wiltewka alias wilberg a…loch wilayawilanar wilke papa capitol merkel
Grüne	Ralf69117 frau polizei grünen gerade immer presse junge männer mutter

2021). Die Annotation für EXIST IberEval umfasst dabei detaillierte Unterklassen von problematischen Inhalten wie Stereotypisierung, sexuelle Gewalt und die Darstellung von Frauen als Objekt (Ródriguez-Sánchez et al., 2021).

Eine andere spezifische Verfeinerung besteht in der genauen Identifikation des Ziels von Hassrede. Dabei soll die Person oder Gruppe identifiziert werden, die das Target der Hassrede darstellt. Eine weitere Kollektion greift Ethnizität als ein Thema auf, das mit mehreren Klassen modelliert wird (Pronoza et al., 2021). Während andere Daten teilweise den Hass gegen Migrant*innen adressieren, stellen die Autor*innen spezifisch für die Situation in Russland als multiethnische Gesellschaft Daten zusammen, bei denen die betroffene Ethnie mit annotiert ist und erkannt werden soll. Diese Datensammlung entstand hauptsächlich aus dem sozialen Netzwerk Vkontakte und enthält Äußerungen zu über 190 Ethnien (Pronoza et al., 2021).

Im Rahmen der Shared Task *Profiling Hate Speech Spreaders on Twitter* im Rahmen der PAN Initiative (pan.webis.de) wurden nicht einzelne Botschaften als Hassrede, sondern Nutzer*innen als typische Verteiler und Sender von Hassbotschaften identifiziert (Bevendorff et al., 2021). Dabei besteht eine Schwierigkeit für die Klassifikation darin, dass diese Nutzenden auch harmlose Nachrichten verschicken. Ihr Verhalten muss ganzheitlich betrachtet werden.

Außerdem stellt Hate Speech in sozialen Medien ein multimodales Phänomen dar, das sehr häufig verbale und verschiedene nonverbale Elemente umfasst. Zum Beispiel können sich visuelle und verbale Elemente gegenseitig verstärken. Ebenso kann sich der Charakter von Hassrede nur durch das Zusammenspiel mehrerer Modalitäten ergeben, während jede Modalität alleine unverfänglich erscheint.

Besonders die erheblichen Fortschritte in der automatischen Bildanalyse der letzten Jahre können hier eingebracht werden. Systeme des sogenannten Deep Learning erlauben es, Bildinhalte teilweise zu erkennen und mit Texten zu verknüpfen. Auch die automatische Erkennung von Hate Speech hat die Problematik der Multimodalität aufgegriffen und dazu erste Datensets erstellt (z. B. Kiela et al., 2021). Für die gemeinsame Verarbeitung von Bild und Text liegen zwar noch deutlich weniger Arbeiten vor, jedoch erzielen Systeme jetzt schon Fortschritte durch die gemeinsame Verarbeitung. Meist werden noch Verfahren gewählt, die beide Modalitäten parallel verarbeiten und vor der Klassifikation oder dem letzten Schritt die Repräsentationen der beiden spezifischen Verarbeitungssysteme zusammenführen *(late fusion)*. So kann die Mächtigkeit der bestehenden Systeme für Text und Bild genutzt werden; die Beziehungen untereinander werden aber besser durch *Early-fusion*-Systeme ausgenutzt, welche beide Modalitäten parallel und unter Bezugnahme aufeinander analysieren.

Kollektionen für multimodale Hassrede umfassen z. B. Memes aus Facebook, bei denen das Bild und der darin eingebettete Text bereitgestellt wird. Beim Vergleich mehrerer Systeme konnte für das Datenset der Hateful Memes Challenge eine Accuracy bis zu 0,7 erreicht werden (Kiela et al., 2021). Mit der Kollektion MultiOFF konnten nur F1-Werte von ca. 0,5 erzielt werden (Suryawanshi et al., 2020). Auch für das Tamilische liegt eine multimodale Kollektion vor (Suryawanshi & Chakravarthi, 2021).

3 Kontext und Konversationsanalyse

Eine der großen Herausforderungen bei der Annotation von Hassrede für den Aufbau von Trainingsdaten ist der fehlende Kontext. In einem sozialen Netzwerk steht jede Äußerung in einem kommunikativen Zusammenhang und wird von den Leser*innen unter Einbeziehung eventuell vorhergehender Äußerungen interpretiert. Aufgrund der Kürze von Texten auf Online-Plattformen werden gerade dort Bezüge nicht explizit genannt, sondern der Sender vertraut auf den gegebenen Kontext. Betrachtet man nun jede Äußerung für sich, können völlig unterschiedliche Interpretationen entstehen.

Naturgemäß sind Betroffene von Hassäußerungen im Moment des Empfangs besonders belastet. In einer Interview-Studie befragten Forscher*innen sowohl die Sender als auch die Empfänger von problematischen Inhalten. Es zeigte sich, dass die beiden Gruppen die jeweilige Äußerung völlig unterschiedlich einstuften. Während die Empfänger diese teilweise als psychologisch sehr belastend wahrnahmen, hielten Sender ihre Botschaften für eher unproblematisch und empfindliche Reaktionen darauf für überzogen und nicht nachvollziehbar (Jhaver et al., 2018).

Aber auch unabhängig von der direkten Betroffenheit werden Inhalte sehr unterschiedlich wahrgenommen, wobei ebenfalls der Kontext eine große Rolle spielt. Eine positive und zustimmende Aussage mag für sich allein stehend unverfänglich sein, wenn man diese allerdings z. B. als Reaktion auf eine rassistische Beschimpfung liest, könnte sie ebenfalls als Hassrede gelten. Diese Problematik adressieren die oben erläuterten Shared Tasks im Forschungsfeld bisher nicht, denn Botschaften sollen darin in aller Regel nur aufgrund ihres Inhalts klassifiziert werden. Damit weichen sie allerdings auch von der Realität auf Plattformen ab. KI-Systeme im realen Einsatz können sehr wohl auf die vorherigen Botschaften zugreifen und den Kontext einbeziehen. Die Erstellung derartiger Datensets erfordert allerdings deutlich mehr Aufwand. Die Analyse der genauen Struktur von Kommunikation anhand der Abfolge von Nachrichten ist beispielsweise für Twitter nicht trivial.

In einem Ansatz für die Erkennung problematischer Inhalte haben Pavlopoulos et al. (2020) Kontext-Information eingesetzt. Ihre Definition von problematischen Inhalten greift auf den Begriff der Toxizität zurück und ist somit mit einer breiten Definition von Hassrede vergleichbar. Anwendungsdomäne für dieses Experiment waren die sogenannten Wikipedia Talk Pages, auf denen Autor*innen und Editor*innen über mögliche Verbesserungen der Online-Enzyklopädie diskutieren. Dazu wurden zunächst 20.000 Nachrichten extrahiert. Diese Datenmenge wurde über Crowd-Work annotiert.

Kontext wurde allerdings lediglich dadurch erzeugt, dass die Forscher*innen die ursprüngliche Nachricht und den Titel des Threads der Diskussion miterfassten (Pavlopoulos et al., 2020). Dabei ist die Ursprungs-Nachricht möglicherweise nicht die relevanteste für die Entscheidung über die eigentliche Bedeutung eines Beitrags. Der Anteil von Hassbotschaften innerhalb der Datensammlung liegt mit ca. 6 % im Vergleich mit anderen Benchmarks relativ niedrig. Dies zeigt, dass die Autoren eher zufallsgesteuert vorgegangen sind. Damit schaffen sie einen realistischen Eindruck von der Häufigkeit von Hassrede in realistischen Szenarien und davon, wie oft Nutzer*innen tatsächlich derartigen

Botschaften ausgesetzt sind. Allerdings stellt dieser niedrige Anteil eine erhebliche Schwierigkeit für das maschinelle Lernen dar.

Die Autoren verweisen darauf, dass die Hälfte der Daten ohne Kontext annotiert wurde (Pavlopoulos et al., 2020). Die Genauigkeit bei der Klassifikation bei beiden Mengen war vergleichbar. Daraus ziehen die Autoren den Schluss, dass Kontext für die Erkennung von Hassrede nicht hilfreich sei. Diese Folgerung erscheint jedoch als zu weitreichend, denn bei zwei Datasets ist auch bei sonst gleichen Bedingungen grundsätzlich damit zu rechnen, dass Systeme unterschiedliche Erkennungsraten erzielen (Fortuna et al., 2021).

Ein weiterentwickeltes Modell, das bei der Hate-Speech-Erkennung Kontext berücksichtigt, setzen Menini et al., (2021) um. Ihre Definition greift auf den Begriff des Missbrauchs zu und fällt damit wieder in eine weite Definition problematischer Inhalte (Menini et al., 2021). Um den Aufwand für die Erstellung der Benchmark-Daten zu erleichtern, wurde eine bereits bestehende Datenmenge genutzt. Diese Tweets wurden auf Basis des Texts erneut automatisch auf den sozialen Plattformen gesucht und im Erfolgsfall wurden die vorherigen Tweets extrahiert. Dadurch bestehen sehr unterschiedliche Größen des identifizierten Kontexts. Die Autoren berichten, dass etwa 45 % der hasserfüllten Tweets einen vorangehenden Tweet als Kontext besaßen und für weitere 45 % zwischen zwei und fünf vorangegangene Tweets gefunden wurden. Nur bei etwa 10 % standen mehr als fünf Tweets als Kontext zur Verfügung.

Bei der Annotation mit und ohne Kontext zeigte sich, dass fast 50 % der als Hassbotschaften ausgewiesenen Nachrichten mit Kontext nicht mehr als solche betrachtet wurden. Der umgekehrte Effekt war geringer (Menini et al., 2021).

Diese Problematik des Kontexts greift auch die HASOC *Contextual Subtask* 2021 auf. Dabei sollte auf eine weitgehend einheitliche Größe des Kontexts Wert gelegt werden und auch alle Kontext-Tweets sollten einheitlich annotiert werden. Zudem war ein weiteres Ziel, den Anteil der Hassrede relativ hoch zu halten, um ihn für maschinelles Lernen angemessen zu gestalten (Satapara et al., 2021).

Die erstellte Kollektion ICHCL *(Identification of Conversational Hate-Speech in Code-Mixed Languages)* besteht aus ca. 100 Tweets, ca. 2500 Antworten auf diese und ca. 1200 Reaktionen auf einige der Antworten (Replies). Jeder der Ursprungs-Tweets wurde mit ca. zehn Antworten und Replies erfasst. Alle Tweets, Antwort-Tweets und Reply-Tweets wurden annotiert und enthielten insgesamt ca. 50 % als Hassrede oder aggressive Posts. Im Datenset wird die Struktur und Abfolge der Tweets deutlich gekennzeichnet. Somit konnten Systeme bei der Auswertung darauf zugreifen. Eine Vorab-Analyse mit Baseline-Systemen zeigte, dass die Kontext-Information für die Verbesserung der Genauigkeit der Hate-Speech-Erkennung hilfreich ist (Satapara et al., 2021).

4 Vorgehen beim Aufbau von Trainingsdaten

Algorithmen für die Erkennung von Hassrede erzielen ihre Ergebnisse scheinbar völlig objektiv. Jedoch stehen hinter ihrer Gestaltung zahlreiche Entscheidungen. Beispielsweise ist der Aufbau von Trainingsmengen eine soziale Konstruktion, die in einem bestimmten Kontext unter Rahmenbedingungen und Zwängen erfolgt. Die Entwickler*innen von Daten treffen bei der Gestaltung der Trainingsdaten bewusst oder unbewusst Entscheidungen, die sich auf die Daten auswirken und somit auch die Wirksamkeit der KI-Verfahren beeinflussen (siehe auch Demus et al. in diesem Band).

Die Repräsentation von Texten für die Verarbeitung in Klassifikationssystemen erfolgte traditionell auf der Basis des Auftretens von Wörtern. Zunehmend gelangen auch verteilte semantische Repräsentationen zum Einsatz, welche nur kurze Vektoren mit ca. 100 Dimensionen benötigen (Mandl, 2020). Damit schreiten Systeme von symbolischen Repräsentationen zur subsymbolischen Ebene fort, bei der interne Strukturen nicht mehr eindeutig interpretiert werden können. Dokumente werden durch eine Reihe von Zahlen repräsentiert, so dass ähnliche Wörter ähnliche Vektoren besitzen. Somit können diese innovativen Verfahren des *Deep Learning* nicht nur auf lexikalischer Ebene entscheiden, sondern sie können die Bedeutung von Wörtern durch die Ähnlichkeiten zwischen diesen besser abbilden (siehe Schäfer in diesem Band). Gleichwohl können auch solche Verfahren mit der ironischen oder metaphorischen Verwendung von Begriffen (siehe Jaki in diesem Band) noch Schwierigkeiten haben.

Bei einer Trainingsmenge sollten möglichst viele verschiedene Beispiele als Repräsentanten von heterogenen Formen von Hate Speech präsent sein. Wie dieser Merkmalsraum vollständig abgedeckt werden kann, bleibt jedoch völlig offen. Innovative Formen der Hate Speech, die durch kreative sprachliche Muster entstehen oder auch Hate Speech zu neu aufkommenden Themen lässt sich so also nur schlecht erkennen.

Die Trainingsmenge sollte repräsentativ für die bekannten Formen der problematischen Inhalte sein, wobei aber aufgrund der Vielfältigkeit sprachlicher Ausdrucksformen unklar ist, wie diese Repräsentativität erreicht oder erkannt werden kann. Somit kann lediglich der Prozess der Erstellung von Hate-Speech-Datenmengen betrachtet und bewertet werden. Er besteht üblicherweise aus den folgenden Schritten (Vidgen & Derczynski, 2020):

1. Erstellung einer Strategie zur Vorauswahl von Inhalten aus sozialen Netzwerken;

2. Umsetzung der Strategie mit Werkzeugen und Extraktion von Posts aus großen Mengen Text aus sozialen Netzwerken;
3. Annotation einer Vorauswahl durch Menschen.

Die Strategie besteht zum einen oft im Auswählen von Begriffen, die für Hate Speech typisch sein könnten (GermEval) oder auch im Erstellen eines Vorab-Klassifizierers (Mandl et al., 2020). In beiden Fällen können bestimmte Inhalte präferiert werden. So spielen bei der Auswahl von Begriffen notwendigerweise Vorkenntnisse bzw. Annahmen über Hate Speech eine erhebliche Rolle. Ganze Komplexe problematischer Inhalte könnten übersehen werden, wenn lediglich bereits bekannte Themen in die Daten mit einbezogen werden.

Die Auswahl von bestimmten Hate-Speech-Beispielen durch manuelles Suchen kann dazu führen, dass diese Beispiele immer von einigen Autor*innen stammen, während die neutralen Äußerungen von anderen Autor*innen stammen. Das kann sogar darin münden, dass ein Klassifikationssystem letztlich eine Autorenerkennung durchführt. Eine solche Erkennung des individuellen Stils erkennt dann evtl. ganz andere Merkmale und ist nicht in der Lage, in einer realen Umgebung eine gute Erkennungsqualität für Hassbotschaften zu liefern (Arango et al., 2020). Deswegen sollten von jedem Profil in sozialen Netzwerken immer mehrere Posts gesammelt werden, um pro Autor*in Beispiele für problematische und unproblematische Inhalte einzubauen. Dies wurde z. B. im Rahmen von GermEval berücksichtigt (Struß et al., 2019).

Verzerrungen können auch beim technologischen Sammeln der Inhalte entstehen. Tools zur Suche oder die APIs für den Zugriff mit Programmierwerkzeugen können schon in den Plattformen Präferenzen für bestimmte Inhalte abbilden, die unerkannt bleiben. Retrieval-Systeme sind beispielsweise anfällig für die Länge von Texten als versteckter Einflussfaktor (Roelleke, 2013). In sozialen Netzwerken könnten Beiträge populärer Nutzer*innen bevorzugt werden oder andere Ranking-Kriterien implementiert sein. Selbst wenn die Strategien genau aufgezeichnet würden, könnten die erzielten Mengen nicht nachvollzogen werden, da z. B. die Twitter-Suche zu jedem Zeitpunkt andere, aktuellere und vielleicht auch personalisierte Ergebnisse liefert. Zudem können intern schon Methoden eingebaut sein, die problematische Inhalte detektieren und ihnen niedrige Ranking-Positionen zuweisen oder dafür sorgen, solche Inhalte weniger häufig anzuzeigen.

Eine wichtige Frage bei der Erstellung von Benchmarks ist auch der Umfang bzw. Anteil der jeweiligen Klassen. Es ist davon auszugehen, dass Hate Speech in realer Kommunikation weniger als 1 % der Inhalte ausmacht. Bei einer Zufallsauswahl und Annotation dieser Daten weisen Analysen darauf hin, dass Werte in dieser Größenordnung zu erwarten sind (Vidgen & Derczynski, 2020).

Alle Trainingsmengen weisen jedoch deutlich höhere Anteile auf, da es schwierig ist, mit nur einem geringen Anteil von Beispielen eine Klassifikation zu trainieren. Zudem liefern die Algorithmen bessere Ergebnisse, wenn die Klassen vergleichbar oft vorkommen. Aus dieser Perspektive spiegeln die Trainingsmengen in keiner Weise die Realität wider.

Auch in der letzten Phase, der Annotation der identifizierten Menge von Inhalten durch Menschen, können Schwierigkeiten auftreten. Die unvermeidbare Subjektivität wird im folgenden Abschnitt behandelt. Jedoch alleine die Richtlinien für die Annotation, welche den Menschen mitgegeben werden, variieren sehr stark. Es stellt sich die Frage, inwiefern hier überhaupt die gleiche Aufgabe bearbeitet wird. Bestehende Annotations-Guidelines nennen allein schon so verschiedene Überbegriffe wie *Hate, Open or Covert Aggression, Toxicity, Racism, Obscene* und *Inappropriate*. In dieser Vielfalt und Unschärfe spiegelt sich die Schwierigkeit, Hate Speech klar zu definieren. Diese verschiedenen Konzepte vergleichen Fortuna und Kollegen ausführlich (Fortuna et al., 2020). In Zukunft sollte intensiver erforscht werden, wie diese heterogenen Definitionen sinnvoll zur Erkennung von Hate Speech beitragen können.

5 Messung von Verzerrungen

Die Zuverlässigkeit von Datasets kann mit einigen Methoden überprüft werden. Die Sprachmodelle der Trainingsmenge sowie gegebenenfalls auch der Testmenge können untereinander und mit dem allgemeinen Sprachmodell im Korpus verglichen werden. Dazu kann z. B. das Maß *Mutual Information* eingesetzt werden. Es wurde schon beobachtet, dass bestimmte Begriffe in den Hate-Korpora häufiger vorkommen als allgemein. Dies führt teils zu guten Klassifikationsergebnissen bei der Entwicklung (Wiegand et al., 2019), die aber unter realen Einsatzbedingungen nicht erreicht werden.

Mit dem Ansatz des *Topic Modeling* kann überprüft werden, ob die gleichen Themen auch ähnlich häufig auftreten. Für HASOC 2019 konnte für das Englische ein Topic Model aus vier Themen identifiziert werden. Es zeigte sich, dass diese Themen sowohl in der Trainings- als auch der Testmenge über die problematischen Inhalte und die unproblematischen Inhalte relativ gleichmäßig repräsentiert waren. Diese Verteilung zeigt Abb. 2. Für Systeme reichte es also nicht aus, lediglich ein Thema zu erkennen, zu dem immer hasserfüllt kommentiert wurde.

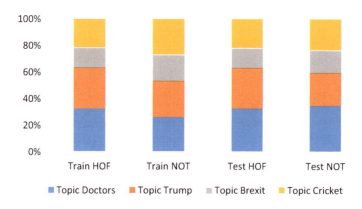

Abb. 2 Die Verteilung von vier Topics in Test- und Trainingsmenge aus HASOC 2019

Auch ein zu hoher Anteil an politisch extrem rechten oder extrem linken Posts in der Trainingsmenge kann in einer geringeren Genauigkeit bei der Erkennung resultieren (Wich et al., 2020).

Nach oder während der Annotation kann die interne Validität überprüft werden. Dazu können einige Texte mehrfach von verschiedenen Personen annotiert werden, was natürlich den Aufwand und die Kosten erhöht. Das sogenannte *Interrater Agreement* zeigt an, inwieweit die Bewertungen übereinstimmen. Niedrige Werte weisen darauf hin, dass die Annotation sehr subjektiv geprägt ist.

Annotationseffekte entstehen aber auch durch den Rahmen der Präsentation (Voorhees, 2000). Wer als Annotator*in schon zahlreiche hasserfüllte Botschaften gesehen hat, wird bei Grenzfällen etwas weniger streng. Einen Bezug zu demographischen Faktoren bei den Annotierenden versuchen Al Kuwatly et al. (2020) herzustellen. Weitere Studien haben gezeigt, dass Vertrautheit mit Sprachregistern starken Einfluss auf Annotationsentscheidungen hat (Sap et al., 2019).

Die Übereinstimmung von vier Annotierenden bei GermEval wurde für ein Sample von 300 Tweets gemessen und erreichte einen Kappa-Wert von 0,59, was als *moderate agreement* gilt (Struß et al., 2019). Hier zeigt sich, wie schwierig selbst das Finden gemeinsamer Maßstäbe ist.

Für HASOC 2019 wurde anhand der zweimal annotierten Tweets die Übereinstimmung der Annotator*innen gemessen. Tab. 2 zeigt, dass sie für die zweite Task mit der genaueren Einteilung von problematischen Inhalten sinkt. Eine Ana-

Tab. 2 Interrater-Statistik für HASOC 2019

	Anzahl der zweimal annotierten Tweets	Interrater Agreement
English sub-task 1	5389	74 %
English sub-task 2	5389	64 %
Hindi sub task 1	4122	80 %
Hindi sub task 2	4122	62 %
German sub task 1	1159	88 %
German sub task 2	1159	86 %

lyse von Ross et al. (2016) konnte sogar zeigen, dass selbst schriftliche Richtlinien keinen hohen Einfluss auf die Übereinstimmung zwischen Annotierenden haben.

Grenzfälle, die sich schwer einordnen lassen, weisen eine deutlich höhere Abweichung auf (Salminen et al., 2019). Dies bedeutet, dass ein gutes Interrater Agreement auch bedeuten kann, dass lediglich sehr klare Fälle in der annotierten Menge vorkommen. Die Häufigkeit von solchen Grenzfällen im Graubereich in den gesammelten Daten ist vorab ja nicht bekannt und lässt sich auch nicht steuern. Wenige oder unsicher bewertete Grenzfälle können es den Algorithmen danach allerdings zusätzlich erschweren, die Grenze deutlich zu ziehen. Somit muss selbst das Interrater Agreement als Qualitätsmerkmal auch hinterfragt werden. Das Vorgehen bei Fällen im Graubereich oder bei abweichenden Meinungen von Annotator*innen wird nicht einheitlich gehandhabt.

6 Transfer über Kollektionen hinweg

Die Genauigkeit der Vorhersage von Hate Speech variiert meist stark je nach Datenmenge. Dies weist auf die Bedeutung der Trainingsdaten hin. Für einen realen Einsatz ist natürlich viel wichtiger, wie gut ein System bei völlig anderen Daten unter echten Bedingungen funktioniert. Dann stellt sich die Frage, ob die Systeme aus der Forschung robust genug für einen Dauerbetrieb wären. Dies lässt sich transparent und mit Daten, die außerhalb von kommerziellen Plattformen zur Verfügung stehen, nur schwer überprüfen. Als gängigste Methode wird hierfür mit den Trainingsdaten eines Benchmarks ein Modell trainiert und dann mit den Testdaten anderer Benchmarks getestet. So kann die Messung des möglichen Bias durch Experimente über mehrere Datasets hinweg erfolgen.

Wenn ein Klassifikationssystem mit einer Menge trainiert wird und dann auf eine andere angewendet wird, zeigt sich zu einem gewissen Maß, ob diese das gleiche Konzept abbilden bzw. Verzerrungen in den Daten vorliegen. Die bisherigen Ergebnisse bei solchen Cross-Validitäts-Studien zeigen, dass teils deutlich niedrigere Trefferquoten erzielt werden (Wiegand et al., 2019).

Die umfangreichen Experimente von Fortuna et al. (2021) zeigen, dass die Performanz für einen Datensatz um über 30 % Genauigkeit schwanken kann, je nachdem mit welchem anderen Datensatz trainiert wurde. Gründe hierfür und mögliche Lösungsansätze werden in einem Überblicksaufsatz diskutiert (Yin & Zubiaga, 2021).

7 Erklärbarkeit und Nachvollziehbarkeit

Ein häufig genanntes Problem von Künstlicher Intelligenz und insbesondere von mächtigen Deep Learning-Verfahren besteht in der mangelnden Nachvollziehbarkeit der Entscheidungen. Diese Verfahren können ihre Ergebnisse nicht erklären und sehen sich daher dem Vorwurf der fehlenden Transparenz ausgesetzt. Ein eigener Forschungszweig unter der Bezeichnung *Explainable Artificial Intelligence* (XAI) befasst sich mit Möglichkeiten, solche Erklärungen zu generieren und Systeme oder ihre Entscheidungen besser verständlich zu machen. Ein Überblick über das Thema zeigt, dass es gerade für die Erklärung von Entscheidungen für die Textklassifikation im Vergleich zur Bilderkennung nur sehr wenige Ansätze gibt (Guidotti et al., 2018).

Vor allem zählen dazu die Verfahren *Shapley Values* und *Local Interpretable Model-Agnostic Explanations (LIME)*. Sie setzen beide nach der Erstellung eines Modells an und versuchen, nachträglich den Beitrag von Wörtern zu einer Entscheidung zu messen und darzustellen. Für Hate Speech wurde LIME beispielsweise von Mahajan et al. (2021) umgesetzt.

Auch hier stellt sich die Frage, ob es wirklich darum gehen kann, die Verfahren des maschinellen Lernens an sich transparent darzustellen, oder ob nicht eine Offenlegung der Trainingsdaten etwa anhand von Beispielen einen besseren Eindruck von einem KI-System zur Hate-Speech-Erkennung liefert. Wenn beispielsweise verdeutlicht werden kann, dass zu einem Tweet keine ähnlichen Trainingsbeispiele vorliegen, könnten Nutzer*innen besser verstehen, dass das System gar nicht in der Lage ist, eine gute Entscheidung zu treffen. Somit könnten Ansätze zur Sicherung der Transparenz auch ein Mittel sein, Rückschlüsse auf die Qualität der Trainingsdaten zu erlauben.

Die meisten Systeme mit Ansätzen zur Erklärbarkeit gehen allerdings noch anders vor und bedienen meist sehr heterogene Nutzungsszenarien. Das System von Modha et al. (2020) erlaubt es, mit einem Browser-Plugin einen Account in sozialen Medien zu überwachen. Andere Systeme zielen auf die Überwachung ganzer Plattformen ab. So schlägt etwa Bunde (2021) ein Dashboard vor, das einzelne Beiträge präsentiert, die Entscheidungen dazu erklärt und auch die Aktivitäten von einzelnen Nutzer*innen überwacht. Das System *Hatemeter* möchte Moderator*innen Hilfestellung geben, indem es aktuelle Themen darstellt, die besonders viel Hassrede auf sich ziehen (Laurent, 2020).

Einen anderen Ansatz verfolgt das System von Sontheimer et al. (2022). Es unterstützt die Informationelle Autonomie von Bürger*innen und lässt sie mit den aktuellsten Algorithmen online experimentieren. Die Nutzer*innen können in dem System kurze Nachrichten eingeben und bevor sie in einer Plattform hochgeladen werden, prüfen lassen, ob ein System zur Hate-Speech-Klassifikation diese als problematisch einstuft. Dadurch soll nicht primär das Verständnis von Algorithmen gefördert werden, sondern durch ähnliche Beispiele und die Möglichkeit des Ausprobierens wird ein Erkennen der Wirksamkeit des Systems verdeutlicht.

8 Fazit und Ausblick

Ziel der Hate-Speech-Erkennung ist das Training robuster Verfahren, die auch im realen Einsatz erfolgreich sind. Die Gestaltung von Trainingsmengen entscheidet über die Leistungsfähigkeit von KI-Algorithmen. Diese sind zwar intransparent, aber die Gestaltung der Trainingsdaten spielt womöglich eine noch bedeutendere Rolle bei der Feinjustierung der Algorithmen. Somit ist ein transparenter Einblick in diese Daten und den Erstellungsprozess sehr wichtig und kann zur Durchschaubarkeit mehr beitragen als die Nachvollziehbarkeit von Algorithmen.

Zur Messung der Qualität von Trainingsdaten gibt es derzeit keine überzeugenden Methoden und gleichzeitig entstehen leicht Verzerrungen durch das Vorgehen beim Sammeln, Auswählen oder Annotieren. Deutlich mehr vergleichende Forschung zu Methoden der Erstellung wäre notwendig. Diese Forschung sollte nicht nur hinter den verschlossenen Türen der Internet-Plattformen stattfinden, sondern in offenen Foren. Nur so kann die Leistungsfähigkeit der Algorithmen angemessen diskutiert und eine breite gesellschaftliche Akzeptanz erzielt werden.

Literatur

Al Kuwatly, H., Wich, M., & Groh, G. (2020). Identifying and measuring annotator bias based on annotators' demographic characteristics. In *Proceedings of the fourth workshop on online abuse and harms* (S. 184–190). https://doi.org/10.18653/v1/2020.alw-1.21.

Arango, A., Pérez, J., & Poblete, B. (2020). Hate speech detection is not as easy as you may think: A closer look at model validation (extended version). *Information Systems*, 101584.

Bevendorff, J., Chulvi, B., Peña Sarracén, G. L., Kestemont, M., Manjavacas, E., Markov, I., Mayerl, M., Potthast, M., Rangel, F., Rosso, P., Stamatatos, E., Stein, B., Wiegmann, M., Wolska , M., & Zangerle, E. (2021). Overview of PAN 2021: Authorship verification, profiling hate speech spreaders on twitter, and style change detection. *International conference of the cross-language evaluation forum for European languages*, 419–431. Springer, Cham. https://doi.org/10.1007/978-3-030-85251-1_26.

Bunde, E. (2021). AI-assisted and explainable hate speech detection for social media moderators–A design science approach. In *Proceedings of the 54th Hawaii international conference on System Sciences* (S. 1264).

De Smedt, T., & Jaki, S. (2018). Challenges of automatically detecting offensive language online: Participation paper for the germeval shared task 2018 (HaUA). *14th conference on natural language processing KONVENS*. https://doi.org/10.1553/0x003a105d.

Fersini, E., Nozza, D., & Rosso, P. (2018). Overview of the EVALITA 2018 task on automatic misogyny identification (AMI). *EVALITA Evaluation of NLP and Speech Tools for Italian*, 12, 59.

Fortuna, P., Soler, J., & Wanner, L. (2020). Toxic, hateful, offensive or abusive? What are we really classifying? An empirical analysis of hate speech datasets. In *Proceedings 12th Language Resources and Evaluation Conference* (LREC) (S. 6786–6794).

Fortuna, P., Soler-Company, J., & Wanner, L. (2021). How well do hate speech, toxicity, abusive and offensive language classification models generalize across datasets? *Information Processing & Management*, 58(3), 102524. https://doi.org/10.1016/j.ipm.2021.102524

Gaikwad, M., Ahirrao, S., Phansalkar, S., & Kotecha, K. (2021). Online extremism detection: A systematic literature review with emphasis on datasets, classification techniques, validation methods, and tools. *IEEE Access, 9*, 48364–48404. https://doi.org/10.1109/ACCESS.2021.3068313

Guest, E., Vidgen, B., Mittos, A., Sastry, N., Tyson, G., & Margetts, H. (2021). An expert annotated dataset for the detection of online misogyny. In *Proceedings of the 16th Conference of the European Chapter of the Association for Computational Linguistics* (S. 1336–1350).

Guidotti, R., Monreale, A., Ruggieri, S., Turini, F., Giannotti, F., & Pedreschi, D. (2018). A survey of methods for explaining black box models. *ACM Computing Surveys (CSUR)*, 51(5), 1–42. https://doi.org/10.1145/3236009

Heldt, A. (2020). Pflicht zu weltweiter Löschung: Konsequente oder ausufernde Auslegung?–Anmerkung zum Urteil des EuGH v. 3.10. 2019, Rs. C-18/18 (Glawischnig-Piesczek). *EuR Europarecht*, 55(2), 238–245. https://doi.org/10.5771/0531-2485-2020-2-238.

Jhaver, S., Ghoshal, S., Bruckman, A., & Gilbe, E. (2018). Online harassment and content moderation: The case of blocklists. *ACM Transactions on Computer-Human Interaction* (TOCHI) 12. https://doi.org/10.1145/3185593.

Joly, A., Goëau, H., Kahl, S., Deneu, B., Servajean, M., Cole, E., Picek, L., Ruiz de Castañeda, R., Bolon, I., Durso, A., & Lorieul, T., (2020). Overview of LifeCLEF 2020: A system-oriented evaluation of automated species identification and species distribution Prediction. *International Conference of the Cross-Language Evaluation Forum for European Languages*, 342–363. https://doi.org/10.1007/978-3-030-58219-7_23.

Kiela, D., Firooz, H., Mohan, A., Goswami, V., Singh, A., Fitzpatrick, C. A., Bull, P., Lipstein, G., Nelli, T., Zhu, R., Muennighoff, N., Velioglu, R., Rose, J., Lippe, P., Holla, N., Chandra, S., Rajamanickam, S., Antoniou, G., Shutova, E., Yannakoudakis, H., Sandulescu, V., Ozertem, U., Pantel, P., Specia, L., & Parikh, D. (2021). The hateful memes challenge: Competition report. NeurIPS 2020 Competition and demonstration track. In *Proceedings of Machine Learning Research* (S. 344–360).

Kuhlen, R. (1999). *Die Konsequenzen von Informationsassistenten: Was bedeutet informationelle Autonomie oder wie kann Vertrauen in elektronische Dienste in offenen Informationsmärkten gesichert werden?* Suhrkamp.

Laurent, M. (2020). Project Hatemeter: Helping NGOs and Social Science researchers to analyze and prevent anti-Muslim hate speech on social media. *Procedia Computer Science, 176,* 2143–2153. https://doi.org/10.1016/j.procs.2020.09.251

Lewanczik, N. (2019). *Datenschutz durch Dritte? Zuckerbergs Idee vom global regulierten Internet.* https://onlinemarketing.de/news/datenschutz-dritte-zuckerbergs-global-reguliertes-internet.

Madukwe, K., Gao, X., & Xue, B. (2020). In data we trust: A critical analysis of hate speech detection datasets. In *Proceedings of the fourth workshop on online abuse and harms* (S. 150–161). https://www.aclweb.org/anthology/2020.alw-1.18.

Mahajan, A., Shah, D., & Jafar, G. (2021). Explainable AI approach towards toxic comment classification. *Emerging Technologies in Data Mining and Information Security,* 849–858.

Mandl, T. (2008). Recent developments in the evaluation of information retrieval systems: Moving towards diversity and practical relevance. *Informatica, 32*(1). https://www.informatica.si/index.php/informatica/article/viewFile/174/170.

Mandl, T. (2020). Die Erkennung unangemessener Inhalte im Internet: KI Verfahren, Evaluierung und Herausforderungen. *Bibliotheksdienst, 54*(3/4), 214–226. https://doi.org/10.1515/bd-2017-0083.

Mandl, T., Agosti, M., Di Nunzio, G. M., Yeh, A., Mani, I., Doran, C., & Schulz, J. M. (2009). LogCLEF 2009: The CLEF 2009 multilingual logfile analysis track overview. *Working Notes for CLEF 2009 Workshop.* Corfu, Greece, September 30–October 2. http://ceur-ws.org/Vol-1175/CLEF2009wn-LogCLEF-MandlEt2009.pdf.

Mandl, T., Modha, S., Kumar M, A., & Chakravarthi, B. R. (2020). Overview of the HASOC Track at FIRE 2020: Hate speech and offensive language identification in Tamil, Malayalam, Hindi, English and German. In *Proceedings of the 12th annual meeting of the Forum for Information Retrieval Evaluation (FIRE),* ACM. https://doi.org/10.1145/3441501.3441517.

Menini, S., Aprosio, A. P., & Tonelli, S. (2021). Abuse is contextual, what about NLP? The role of context in abusive language annotation and detection. *arXiv preprint* arXiv:2103.14916.

Modha, S., Mandl, T., Majumder, P., & Patel, D. (2019). Overview of the HASOC track at FIRE 2019: Hate speech and offensive content identification in Indo-European Languages. In *Proceedings of the 11th annual meeting of the forum for information retrieval evaluation* (S. 167–190). http://ceur-ws.org/Vol-2517/.

Modha, S., Majumder, P., Mandl, T., & Mandalia, C. (2020). Detecting and visualizing hate speech in social media: A cyber watchdog for surveillance. *Expert Systems With Applications, 161*, 113725. https://doi.org/10.1016/j.eswa.2020.113725

Modha, S., Mandl, T., Shahi, G.K., Madhu, H., Satapara, S., Ranasinghe, T., & Zampieri, M. (2021). Overview of the HASOC subtrack at FIRE 2021: Hate speech and offensive content identification in English and Indo-Aryan Languages and conversational hate speech. *FIRE 2021: Forum for Information Retrieval Evaluation*, Virtual Event, 13th–17th December, ACM.

Nakov, P., Da San Martino, G., Elsayed, T., Barrón-Cedeño, A., Míguez, R., Shaar, S., ... Kartal, Y. S. (2021). Overview of the CLEF–2021 CheckThat! lab on detecting check-worthy claims, previously fact-checked claims, and fake news. *International Conference of the Cross-Language Evaluation Forum for European Languages* (S. 264–291). Springer, Cham. https://doi.org/10.1007/978-3-030-85251-1_19.

Pavlopoulos, J., Sorensen, J., Dixon, L., Thain, N, & Androutsopoulos, I. (2020). Toxicity detection: Does context really matter? In *Proceedings of the 58th Annual Meeting of the Association for Computational Linguistics* (S. 4296–4305). https://www.aclweb.org/anthology/2020.acl-main.396/.

Pronoza, E., Panicheva, P., Koltsova, O., & Rosso, P. (2021). Detecting ethnicity-targeted hate speech in Russian social media texts. *Information Processing & Management, 58*(6), 102674. https://doi.org/10.1016/j.ipm.2021.102674

Ródriguez-Sánchez, F., de Albornoz, J. C., Plaza, L., Gonzalo, J., Rosso, P., Comet, M., & Donoso, T. (2021). Overview of EXIST 2021: Sexism identification in social networks. *Procesamiento del Lenguaje Natural, 67*, 195–207.

Roelleke, T. (2013). *Information retrieval models: Foundations and relationships.* Synthesis Lectures on Information Concepts, Retrieval, and Services 5(3). https://doi.org/10.2200/S00494ED1V01Y201304ICR027.

Ross, B., Rist, M., Carbonell, G., Cabrera, B., Kurowsky, N., & Wojatzki, M. (2016). Measuring the reliability of hate speech annotations: The case of the European refugee crisis. In *NLP4CMC III: 3rd Workshop on Natural Language Processing for Computer-Mediated Communication*.

Salminen, J., Almerekhi, H., Kamel, A. M., Jung, S. G., & Jansen, B. J. (2019). Online hate ratings vary by extremes: A statistical analysis. In *Proceedings Conference on Human Information Interaction and Retrieval,* (CHIIR) ACM (S. 213–217). https://doi.org/10.1145/3295750.3298954.

Sap, M., Card, D., Gabriel, S., Choi, Y., & Smith, N. A. (2019). The risk of racial bias in hate speech detection. In *Proceedings of the 57th annual meeting of the association for computational linguistics* (S. 1668–1678). https://www.aclweb.org/anthology/S.19-1163.pdf.

Satapara, S., Modha, S., Mandl, T., Madhu, H., & Majumder, P. (2021). Overview of the HASOC subtrack at FIRE 2021: Conversational hate speech detection in code-mixed language. *Working Notes of FIRE 2021 – Forum for Information Retrieval Evaluation.* CEUR, 2021.

Sontheimer, L., Schäfer, J., & Mandl, T. (2022). Enabling Informational Autonomy through Explanation of Content Moderation: UI Design for Hate Speech Detection. In *UCAI 2022: Workshop on User-Centered Artificial Intelligence. Mensch und Computer 2022 –* Workshopband 04.-07. September 2022, Darmstadt.

Struß, J.M., Siegel, M., Ruppenhofer, J., Wiegand, M., & Klenner, M. (2019). Overview of GermEval Task 2, 2019 shared task on the identification of offensive language. In *Proceedings of the 15th conference on natural language processing* (KONVENS) Nürnberg/Erlangen. https://doi.org/10.5167/uzh-178587.

Suryawanshi, S., & Chakravarthi, B. R. (2021). Findings of the shared task on troll meme classification in Tamil. In *Proceedings of the First Workshop on Speech and Language Technologies for Dravidian Languages* (S. 126–132). https://www.aclweb.org/anthology/2021.dravidianlangtech-1.16/.

Suryawanshi, S., Chakravarthi, B. R., Arcan, M., & Buitelaar, P. (2020). Multimodal meme dataset (MultiOFF) for identifying offensive content in image and text. In *Proceedings of the Second Workshop on Trolling, Aggression and Cyberbullying*, TRAC (S. 32–41).

Vayansky, I., & Kumar, S. A. (2020). A review of topic modeling methods. *Information Systems, 94*, 101582. https://doi.org/10.1016/j.is.2020.101582

Vidgen, B., & Derczynski, L. (2020). Directions in abusive language training data, a systematic review: Garbage in, garbage out. *PloS one, 15*(12). https://doi.org/10.1371/journal.pone.0243300.

Voorhees, E. (2000). Variations in relevance judgments and the measurement of retrieval effectiveness. *Information Processing & Management, 36*(5), 697–716. https://doi.org/10.1016/S0306-4573(00)00010-8

Wich, M., Bauer, J., & Groh, G. (2020). Impact of politically biased data on hate speech classification. In *Proceedings of the Fourth Workshop on Online Abuse and Harms* (S. 54–64). https://doi.org/10.18653/v1/2020.alw-1.7.

Wiegand, M., Siegel, M., & Ruppenhofer, J. (2018). Overview of the GermEval 2018 shared task on the identification of offensive language. In *14th Conference on Natural Language Processing* (KONVENS) Wien, Sept. 21. https://www.zora.uzh.ch/id/eprint/178687/1/GermEvalSharedTask2019Iggsa.pdf.

Wiegand, M., Ruppenhofer, J., & Kleinbauer, T. (2019). Detection of abusive language: The problem of biased datasets. In *Proceedings of the Conference of the North American Chapter of the Association for Computational Linguistics: Human Language Technologies* (S. 602–608). https://doi.org/10.18653/v1/N19-1060.

Womser-Hacker, C. (2013). Evaluierung im Information Retrieval. In R. Kuhlen, W. Semar, & D. Strauch (Hrsg.), *Grundlagen der praktischen Information und Dokumentation: Handbuch zur Einführung in die Informationswissenschaft und –praxis* (6. Aufl., S. 396–410). De Gruyter. https://doi.org/10.1515/9783110258264.396.

Yin, W., & Zubiaga, A. (2021). Towards generalisable hate speech detection: A review on obstacles and solutions. *PeerJ Computer Science, 7*, e598. https://doi.org/10.7717/peerj-cs.598

Open Access Dieses Kapitel wird unter der Creative Commons Namensnennung 4.0 International Lizenz (http://creativecommons.org/licenses/by/4.0/deed.de) veröffentlicht, welche die Nutzung, Vervielfältigung, Bearbeitung, Verbreitung und Wiedergabe in jeglichem Medium und Format erlaubt, sofern Sie den/die ursprünglichen Autor(en) und die Quelle ordnungsgemäß nennen, einen Link zur Creative Commons Lizenz beifügen und angeben, ob Änderungen vorgenommen wurden.

Die in diesem Kapitel enthaltenen Bilder und sonstiges Drittmaterial unterliegen ebenfalls der genannten Creative Commons Lizenz, sofern sich aus der Abbildungslegende nichts anderes ergibt. Sofern das betreffende Material nicht unter der genannten Creative Commons Lizenz steht und die betreffende Handlung nicht nach gesetzlichen Vorschriften erlaubt ist, ist für die oben aufgeführten Weiterverwendungen des Materials die Einwilligung des jeweiligen Rechteinhabers einzuholen.

Emotionsklassifikation in Texten unter Berücksichtigung des Komponentenprozessmodells

Roman Klinger

1 Einleitung

Die Emotionsanalyse in Text verknüpft die Forschung des Affective Computing (Picard, 1997) mit der maschinellen Verarbeitung von Sprache (Computerlinguistik/Natural Language Processing – CL/NLP). Hierbei wird im Gegensatz zu dem Feld der *Informationsextraktion* (Sarawagi, 2008) weniger in den Mittelpunkt gestellt, *was* im Text ausgedrückt wird, sondern eher *wie* etwas wahrgenommen wird, also welche emotionale Konnotation mittransportiert wird. Dies kann sich auf die konkreten Nennungen von Emotionen im Text (zum Beispiel wie eine Figur in einem Buch ein bestimmtes Ereignis empfindet) oder auch auf Schlussfolgerungen über die Emotionen eines Autors eines Texts (zum Beispiel wie sich eine Nutzerin sozialer Medien beim Schreiben eines Tweets gefühlt hat) beziehen. Der erstgenannte Fall bewegt sich an der Schnittstelle zur Informationsextraktion, wobei der zweitgenannte Fall in den Bereich des *Author Profiling* (Rosso et al., 2018) fällt.

In der NLP haben sich einige Kernaufgaben im Bereich der Emotionsanalyse herauskristallisiert. Dies ist zum einen die Erkennung von semantischen Rollen im Kontext von Emotionen, also *wer* fühlt *was* und *warum* (Kim & Klinger, 2018; Mohammad et al., 2014), mit einem weiteren Schwerpunkt auf die Erkennung der Emotionsursache (Xia & Ding, 2019; Oberländer & Klinger, 2020). Zum anderen, vielleicht die Hauptaufgabe der Emotionsanalyse, ist dies die Emotionsklassifikation (oder Regression), bei der Texten (Sätzen, Tweets, Absätze…) Emotionsklassen oder Intensitätswerte zugewiesen werden. Diese Aufgaben sind mit der Analyse von Hassrede verwandt – Emotionen werden von einer Ursache ausgelöst und können

---

R. Klinger (✉)
Institut für Maschinelle Sprachverarbeitung, Universität Stuttgart, Stuttgart, Deutschland
E-mail: roman.klinger@ims.uni-stuttgart.de

© Der/die Autor(en) 2023
S. Jaki und S. Steiger (Hrsg.), *Digitale Hate Speech*,
https://doi.org/10.1007/978-3-662-65964-9_7

ein Ziel haben, dies sind auch wichtige Bestandteile bei der Äußerung von Hassrede. Tatsächlich wurde bereits gezeigt, dass maschinelle Lernverfahren, welche Hassrede vorhersagen, von einer gemeinsamen Modellierung profitieren (Plaza-del-Arco et al., 2021; Rajamanickam et al., 2020). Dieser Aspekt stellt eine wichtige Motivation dar, der Emotionsanalyse auch im Kontext der Analyse von Hassrede Aufmerksamkeit zu schenken. Die bestehenden Ansätze, Hassrede und Emotionsanalyse in komputationellen Modellen zu integrieren, bauen nur in Ansätzen auf dem umfangreichen Wissen auf, welches in der Psychologie zu der Struktur, dem Zweck, und dem Ausdruck von Emotionen bekannt ist. Somit ist dieses Kapitel auch als ein Vorschlag zu verstehen, das vorhandene Wissen über Emotionen in der Psychologie und allgemeinen Ansätzen in der Emotionsanalyse auf den spezielleren Fall von Hassrede zu übertragen. Dies kann potentiell zu einer höheren Genauigkeit automatischer Systeme, aber vor allem zu einer größeren Abdeckung führen.

Selbstverständlich berührt das Feld der Emotionsanalyse in Text auch die Emotionspsychologie. Hierbei werden insbesondere Emotionskonzepte „importiert", also Kategorien, welche als relevant erachtet werden, zur Klassifikation herangezogen. Wir betrachten in diesem Kapitel genau diese Aufgabe der Zuweisung von vorgefertigten Emotionskategorien zu gegebenen Textabschnitten. Übliche Emotionskategorien umfassen solche, wie sie aus den Theorien von Paul Ekman (1992) folgen, nämlich *Wut, Freude, Ekel, Angst, Traurigkeit* und *Überraschung,* oder von Robert Plutchik (2001), der neben Intensitätsabstufungen noch *Vertrauen* und *Antizipation* als sogenannte Basisemotionen vorschlägt. Häufig wird die Klassifizierung von Emotionen als eine durchgängige Lernaufgabe verstanden („Ende-zu-Ende"), die möglicherweise durch lexikalische Ressourcen unterstützt wird (siehe die SemEval Shared Task 1 zu „Affect in Tweets" für einen Überblick über aktuelle Ansätze, Mohammad et al., 2018). Die Information, was eine Emotion ausmacht, liegt somit alleine in den Daten, welche auf Basis von Beispielen die Emotionskonzepte nutzbar machen. Während dieses Ende-zu-Ende-Lernen und die Feinabstimmung von vortrainierten Modellen für die Klassifikation große Leistungsverbesserungen im Vergleich zu rein merkmalsbasierten Methoden oder wörterbuchbasierten Verfahren gezeigt hat, vernachlässigen solche Ansätze typischerweise allerdings das vorhandene Wissen über Emotionen in der Psychologie. Es gibt nur sehr wenige Ansätze, die darauf abzielen, psychologische Theorien (über grundlegende Emotionskategorien hinaus) mit Emotionsklassifikationsmodellen zu kombinieren. Als bemerkenswerte Ausnahmen sind solche Arbeiten zu nennen, die das Konzept von *Affekt* in den Mittelpunkt stellen, das durch die Kombination von Valenz und Arousal gemessen werden kann (Buechel & Hahn, 2017b; Buechel et al., 2021). Dies gilt auch für die oben genannten Arbeiten, welche Emotionsanalyse und Hassrede zusammenbringen – sie modellieren Emotionen auf Basis einer diskreten Menge von Kategorien. Nun können Emotionen aber unterschiedlich ausgedrückt werden. In diesem Kapitel stellen wir eine Analyse auf Basis der Appraisaltheorien und des Emotions-Komponentenmodells von Scherer vor, welche folgende Definition von Emotionen enthalten (frei übersetzt): Emotionen sind ein synchronisierter Prozess verschiedener Teilsysteme, in Reaktion auf ein relevantes Ereignis (Scherer et al., 2001; Scherer, 2005). Diese Teilsysteme sind eine *Motivationskomponente,* der *Ausdruck,* die *neurophysiologische körperliche Reaktion,* das *subjektive Gefühl* und die *kognitive Bewertung.* Dieser Prozess folgt der Wahrnehmung von relevanten Ereignissen. Wir nehmen daher an, dass alleine Ereignisbeschreibungen für die Kommunikation von Ereignissen ausreichend sind, da die Leser:in dieser Beschreibung empathisch fähig sind, die Emotionen der Teilnehmenden eines Ereignisses zu rekonstruieren. Dies ist auch für Hassrede relevant – ein wiederkehrender Bestandteil dieser ist der Aufruf zu Taten. Um diese bezüglich ihrer (emotionalen) Wahrnehmung einzuordnen, dürften Appraisaltheorien ein sinnvolles Werkzeug sein.

In Abschn. 3 werden wir zunächst untersuchen, ob sich Emotionsbeschreibungen in sozialen Medien tatsächlich solchen Emotionskomponenten zuweisen lassen, und vergleichen die Verteilung dieser Komponenten mit einer anderen Domäne, nämlich der Literatur. In Abschn. 4 schlagen wir weiterhin vor, spezifisch die Komponente des kognitiven Appraisal zu nutzen, um Emotionen von Ereignisbeschreibungen aus Text zu extrahieren. Die Haupterkenntnisse dieses Kapitels sind, dass die Modellierung von Emotionskomponenten tatsächlich Aufschluss über die Art der Emotionskommunikation erlaubt und des Weiteren in einem Großteil der Texte eine kognitive Evaluierung (Appraisal) zur Interpretation der Emotion notwendig ist. Diese Modellierung führt weiterhin zu einer Verbesserung der Emotionsklassifikation in den gegebenen Korpora. Die hier vorgestellten Arbeiten basieren auf bereits erschienenen Publikationen (Casel et al., 2021; Hofmann et al., 2020, 2021). Die zugrunde liegenden Daten können auf der Internetseite https://www.ims.uni-stuttgart.de/data/emotion heruntergeladen werden.

2 Hintergrund

2.1 Emotionsmodelle in der Psychologie

Als Bestandteil des menschlichen Lebens sind Emotionen in der Psychologie eingehend untersucht worden. Sie werden allgemein als Reaktionen auf wichtige Ereignisse interpretiert. Die Debatten um ihre Definition haben jedoch (bisher) nie zu einem eindeutigen Konsens geführt, sodass eine vielfältige Literatur zu diesem Thema existiert. Dies hat Auswirkungen auf die computergestützte Emotionsanalyse (in Texten, aber auch darüber hinaus), welche aus einer großen Vielfalt der verfügbaren psychologischen Theorien auswählen kann (Scarantino, 2008).

Einige dieser Theorien konzentrieren sich auf die evolutionäre Funktion von Emotionen, und dementsprechend auf ihre Verknüpfung mit Handlungen (Izard, 1971; Tooby & Cosmides, 2008). Der Kerngedanke ist, dass Emotionen dem Menschen helfen, alltägliche Aufgaben zu bewältigen und sozial relevante Informationen zu kommunizieren, indem sie spezifische physiologische Symptome auslösen. Insbesondere gibt es Verhaltensmuster (z. B. Lächeln), die diskrete Emotionsbegriffe widerspiegeln (z. B. Freude), was darauf hindeutet, dass emotionale Zustände anhand einiger Kategorien der natürlichen Sprache gruppiert werden können. Eine der populärsten Quellen für eine Reihe von grundlegenden Emotionen ist die Theorie von Paul Ekman (1992). Ekman untersuchte die Beziehung zwischen Emotionen und Kultur und betrachtete hierbei insbesondere beobachtbare Kriterien, unter anderem Gesichtsausdrücke. Er behauptete, dass die Gruppe der grundlegenden Emotionen, nämlich Angst, Ekel, Wut, Freude, Traurigkeit und Überraschung, Gesichtsmuskelbewegungen kulturübergreifend unterscheiden lasse (was heutzutage teilweise angezweifelt wird (Gendron et al., 2014)). Als Ergänzung dieses Modells geht Robert Plutchik explizit von der Annahme aus, dass verschiedene Grundemotionen gemeinsam auftreten können, zum Beispiel Vertrauen und Freude, was der Fall sei, wenn Liebe erlebt werde (Plutchik, 2001). Solche Emotionsmischungen sowie ein Gegensatz zwischen Angst und Furcht, Freude und Traurigkeit, Überraschung und Antizipation, Vertrauen und Abscheu, wurden des Weiteren in dieses Modell aufgenommen. In der automatischen Verarbeitung natürlicher Sprache wird meist eine Menge von vier bis acht grundlegenden Emotionen verwendet, wobei Angst, Wut, Freude und Traurigkeit von den meisten Ansätzen geteilt werden (es existieren aber auch Ausnahmen, die eine größere Zahl von Kategorien betrachten, zum Beispiel von Abdul-Mageed & Ungar, 2017).

Ein wichtiger Bestandteil von Emotionen ist ihr prozeduraler, synchronisierter Charakter. Während bereits Ekman die Reaktion auf ein relevantes Ereignis als konstituierendes Merkmal von Basisemotionen nennt, wird dieser Aspekt von Klaus Scherer noch stärker in den Mittelpunkt gerückt (Scherer, 2005). Er definiert Emotionen als eine

> „Episode zusammenhängender, synchronisierter Veränderungen in den Zuständen aller oder der meisten der fünf organismischen Subsysteme als Reaktion auf die Bewertung eines externen oder internen Stimulusereignisses, welches als relevant für wichtige Belange des Organismus erkannt wird" (Übersetzung durch den Autor dieses Kapitels).

Die fünf Komponenten sind die *kognitive Bewertung, neurophysiologische körperliche Symptome, motorische Ausdrücke, motivationale Handlungstendenzen,* und *subjektive Gefühle*. Die *Kognitive Bewertung* (Appraisal) befasst sich mit der Bewertung eines Ereignisses. Wir werden diese fünf Teilsysteme in Abschn. 3 genauer betrachten. Hier sei zunächst festgehalten, dass der *Affekt,* welcher durch Valenz, Arousal und (in der NLP nur gelegentlich) durch die Dominanz (kurz: VAD) des Erlebten gemessen werden kann, eine Alternative zu diskreten Emotionsmodellen darstellt. Solche dimensionalen Modelle stellen Vektorräume dar, in denen sich verschiedene Emotionen als Punkte wiederfinden (Russell & Mehrabian, 1977).

Eine aussagekräftigere, ebenfalls dimensionale, Alternative zum VAD-Modell ist durch den kognitiven Bewertungsprozess (Appraisal) motiviert, der Teil der Emotionen ist. Das Modell von Smith und Ellsworth (1985) führt eine Reihe von Variablen ein, und zwar wie angenehm eine Situation ist, ob man sich verantwortlich dafür fühlt, was geschieht, die Gewissheit, was geschieht, die notwendige Anstrengung mit der Situation umzugehen und die situative Kontrolle der die Emotion wahrnehmenden Person. Smith und Ellsworth zeigen, dass diese Dimensionen besser geeignet sind, um Emotionskategorien zu unterscheiden, als VAD. Dieses Modell betrachten wir in Abschn. 4 etwas genauer.

2.2 Emotionsklassifikation

Bisherige Arbeiten zur Emotionsanalyse in der NLP konzentrieren sich entweder auf die Erstellung von Ressourcen oder auf die Klassifizierung von Emotionen für eine spezifische Aufgabe und Domäne. Auf der Seite der Ressourcenerstellung ist die frühe und einflussreiche Arbeit von Pennebaker et al. (2001) zu nennen, nämlich die Erstellung eines Wörterbuchs, in dem die Einträge mit verschiedenen psychologisch relevanten Kategorien verknüpft werden, einschließlich einer Untergruppe von Emotionen. Strapparava und Valitutti machten WordNet Affect verfügbar, um Wörter mit ihrer emotionalen Konnotation zu verknüpfen (Strapparava & Valitutti, 2004). Mohammad veröffentlichte das NRC-Wörterbuch mit mehr als 14.000 Wörtern für eine Reihe von diskreten Emotionsklassen und ein Valenz-Arousal-Dominanz-Wörterbuch (Mohammad & Turney, 2012; Mohammad, 2018). Büchel et al. haben einen methodischen Rahmen entwickelt, um bestehende Affektlexika an spezifische Anwendungsfälle anzupassen (Buechel et al., 2016).

Für die Evaluation und die Entwicklung von Modellen mit Hilfe von maschinellem Lernen steht mittlerweile auch eine große Zahl von annotierten Korpora zur Verfügung. Einige von ihnen enthalten Informationen zu Valenz und Arousal (Buechel & Hahn, 2017a; Preoţiuc-Pietro et al., 2016), die Mehrheit verwendet jedoch diskrete Emotionsklassen, zum Beispiel zur Kennzeichnung von Märchen (Alm et al., 2005), Blogs (Aman & Szpakowicz, 2007), Tweets (Mohammad et al., 2017; Schuff et al., 2017; Mohammad, 2012; Mohammad & Bravo-Marquez, 2017; Klinger et al., 2018), Facebook-Posts (Preoţiuc-Pietro et al., 2016), Nachrichten-Schlagzeilen (Strapparava & Mihalcea, 2007), Dialogen (Li et al., 2017), literarischen Texten (Kim et al., 2017) oder Selbstberichten über emotionale Ereignisse (Scherer & Wallbott, 1997; Troiano et al., 2019). Wir verweisen die Leser:innen auf unseren Überblickartikel für einen umfassenden Vergleich (Bostan & Klinger, 2018).

Die meisten automatischen Methoden, die Textabschnitten Annotationen zuweisen, basieren auf maschinellem Lernen (Alm et al., 2005; Aman & Szpakowicz, 2007; Schuff et al., 2017, u. a.). Neuere Systeme basieren häufig auf Transferlernen auf Basis von generischen Repräsentationen (Klinger et al., 2018; Mohammad & Bravo-Marquez, 2017; Mohammad et al., 2018. Felbo et al. (2017) schlug z. B. vor, Emoji-Repräsentationen zu nutzen, um Modelle vorzutrainieren. Cevher trainierte erst mit existierenden Korpora und dann mit Daten einer spezifischen Domäne, für die nur wenige Trainingsdaten verfügbar waren (Cevher et al., 2019).

Diese Arbeiten weisen Emotionskategorien oder Affektwerte von Valenz und Arousal zu. In diesem Kapitel beschäftigen wir uns mit Emotionskomponenten und Appraisalannotationen, um nicht nur die wahrgenommene oder ausgedrückte Emotion zu charakterisieren, sondern auch ein Verständnis zu entwickeln, wie diese ausgedrückt wird. Uns ist nur eine damit verwandte Studie bekannt, die Bewertungsdimensionen zur Verbesserung der Emotionsvorhersage berücksichtigt (Campero et al., 2017). In dieser Studie annotierten Probanden 200 Geschichten mit 38 Bewertungsmerkmalen, um zu bewerten, ob eine textbasierte Repräsentation eine fMRI[1]-basierte Klassifizierung ergänzt. Abgesehen von dieser Studie haben alle bisherigen maschinellen Ansätze dies ohne Zugang zu Appraisaldimensionen oder Komponenten getan. Nur in einigen wenigen Arbeiten wurden kognitive Komponenten einbezogen, die aus dem OCC-Modell stammen (benannt nach den Initialen der Autoren Ortony, Clore und Collins, Clore & Ortony, 2013). Auf der Grundlage des OCC-Modells entwickelte Shaikh et al. (2009) einen regelbasierten Ansatz zur Textinterpretation. Eine weitere verwandte Arbeit ist die von Alexandra Balahur erstellte Datenbank EmotiNet, welche Handlungsfolgen enthält, die zu bestimmten Emotionen führen. Sie modelliert zwar nicht Appraisal an sich, nutzt diese aber zur Motivation der Verknüpfung von Ereignissen mit Emotionen.

---

[1] „functional Magnetic Resonance Imaging", also ein bildgebendes Verfahren, welches Gehirnaktivität abbildet.

Die einzige uns bekannte Arbeit, die Emotionskomponenten untersucht (allerdings nicht nach dem Emotionskomponenten-Prozessmodell und ohne computergestützte Modellierung), ist eine Korpus-Studie von Fan-Fiction (Kim & Klinger, 2019). Sie analysiert, ob Emotionen über Gesichtsbeschreibungen, Körperhaltungsbeschreibungen, das Aussehen, den Blick, die Stimme, Gesten, subjektive Empfindungen oder räumliche Beziehungen der Figuren kommuniziert werden. Dieser Satz von Variablen ist nicht identisch mit den Emotionskomponenten, aber er ist verwandt. Die Autoren stellen fest, dass einige Emotionen bevorzugt mit bestimmten Aspekten beschrieben werden. Motiviert wurde diese Arbeit durch eine linguistische Literaturstudie (van Meel, 1995).

Im Gegensatz zu ihrer Arbeit vergleicht unsere Studie zwei verschiedene Domänen (Tweets und Literatur) und folgt dem Prozessmodell der Emotionskomponenten genauer. Außerdem zeigen wir die Verwendung dieses Modells für computergestützte Emotionsklassifikation durch Multi-Task-Lernen und schlagen ein auf die Appraisalkomponente fokussiertes dimensionales Modell vor.

3 Die Emotionskomponenten in Sozialen Medien im Vergleich zu Literarischen Texten[2]

In diesem Abschnitt untersuchen wir, wie Nutzer:innen von Twitter Emotionen beschreiben und vergleichen dies mit Autor:innen von literarischen Texten. Hierzu ordnen wir Instanzen existierender Emotionskorpora in die verschiedenen Komponenten ein und untersuchen das entstehende Korpus statistisch und nutzen die verschiedenen Annotationen gemeinsam in einem Modell des maschinellen Lernens.

Die betrachteten Komponenten von Emotionen sind die *kognitive Bewertung, neurophysiologische körperliche Symptome,* der *Ausdruck, motivationale Handlungstendenzen* und das *subjektive Gefühl.* Die *kognitive Bewertung* (Appraisal) befasst sich mit der Bewertung eines Ereignisses. Das Ereignis wird im Hinblick auf seine Relevanz für das Individuum, die Implikationen und die Konsequenzen, zu denen es führen könnte, die möglichen Wege zu Möglichkeiten, es zu bewältigen und zu kontrollieren, und seine Bedeutung nach persönlichen Werten und sozialen Normen charakterisiert. Die Komponente der *neurophysiologischen Symptome* betrifft automatisch aktivierte Reaktionen und Symptome des Körpers wie Veränderungen des Herzschlags oder des Atemmusters. Die Komponente des *motorischen Ausdrucks* enthält alle Bewegungen, Gesichtsausdrücke, Veränderungen in der Spra-

---

[2] Dieser Abschnitt basiert auf Casel et al. (2021).

che und ähnliche Muster. Handlungen wie Aufmerksamkeitsverschiebungen und Bewegungen in Bezug auf den Ort des Geschehens sind Teil der *motivationale-Handlungstendenzen*-Komponente. Schließlich berücksichtigt die Komponente der *subjektiven Gefühle,* wie stark, wichtig und anhaltend die Empfindungen sind. Scherer (2005) argumentiert, dass es möglich sei, auf die Emotion, die eine Person erlebt, durch die Analyse der Veränderungen in den fünf Komponenten Rückschlüsse zu ziehen. Er weist auch darauf hin, dass Computermodelle die Emotionskomponenten nicht ignorieren dürfen (Scherer, 2009).

Wir nehmen im Folgenden an, dass Emotionen in Texten in einer Art kommuniziert werden, welche den Komponenten folgt. Dies sind Alternativen zu der direkten Nennung des Emotionskonzepts („Ich bin wütend."). Beispiele sind „Er wollte weglaufen.", womit die Motivation beschrieben wird, „Sie lächelte.", womit der Ausdruck beschrieben wird, „Sie zitterte.", was eine Emotion beschreiben kann, indem die Körperreaktion erklärt wird, „Ich fühle mich schlecht.", womit das subjektive Gefühl genannt wird, oder „Ich bin unsicher, was geschehen ist.", womit eine kognitive Bewertung der Situation beschrieben wird und damit bei den Lesenden die Notwendigkeit besteht diese zu interpretieren, um zu verstehen, welche Emotion der/die Autor:in meint.

3.1 Korpusannotation

Wir nutzen zwei verschiedene englischsprachige Korpora unterschiedlicher Domänen für unsere Studie. In diesen Korpora werden wir die Verwendung verschiedener Emotionskomponenten untersuchen. Für die Analyse von Literatur verwenden wir das REMAN-Korpus, welches Texte aus dem Projekt Gutenberg enthält. Dieses Korpus ist bereits mit den Emotionen Wut, Angst, Vertrauen, Ekel, Freude, Traurigkeit, Überraschung und Antizipation sowie „Andere Emotion" annotiert. Von den 1720 Instanzen annotieren wir 1000 zufällig ausgewählte Instanzen. Zur Analyse von sozialen Medien nutzen wir das Twitter Emotion Corpus (TEC) (Mohammad, 2012). Die Emotionskategorien sind Wut, Ekel, Angst, Freude, Traurigkeit und Überraschung. TEC enthält 21.000 Tweets, von denen wir 2041 zufällig gewählte Instanzen annotieren.

Wir annotieren mit zwei Annotator:innen, welche zunächst in zwei Runden trainiert werden. Dabei wird ein moderates Inter-Annotator Agreement von durchschnittlich Cohen's $\kappa = 0{,}68$ erreicht. Beispiele der Annotation finden sich in Tab. 1.

Die Analyse der Korpora findet sich zusammengefasst in Abb. 1. Wir beobachten, dass die kognitive Komponente in beiden Korpora am häufigsten auftritt. In Twitter

Tab. 1 Beispiele des Emotionskomponentenkorpus

Komponente	Textbeispiel
Kognitive Bewertung	I can't stop found my old lava lamp!
Physiologisch	She did not know; she trembled. Apparently, i might have alcohol poisoning #stupidgirl
Subjektives Empfinden	Women–women–I love thee! bad day
Motivation	We're going out tonight. Sometimes I wanna take your head and ram it into mirrors.
Ausdruck	An expression of annoyance appeared on the emperor's face. Finals tomorrow…ugh

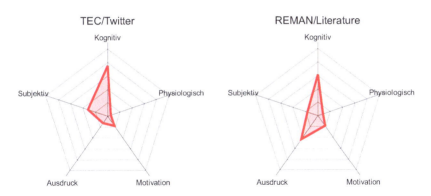

Abb. 1 Ergebnisse der Emotionskomponentenannotation in Twitter und in Literatur. Desto weiter außen ein Punkt liegt, desto häufiger findet sich eine Annotation dieser Komponente. Für eine emotionsspezifische Analyse verweisen wir die Leser:innen auf Casel et al. (2021)

ist die zweithäufigste Komponente die subjektive Wahrnehmung, in der Literatur ist es die Ausdruckskomponente. Bemerkenswert ist die unterschiedliche Ausprägung des subjektiven Ausdrucks – Nutzer:innen sozialer Medien beschreiben diesen deutlich seltener, als er in Literatur auftritt. Dies ist zu erwarten und entspricht dem „Show-don't-Tell"-Paradigma, nachdem Leser:innen in der Literatur Ereignisse und Emotionen erlebbar gemacht werden sollten, statt sie einfach nur zu beschreiben.

Die Komponenten sind nicht über die Emotionen gleichverteilt. Ekel wird in sozialen Medien häufiger mit Körperreaktionen beschrieben und zur Kommunikation von Angst wird eher das subjektive Gefühl genutzt.

Unter der Annahme, dass die beobachtete Verteilung auch in anderen Domänen als denen, die durch die genutzten Korpora repräsentiert werden, gilt, ist nun Folgendes festzuhalten: In sozialen Medien, die uns für die Analyse von Hassrede freilich mehr interessieren als die zum Vergleich dargestellte Analyse von Literatur, wird insbesondere die kognitive Komponente von Emotionen genutzt, um affektgeladene Inhalte zu kommunizieren. Somit sollten automatische Systeme die Fähigkeit implementiert bekommen, Ereignisse „empathisch" zu interpretieren – mit einer expliziten Nennung von Emotionen ist in weiten Teilen der Daten nicht zu rechnen. Eine solche direkte Benennung der Emotion durch die Beschreibung der subjektiven Komponente ist nur die zweithäufigste Art und Weise, Emotionen zu beschreiben.

3.2 Modellierung

Nachdem wir nun ein Korpus zur Verfügung haben, welches mit Emotionskomponenten annotiert ist, werden wir untersuchen, ob diese zusätzliche Sichtweise von Emotionen der automatischen Klassifikation zuträglich ist, welche ja für eine groß angelegte Analyse von sozialen Medien notwendig ist. Wir verwenden verschiedene neuronale Klassifikatoren („deep learning"), welche in Abb. 2 zusammengefasst sind. Entsprechend der aktuell üblichen Konfiguration solcher automatischen Klassifikationssysteme bestehen diese Netze aus mehreren Ebenen. Die unterste Ebene sind vortrainierte BERT-Satzeinbettungen als Eingabemerkmale (Devlin et al., 2019). Diese Einbettungen repräsentieren die Semantik der Eingabetexte in einem Vektorraum. Die darauf aufbauende Netzwerkarchitektur stellt sicher, dass die Wortvektoren nicht isoliert, sondern in der Reihenfolge betrachtet werden, in der sie im Text auftreten. Dies ermöglicht auch die Interpretation von Wortfolgen, wie sie zum Beispiel bei Negationen auftreten. Wir kombinieren hier, inspiriert durch Chen und Wang (2018), Sosa (2017), ein bidirektionales LSTM (Hochreiter & Schmidhuber, 1997) in Kombination mit einem CNN.

Diese Architektur verwenden wir in einem Klassifikator zur Vorhersage der Emotionskomponenten *(Cpm-NN-Base)* und der Emotionen *(Emo-NN-Base)*. Um zu untersuchen, ob nun das Wissen über Emotionskomponenten der Emotionsvorhersage zuträglich ist, vergleichen wir diese einfache Architektur mit einem Emotionsklassifikator, welcher auf die Komponentenvorhersage Zugriff hat *(Emo-Cpm-NN-Pred)* und mit einem Cross-Stitch-Multi-Task-Learning-Modell (Misra

Emotionsklassifikation in Texten unter Berücksichtigung ...

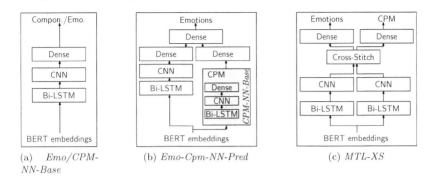

Abb. 2 Neuronale Modellarchitekturen zur Vorhersage von Emotionskomponenten und Emotionen

et al., 2016) *(MTL-XS)*, bei dem Information aus einer Aufgabe genutzt werden kann, um die andere zu lösen.

Diese konfigurierten maschinellen Lernmodelle stellen nun eine große Menge Parameter bereit, welche optimiert werden müssen, um die vorliegende Aufgabenstellung der Zuweisung von Emotionen bzw. Emotionskomponenten zu Text zu lösen. Hierzu teilen wir die vorliegenden Daten in eine Trainingsmenge (zur Optimierung der Parameter) und eine Testmenge (zur Evaluation der Güte des Klassifikators) auf. Die Evaluationsergebnisse sind in Abb. 3 zusammengefasst. Wir sehen hier, dass das Modell, welches die Komponenten nutzt, um Emotionen vorherzusagen *(Emo-Cpm-NN-Pred)*, nicht besser ist als das Modell, welches nur Zugriff auf den Text hat *(Emo-NN-Base)*. Wenn wir die Vorhersage allerdings durch die Annotation ersetzen *(Emo-Cpm-NN-Gold)* sehen wir eine deutliche Verbesserung – die Vorhersage der Komponenten alleine ist also nicht gut genug, um in einer „Pipeline" auch Erfolg zu zeigen. Allerdings sehen wir, dass das Multi-Task-Modell *(MTL-XS)* nahezu die selbe Performanz zeigt wie das Modell, welches auf die Komponentenannotation zugreift. Wir können also festhalten, dass das Wissen um die Emotionskomponenten auch der Emotionsvorhersage zuträglich ist.

3.3 Zusammenfassung

Wir haben nun in diesem Abschnitt auf Basis eines neuen Emotionskorpus gelernt, dass das Emotionskomponentenmodell hilfreich ist, um zu verstehen, wie Emotionen beschrieben werden. Wir wissen auch, dass in sozialen Medien wohl subjektive

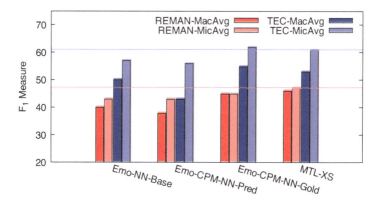

Abb. 3 Ergebnisse der Emotionsklassifikation unter Berücksichtigung der Emotionskomponenten

Beschreibungen häufiger sind als in der Literatur, wobei dort häufiger auf den Ausdruck einer Emotion Bezug genommen wird. In beiden Domänen spielt aber die kognitive Komponente – die Interpretation von Ereignissen – die wichtigste Rolle. Dies führt uns zu dem nächsten Abschnitt, in dem wir vorschlagen, Emotionen durch Appraisaldimensionen zu repräsentieren.

4 Klassifikation von Appraisaldimensionen[3]

Aus diesen Ergebnissen ergibt sich nun die Motivation, insbesondere der Dimension des Appraisals Aufmerksamkeit zu schenken. Uns interessiert jetzt also, wie wir mit komputationellen Mitteln Ereignisse bezüglich ihrer Emotion einordnen können. Ein Beispiel, welches eine solche Einordnung motiviert, ist der Text: „wenn ein Auto ein anderes überholt und ich gezwungen bin von der Straße zu fahren"[4]. Hier wird ein Zwang beschrieben etwas zu tun, was die Person selbst nicht kontrollieren kann und was eher als unangenehm eingeordnet werden dürfte. Hier spielt möglicherweise die generelle Gefahr des Autofahrens eine Rolle, hier dürfte die Person, die den Text verfasst hat, aber vermutlich eher Wut ausdrücken. Ein weiteres Beispiel, aus dem Hatespeech-Korpus von Ross et al. (2016), wäre die Nachricht: „Überall schwangere, muslimische Frauen mit einem Rattenschwanz an Kindern

---

[3] Dieser Abschnitt basiert auf Hofmann et al. (2020, 2021).
[4] Ein Beispiel aus dem Korpus von Troiano et al. (2019), übersetzt aus dem Englischen.

#Islamisierung". Hierbei wird die/der Autor:in möglicherweise von einer wahrgenommenen fehlenden Kontrolle der Situation geleitet, welche in Kombination mit der individuell als nicht angenehm beurteilten Situation potentiell zu Angst führt. Diese Erkenntnis und Schlussfolgerung kann der (automatischen) Erkennung von Hassrede zuträglich sein. Im folgenden Stellen wir also einen Ansatz vor, wie solche Evaluierungen von Situationen in einem automatischen System genutzt werden können.

4.1 Korpusannotation

Zur Analyse solcher Beschreibungen benötigen wir ein Korpus, welches vor allem Ereignisse enthält. Wir stützen uns daher auf das enISEAR-Korpus (Troiano et al., 2019), welches von Troiano et al. in Anlehnung an die ursprüngliche ISEAR-Studie (Scherer & Wallbott, 1997) entwickelt wurde. Troiano und Kollegen haben Teilnehmer:innen in einer Crowdsourcing-Plattform gebeten, zu einer gegebenen Emotion ein Ereignis zu beschreiben, welches diese Emotion hervorgerufen hat. Dies führte zu 1001 englischen Instanzen, welche gleichverteilt für die Emotionen *Wut, Ekel, Angst, Schuld, Freude, Traurigkeit,* and *Scham* generiert wurden. Wir annotieren diese für Appraisal-Dimensionen.

Diese Appraisal-Variablen beziehen wir aus der Studie von Smith und Ellsworth, welche gezeigt haben, dass eine relativ niedrige Dimensionalität ausreicht, um Emotionen zu unterscheiden, dabei aber eine größere Mächtigkeit hat als Modelle des Affekts (Smith & Ellsworth, 1985). Diese Dimensionen sind, (1) wie angenehm ein Ereignis ist (was wahrscheinlich mit Freude auftritt, aber zum Beispiel nicht mit Ekel), (2) wie viel Aufwand aufzubringen ist (zum Beispiel eher hoch bei Angst), (3) wie sicher die erlebende Person ist, was in der Situation geschieht (niedrig bei Überraschung oder Hoffnung), (4) wie viel Aufmerksamkeit die Situation bedarf (z. B. niedrig bei Langeweile), (5) wie viel Verantwortung die Person dafür trägt, was geschieht (hoch für das Gefühl von Herausforderung oder Stolz), und (6) wie viel Kontrolle die Person über die Situation hat (z. B. niedrig im Fall von Wut). Im Gegensatz zu der Originalstudie von Smith und Ellsworth sind bei unserer Annotation Ereignisbeschreibungen zu bewerten, welche nicht selbst erlebte Ereignisse darstellen. Daher vereinfachen wir die Annotation zu einer binären Aufgabe, bei der für jede der Dimensionen zu entscheiden ist, ob sie wahrscheinlich für die beschreibende Person galt oder nicht. Des Weiteren teilen wir die Dimension der Kontrolle in „Umstand" (die Situation konnte von niemandem beeinflusst werden) und die Kontrolle der Person auf. Die von den Annotator:innen zu beantwortenden Fragen waren also (übersetzt aus dem Englischen):

Wahrscheinlich galt für die Person, die das Ereignis beschrieb, zum Zeitpunkt des Ereignisses, dass sie...

- ...dem Ereignis Aufmerksamkeit schenkte. *(Aufmerksamkeit)*
- ...sich sicher war, was geschah. *(Gewissheit)*
- ...physischen oder mentalen Aufwand mit der Situation hatte. *(Aufwand)*
- ...die Situation angenehm fand. *(Annehmlichkeit)*
- ...sich als verantwortlich für das empfand, was geschah. *(Verantwortung)*
- ...die Kontrolle hatte. *(Kontrolle)*
- ...fand, dass das Ereignis von nichts oder niemandem hätte beeinflusst werden können. *(Umstand)*

Jedes Ereignis wurde von drei Annotator:innen markiert, nachdem sie mit Hilfe der Daten aus der Original-ISEAR-Studie (Scherer & Wallbott, 1997) angelernt wurden. Hier wurde eine durchschnittliche Übereinstimmung von Cohen's $\kappa = 0{,}67$ erreicht, wobei festzuhalten ist, dass die Annotator:innen keinen Zugriff auf die Emotionsklasse hatten (wenn sie diese kannten, wurde eine Übereinstimmung $> {,}8$ erreicht, allerdings wäre dies eine Aufgabe, welche nicht einem späteren automatischen System entspräche). Die endgültige Annotation wurde durch einen Mehrheitsbeschluss gebildet, wobei jede:r Annotator:in mit diesem Ergebnis eine Übereinstimmung von $,70 - ,82\kappa$ zeigte. Beispiele für Daten aus unserem Korpus finden sich in Tab. 2.

In Abb. 4 zeigen wir eine aggregierte Statistik der Annotation. Wir sehen, dass die Ergebnisse in weiten Teilen den Erkenntnissen von Smith und Ellsworth entsprechen (Smith & Ellsworth, 1985, siehe Tab. 6). Dies ist ein Indiz dafür, dass die Annotationsaufgabe der Bewertung von durch andere Personen beschriebenen Ereignissen tatsächlich möglich ist. Dies ist eine wichtige Erkenntnis, da ansonsten auch automatische Systeme, welche auf den Daten aufbauten, nur einen fragwürdigen Nutzen hätten.

Die am häufigsten annotierte Klasse ist *Gewissheit*, gefolgt von *Aufmerksamkeit*. *Wut* und *Angst* erfordern *Aufmerksamkeit*, *Schuld* und *Scham* dagegen nicht; *Ekel* und *Wut* zeigen die höchste Assoziation mit *Gewissheit*, im Gegensatz zu *Angst*. *Verantwortung* und *Kontrolle* spielen bei Schuld und Scham die größte Rolle, wobei diese Dimensionen bei Schuld deutlich stärker ausgeprägt sind. *Freude* hängt stark mit *Annehmlichkeit* zusammen. *Angst* hat eine klare Verbindung zu *Aufwand*, gemeinsam mit *Traurigkeit* ist sie auch durch die Abwesenheit von *Kontrolle* gekennzeichnet.

Tab. 2 Beispiele aus unserem Appraisal-Korpus. Wir nennen die geltenden Appraisal-Dimensionen, alle nicht genannten Variablen sind in der Instanz nicht annotiert worden

Emotion	Appraisal	Text
Wut	Aufmerksamkeit Gewissheit	When my neighbour started to throw rubbish in my garden for no reason.
Ekel	Gewissheit	to watch someone eat insects on television.
Angst	Aufmerksamkeit Aufwand Umstand	When our kitten escaped in the late evening and we thought he was lost.
Schuld	Gewissheit Verantwortung Kontrolle	When I took something without paying.
Freude	Aufmerksamkeit Gewissheit Annehmlichkeit Verantwortung	When I found a rare item I had wanted for a long time.
Traurigkeit	Aufmerksamkeit Gewissheit Aufwand Umstand	When my dog died. He was ill for a while. Still miss him.
Scham	Gewissheit Verantwortung	When I remember an embarrassing social faux pas from my teenage years.

4.2 Modellierung

Wir wenden uns nun der Frage zu, ob und wie gut die Appraisaldimensionen automatisch aus Text vorhergesagt werden können.[5] Dazu verwenden wir das vortrainierte Sprachmodell RoBERTa-base (Liu et al., 2019) mit der Abstraktion, wie sie durch ktrain (Maiya, 2020) zur Verfügung gestellt wird. Um bei der verhältnismäßig kleinen Datenmenge ein möglichst zuverlässiges Ergebnis zu erlangen, verwenden wir eine 3×10-fach Kreuzvalidierung und geben die Durchschnittswerte an.

Diese Ergebnisse zeigen wir in einer Zusammenfassung in Abb. 5. Die Performanz, gemessen als F_1, also dem harmonischen Mittel zwischen Vollständigkeit

---

[5] Aus Platzgründen diskutieren wir hier nicht, inwieweit die Appraisalvorhersagen der Emotionsklassifikation zuträglich sind und verweisen die Leser:in auf unsere vorgehende Publikation (Hofmann et al., 2020). Die hier dargestellten Ergebnisse stammen aus den Experimenten, welche wir in Hofmann et al. (2021) durchgeführt haben.

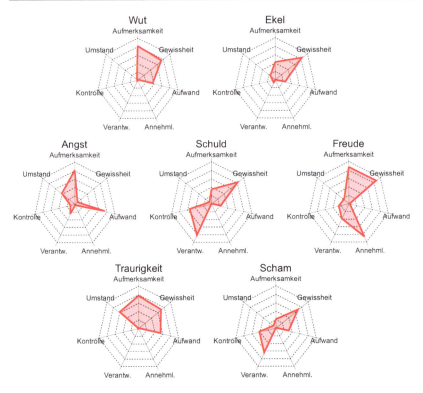

Abb. 4 Ergebnisse der Appraisalannotation

und Genauigkeit, liegt zwischen 0,71 und 0,92 und ist somit für alle Dimensionen zufriedenstellend. Die höheren Werte werden für die Klassen erreicht, welche in den Daten häufiger auftreten, sodass erwartet werden kann, dass die Erstellung größerer Korpora auch zu weiteren Verbesserungen führen dürfte.

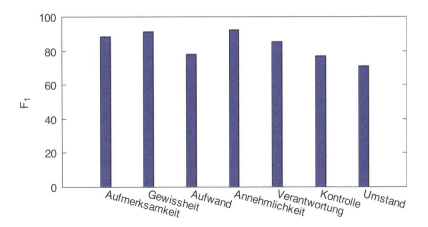

Abb. 5 Ergebnisse der Vorhersage der Appraisaldimensionen mit Hilfe einer 3×10-fach Kreuzvalidierung

4.3 Zusammenfassung

In diesem Abschnitt des Kapitels haben wir nun eine Operationalisierung der kognitiven Komponente von Emotionen vorgestellt. Diese Komponente verknüpft Kognition mit Emotion und stellt somit einen wichtigen Aspekt in der automatischen Analyse dar. Unsere Ergebnisse basieren auf einer manuellen Korpusannotation und einem komputationellen Modell, welches auf maschinellem Lernen basiert. Sowohl die Korpusanalyse als auch die Modellierung zeigen, dass die gewählten Dimensionen eine schlüssige Alternative zu etablierten Emotionsanalyseverfahren darstellen. Diese Repräsentation mit Hilfe der Appraisaldimensionen ist insbesondere für eine automatische Verarbeitung von Ereignisbeschreibungen geeignet, welche, wie wir in Abschn. 3 gesehen haben, besonders häufig in sozialen Medien und in der Literatur auftreten.

Aus der Arbeit von Plaza-del-Arco et al. (2021) wissen wir, dass die Erkennung von Hassrede in sozialen Medien durch Emotionserkennung unterstützt wird, automatische Klassifikationsverfahren also insbesondere eine höhere Abdeckung erreichen und weniger Hassrede unerkannt bleibt. Unsere hier vorgestellten Studien motivieren die Fortsetzung der Arbeiten und die Integration von Appraisaltheorien in Methoden zur Erkennung von Hassrede. Wir erwarten, dass insbesondere die automatische Erkennung von implizit formulierter Hassrede durch diesen Ansatz verbessert werden kann.

5 Fazit

In diesem Kapitel haben wir die Verwendung des Emotionskomponentenprozessmodells und von Appraisaltheorien für die Emotionsanalyse diskutiert und entsprechende Ressourcen und maschinelle Lernverfahren vorgestellt. Wir konnten damit einen Beitrag zu dem Verständnis leisten, wie Emotionen ausgedrückt und (maschinell) erkannt werden. Daraus ergeben sich nun eine Reihe weiterer Forschungsfragen.

Wir haben die Appraisalanalyse in Abschn. 4 mit Hilfe eines dedizierten Korpus von Ereignisbeschreibungen entwickelt. Dies ist für diese isolierte Betrachtung eine sinnvolle Wahl, um genau dieses Phänomen untersuchen zu können. Allerdings ist hiermit noch nicht gezeigt worden, dass die Ereignisbeschreibungen in allgemeineren Korpora, wie solchen, die in Abschn. 3 Verwendung fanden, auch sinnvoll nutzbar sind. Dieser Fragestellung sind wir zum Teil, aber nur mit automatischen Annotationsverfahren, in Hofmann et al. (2021) nachgegangen. Weiterhin offen ist, ob sich mit Hilfe der Appraisalannotation auch eine Verbesserung der Emotionskategorisierung herbeiführen lässt. Dies konnten wir bisher nicht zeigen, erwarten aber, dass die Entwicklung hinreichend großer Textkorpora diesen methodischen Zusammenhang zukünftig sichtbar machen wird (Hofmann et al., 2020). Festzuhalten ist aber allemal, dass die Appraisaldimensionen, und auch die Emotionskomponenten, eine neuartige Perspektive auf die Erlebnisse von Nutzer:innen sozialer Medien und Figuren in literarischen Texten bieten.

Die Emotionsanalyse fand bereits in der Vergangenheit in anderen Aufgaben Anwendung, auch in der Analyse von Hassrede und Beleidungen. Es ist bereits bekannt, dass auf die Ziele von Hassrede mit Hilfe unterschiedlicher Stilmittel referenziert wird, z. B. durch metaphorische Referenzen auf Tiere, Körperteile oder mentale Zustände (Lemmens et al., 2021; Silva et al., 2016). Wir schlagen hier vor, dem Ausdruck der Emotion weitere Aufmerksamkeit zu schenken, da auch hier implizite Formulierungen verwendet werden könnten, zum Beispiel Beschreibungen von Ereignissen. Dies ist auch aus Sicht der Definition von Hassrede schlüssig: Hassrede enthält häufig einen Aufruf zu Taten. Diese beschriebenen Aktionen stellen Ereignisse dar, welche bezüglich ihrer emotionalen Wirkung berücksichtigt werden müssen. Es sollten also Textkorpora erstellt werden, welche zur Untersuchung dienen, wie die Emotion in der Hassrede kommuniziert wird (z. B. in Anlehnung an unsere Komponentenanalyse in Abschn. 3) und welche Bewertungen dieser durch die Autor:innen und Adressaten der Beleidigungen und Hassreden durchgeführt werden (z. B. in Anlehnung an unsere Appraisalanalysen in Abschn. 4).

Danksagung Wir bedanken uns bei unseren Koautor:innen vorhergehender Arbeiten, welche zum Teil in dieses Kapitel eingeflossen sind, insbesondere bei Enrica Troiano, Laura Oberländer, Felix Casel, Amelie Heindl, Jan Hofmann und Kai Sassenberg. Diese Arbeit wurde durch die Deutsche Forschungsgemeinschaft unterstützt (Projekte SEAT, KL 2869/1-1 und CEAT, KL 2869/1-2).

Literatur

Abdul-Mageed, M., & Ungar, L. (2017). Emonet: Fine-grained emotion detection with gated recurrent neural networks. In *Proceedings of the 55th Annual Meeting of the Association for Computational Linguistics (Volume 1: Long Papers)*, Vancouver, Canada (S. 718–728). Association for Computational Linguistics. http://dx.doi.org/10.18653/v1/P17-1067.

Alm, C.O., Roth, D., & Sproat, R. (2005). Emotions from text: Machine learning for text-based emotion prediction. In *Proceedings of Human Language Technology Conference and Conference on Empirical Methods in Natural Language Processing*, Vancouver, British Columbia, Canada (S. 579–586). Association for Computational Linguistics. http://dx.doi.org/10.3115/1220575.1220648.

Aman, S., & Szpakowicz, S. (2007). Identifying expressions of emotion in text. In *International Conference on Text, Speech and Dialogue* (S. 196–205). Springer. http://dx.doi.org/10.1007/978-3-540-74628-7_27.

Bostan, L. A. M., & Klinger, R. (2018). An analysis of annotated corpora for emotion classification in text. In *Proceedings of the 27th International Conference on Computational Linguistics*, Santa Fe, New Mexico, USA. (S. 2104–2119). Association for Computational Linguistics.

Buechel, S., Hellrich, J., & Hahn, U. (2016). Feelings from the Past—Adapting affective lexicons for historical emotion analysis. In *Proceedings of the Workshop on Language Technology Resources and Tools for Digital Humanities (LT4DH)*, Osaka, Japan (S. 54–61). The COLING 2016 Organizing Committee.

Buechel, S., & Hahn, U. (2017b). EmoBank: Studying the impact of annotation perspective and representation format on dimensional emotion analysis. In *Proceedings of the 15th Conference of the European Chapter of the Association for Computational Linguistics: Volume 2, Short Papers*, Valencia, Spain (S. 578–585). Association for Computational Linguistics.

Buechel, S., & Hahn, U. (2017a). EmoBank: Studying the impact of annotation perspective and representation format on dimensional emotion analysis. *Proceedings of the 15th Conference of the European Chapter of the Association for Computational Linguistics: Volume 2, Short Papers*, Valencia, Spain (S. 578–585). Association for Computational Linguistics.

Buechel, S., Modersohn, L., & Hahn, U. (2021). Towards label-agnostic emotion embeddings. In *Proceedings of the 2021 Conference on Empirical Methods in Natural Language Processing*, Online and Punta Cana, Dominican Republic (S. 9231–9249). Association for Computational Linguistics. http://dx.doi.org/10.18653/v1/2021.emnlp-main.728.

Campero, A., Felbo, B., Tenenbaum, J. B., & Saxe, R. (2017). A first step in combining cognitive event features and natural language representations to predict emotions. In *Conference on Cognitive Computational Neuroscience*.

Casel, F., Heindl, A., & Klinger, R. (2021). Emotion recognition under consideration of the emotion component process model. In *Proceedings of the 17th Conference on Natural Language Processing (KONVENS 2021)*, Düsseldorf, Germany (S. 49–61). KONVENS 2021 Organizers.

Cevher, D., Zepf, S., & Klinger, R. (2019). Towards multimodal emotion recognition in german speech events in cars using transfer learning. In *Proceedings of the 15th Conference on Natural Language Processing (KONVENS 2019): Long Papers*, Erlangen, Germany (S. 79–90). German Society for Computational Linguistics & Language Technology.

Chen, N., & Wang, P. (2018). Advanced combined LSTM-CNN model for Twitter sentiment analysis. In *2018 5th IEEE International Conference on Cloud Computing and Intelligence Systems (CCIS)* (S. 684–687). http://dx.doi.org/10.1109/CCIS.2018.8691381.

Clore, G. L., & Ortony, A. (2013). Psychological construction in the OCC model of emotion. *Emotion Review, 5*(4), 335–343.

Devlin, J., Chang, M. W., Lee, K., & Toutanova, K. (2019). BERT: Pre-training of deep bidirectional transformers for language understanding. In *Proceedings of the 2019 Conference of the North American Chapter of the Association for Computational Linguistics: Human Language Technologies, Volume 1 (Long and Short Papers)*, Minneapolis, Minnesota (S. 4171–4186). Association for Computational Linguistics. http://dx.doi.org/10.18653/v1/N19-1423.

Ekman, P. (1992). An argument for basic emotions. *Cognition & Emotion, 6*(3–4), 169–200. http://dx.doi.org/10.1080/02699939208411068.

Felbo, B., Mislove, A., Søgaard, A., Rahwan, I., & Lehmann, S. (2017). Using millions of emoji occurrences to learn any-domain representations for detecting sentiment, emotion and sarcasm. In *Proceedings of the 2017 Conference on Empirical Methods in Natural Language Processing*, Copenhagen, Denmark (S. 1615–1625). Association for Computational Linguistics. http://dx.doi.org/10.18653/v1/D17-1169.

Gendron, M., Roberson, D., van der Vyver, J. M., & Feldman Barrett, L. (2014). Perceptions of emotion from facial expressions are not culturally universal: Evidence from a remote culture. *Emotion, 14*(2), 251–262. http://dx.doi.org/10.1037/a0036052.

Hochreiter, S., & Schmidhuber, J. (1997). Long short-term memory. *Neural Computation, 9*(8), 1735–1780. http://dx.doi.org/10.1162/neco.1997.9.8.1735.

Hofmann, J., Troiano, E., Sassenberg, K., & Klinger, R. (2020). Appraisal theories for emotion classification in text. In *Proceedings of the 28th International Conference on Computational Linguistics*, Barcelona, Spain (Online) (S. 125–138). International Committee on Computational Linguistics. http://dx.doi.org/10.18653/v1/2020.coling-main.11.

Hofmann, J., Troiano, E., & Klinger, R. (2021). Emotion-aware, emotion-agnostic, or automatic: Corpus creation strategies to obtain cognitive event appraisal annotations. In *Proceedings of the Eleventh Workshop on Computational Approaches to Subjectivity, Sentiment and Social Media Analysis*, Online (S. 160–170). Association for Computational Linguistics.

Izard, C. E. (1971). *The face of emotion*. Appleton-Century-Crofts.

Kim, E., Padó, S., & Klinger, R. (2017). Investigating the relationship between literary genres and emotional plot development. In *Proceedings of the Joint SIGHUM Workshop on Computational Linguistics for Cultural Heritage, Social Sciences, Humanities and Literature*, Vancouver, Canada (S. 17–26). Association for Computational Linguistics.

Kim, E., & Klinger, R. (2018). Who feels what and why? annotation of a literature corpus with semantic roles of emotions. In *Proceedings of the 27th International Conference on Computational Linguistics* (S. 1345–1359). Association for Computational Linguistics.

Kim, E., & Klinger, R. (2019). An analysis of emotion communication channels in fan-fiction: Towards emotional storytelling. In *Proceedings of the Second Workshop on Storytelling*, Florence, Italy (S. 56–64). Association for Computational Linguistics. http://dx.doi.org/10.18653/v1/W19-3406.

Klinger, R., De Clercq, O., Mohammad, S., & Balahur, A. (2018). IEST: WASSA-2018 implicit emotions shared task. In *Proceedings of the 9th Workshop on Computational Approaches to Subjectivity, Sentiment and Social Media Analysis*, Brussels, Belgium (S. 31–42). Association for Computational Linguistics. http://dx.doi.org/10.18653/v1/W18-6206.

Lemmens, J., Markov, I., & Daelemans, W. (2021). Improving hate speech type and target detection with hateful metaphor features. In *Proceedings of the Fourth Workshop on NLP for Internet Freedom: Censorship, Disinformation, and Propaganda*, Online (S. 7–16). Association for Computational Linguistics.

Li, Y., Su, H., Shen, X., Li, W., Cao, Z., & Niu, S. (2017). DailyDialog: A manually labelled multi-turn dialogue dataset. In *Proceedings of the Eighth International Joint Conference on Natural Language Processing (Volume 1: Long Papers)*, Taipei, Taiwan (S. 986–995). Asian Federation of Natural Language Processing.

Liu, Y., Ott, M., Goyal, N., Du, J., Joshi, M., Chen, D., Levy, O., Lewis, M., Zettlemoyer, L., & Stoyanov, V. (2019). RoBERTa: A robustly optimized bert pretraining approach. ArXiv.

Maiya, A. S. (2020). ktrain: A low-code library for augmented machine learning. http://arxiv.org/abs/2004.10703.

Misra, I., Shrivastava, A., Gupta, A., & Hebert, M. (2016). Cross-stitch networks for multi-task learning. In *Proceedings of the IEEE Conference on Computer Vision and Pattern Recognition* (S. 3994–4003).

Mohammad, S. (2012). #emotional tweets. In **SEM 2012: The First Joint Conference on Lexical and Computational Semantics – Volume 1: Proceedings of the main conference and the shared task, and Volume 2: Proceedings of the Sixth International Workshop on Semantic Evaluation (SemEval 2012)*, Montréal, Canada (S. 246–255). Association for Computational Linguistics.

Mohammad, S., Zhu, X., & Martin, J. (2014). Semantic role labeling of emotions in tweets. In *Proceedings of the 5th Workshop on Computational Approaches to Subjectivity, Sentiment and Social Media Analysis*, Baltimore, Maryland (S. 32–41). Association for Computational Linguistics. http://dx.doi.org/10.3115/v1/W14-2607.

Mohammad, S. & Bravo-Marquez, F. (2017). WASSA-2017 shared task on emotion intensity. In *Proceedings of the 8th Workshop on Computational Approaches to Subjectivity, Sentiment and Social Media Analysis*, Copenhagen, Denmark (S. 34–49). Association for Computational Linguistics. http://dx.doi.org/10.18653/v1/W17-5205.

Mohammad, S., Bravo-Marquez, F., Salameh, M., & Kiritchenko, S. (2018). SemEval-2018 task 1: Affect in tweets. In *Proceedings of The 12th International Workshop on Semantic Evaluation*, New Orleans, Louisiana (S. 1–17). Association for Computational Linguistics. http://dx.doi.org/10.18653/v1/S18-1001.

Mohammad, S. M., & Turney, P. D. (2012). Crowdsourcing a word-emotion association lexicon. *Computational Intelligence, 29*(3), 436–465.

Mohammad, S. M., Sobhani, P., & Kiritchenko, S. (2017). Stance and sentiment in tweets. *ACM Transactions on Internet Technology, 17*(3), 1–23.

Mohammad, S. M. (2018). Obtaining reliable human ratings of valence, arousal, and dominance for 20,000 english words. In *Proceedings of The Annual Conference of the Association for Computational Linguistics (ACL)*, Melbourne, Australia.

Oberländer, L. A. M., & Klinger, R. (2020). Token sequence labeling vs. clause classification for English emotion stimulus detection. In *Proceedings of the Ninth Joint Conference on Lexical and Computational Semantics*, Barcelona, Spain (Online) (S. 58–70). Association for Computational Linguistics.

Pennebaker, J. W., Francis, M. E., & Booth, R. J. (2001). Linguistic inquiry and word count: Liwc 2001. *Mahway: Lawrence Erlbaum Associates, 71,* 2001.

Picard, R. (1997). *Affective computing.* MIT Press.

Plaza-del-Arco, F. M., Halat, S., Padó, S., & Klinger, R. (2021). Multi-task learning with sentiment, emotion, and target detection to recognize hate speech and offensive language. http://arxiv.org/abs/2109.10255.

Plutchik, R. (2001). The nature of emotions: Human emotions have deep evolutionary roots, a fact that may explain their complexity and provide tools for clinical practice. *American Scientist, 89*(4), 344–350.

Preoţiuc-Pietro, D., Schwartz, H. A., Park, G., Eichstaedt, J., Kern, M., Ungar, L., & Shulman, E. (2016). Modelling valence and arousal in Facebook posts. In *Proceedings of the 7th Workshop on Computational Approaches to Subjectivity, Sentiment and Social Media Analysis*, San Diego, California (S. 9–15). Association for Computational Linguistics. http://dx.doi.org/10.18653/v1/W16-0404.

Rajamanickam, S., Mishra, P., Yannakoudakis, H., & Shutova, E. (2020). Joint modelling of emotion and abusive language detection. In *Proceedings of the 58th Annual Meeting of the Association for Computational Linguistics*, Online (S. 4270–4279). Association for Computational Linguistics. http://dx.doi.org/10.18653/v1/2020.acl-main.394.

Ross, B., Rist, M., Carbonell, G., Cabrera, B., Kurowsky, N., & Wojatzki, M. (2016). sep. Measuring the Reliability of Hate Speech Annotations: The Case of the European Refugee Crisis. In *Proceedings of NLP4CMC III: 3rd Workshop on Natural Language Processing for Computer-Mediated Communication*. M. Beißwenger, M. Wojatzki, und T. Zesch (Hg.), Volume 17 of *Bochumer Linguistische Arbeitsberichte*, Bochum (S. 6–9).

Rosso, P., Rangel, F., Farías, I. H., Cagnina, L., Zaghouani, W., & Charfi, A. (2018). A survey on author profiling, deception, and irony detection for the arabic language. *Language and Linguistics Compass, 12*(4), e12275. http://dx.doi.org/10.1111/lnc3.12275.

Russell, J., & Mehrabian, A. (1977). Evidence for a three-factor theory of emotions. *Journal of Research in Personality, 11*(3), 273–294.

Sarawagi, S. (2008). *Information extraction.* Now Publishers.

Scarantino, A. (2008). The philosophy of emotions and its impact on affective science. In J. H.-J. M. Lewis & L. F. Barrett (Hrsg), *Handbook of emotions* (S. 3–48). Guilford Press.

Scherer, K. R. & Wallbott, H. G. (1997). The ISEAR questionnaire and codebook. Geneva Emotion Research Group.

Scherer, K. R., Schorr, A., & Johnstone, T. (2001). *Appraisal processes in emotion: Theory, methods, research.* Oxford University Press.

Scherer, K. R. (2005). What are emotions? And how can they be measured? *Social Science Information, 44*(4), 695–729. http://arxiv.org/abs/10.1177/0539018405058216, http://dx.doi.org/10.1177/0539018405058216.

Scherer, K. R. (2009). Emotions are emergent processes: They require a dynamic computational architecture. *Philosophical Transactions of the Royal Society B, 364*(1535), 3459–3474. http://dx.doi.org/10.1098/rstb.2009.0141.

Schuff, H., Barnes, J., Mohme, J., Padó, S., & Klinger, R. (2017). Annotation, modelling and analysis of fine-grained emotions on a stance and sentiment detection corpus. In *Proceedings of the 8th Workshop on Computational Approaches to Subjectivity, Sentiment and Social Media Analysis*, Copenhagen, Denmark (S. 13–23). Association for Computational Linguistics. http://dx.doi.org/10.18653/v1/W17-5203.

Shaikh, M. A. M., Prendinger, H., & Ishizuka, M. (2009). A linguistic interpretation of the OCC emotion model for affect sensing from text. In J. Tao & T. Tan (Hrsg), *Affective information processing* (Bd. 4, S. 45–73). Springer. http://dx.doi.org/10.1007/978-1-84800-306-4_4.

Silva, L., Mondal, M., Correa, D., Benevenuto, F., & Weber, I. (2016). Analyzing the targets of hate in online social media. In *Proceedings of the International AAAI Conference on Web and Social Media* (S. 687–690).

Smith, C. A., & Ellsworth, P. C. (1985). Patterns of cognitive appraisal in emotion. *Journal of Personality and Social Psychology, 48*(4), 813–838.

Sosa, P. M. (2017). Twitter sentiment analysis using combined LSTM-CNN models. ArXiv.

Strapparava, C., & Valitutti, A. (2004). WordNet affect: an affective extension of WordNet. In *Proceedings of the Fourth International Conference on Language Resources and Evaluation (LREC'04)*, Lisbon, Portugal. European Language Resources Association (ELRA).

Strapparava, C., & Mihalcea, R. (2007). SemEval-2007 task 14: Affective text. In *Proceedings of the Fourth International Workshop on Semantic Evaluations (SemEval-2007)*, Prague, Czech Republic (S. 70–74). Association for Computational Linguistics.

Tooby, J. & Cosmides, L. (2008). The evolutionary psychology of the emotions and their relationship to internal regulatory variables. In J. H.-J. M. Lewis & L. F. Barrett (Hrsg), *Handbook of emotions* (S. 114–137). Guilford Press.

Troiano, E., Padó, S., & Klinger, R. (2019). Crowdsourcing and validating event-focused emotion corpora for German and English. In *Proceedings of the 57th Annual Meeting of the Association for Computational Linguistics*, Florence, Italy (S. 4005–4011). Association for Computational Linguistics. http://dx.doi.org/10.18653/v1/P19-1391.

van Meel, J. M. (1995). Representing emotions in literature and paintings: A comparative analysis. *Poetics, 23*(1), 159–176. (Emotions and Cultural Products). http://dx.doi.org/10.1016/0304-422X(94)00013-V.

Xia, R., & Ding, Z. (2019). Emotion-cause pair extraction: A new task to emotion analysis in texts. In *Proceedings of the 57th Annual Meeting of the Association for Computational Linguistics*, Florence, Italy (S. 1003–1012). Association for Computational Linguistics. http://dx.doi.org/10.18653/v1/P19-1096.

Open Access Dieses Kapitel wird unter der Creative Commons Namensnennung 4.0 International Lizenz (http://creativecommons.org/licenses/by/4.0/deed.de) veröffentlicht, welche die Nutzung, Vervielfältigung, Bearbeitung, Verbreitung und Wiedergabe in jeglichem Medium und Format erlaubt, sofern Sie den/die ursprünglichen Autor(en) und die Quelle ordnungsgemäß nennen, einen Link zur Creative Commons Lizenz beifügen und angeben, ob Änderungen vorgenommen wurden.

Die in diesem Kapitel enthaltenen Bilder und sonstiges Drittmaterial unterliegen ebenfalls der genannten Creative Commons Lizenz, sofern sich aus der Abbildungslegende nichts anderes ergibt. Sofern das betreffende Material nicht unter der genannten Creative Commons Lizenz steht und die betreffende Handlung nicht nach gesetzlichen Vorschriften erlaubt ist, ist für die oben aufgeführten Weiterverwendungen des Materials die Einwilligung des jeweiligen Rechteinhabers einzuholen.

Die Regulierung von Internetinhalten am Beispiel Hassrede: Ein Forschungsüberblick

Wolf J. Schünemann und Stefan Steiger

1 Einleitung

Digitale Kommunikation und politische Regulierung stehen in einem grundlegenden Spannungsverhältnis. Dezentralität, Transnationalität und weitgehend privatwirtschaftliche Trägerschaft als wesentliche Merkmale der Internetarchitektur sowie die relative Anonymität der Netzwerkkommunikation fordern hergebrachte Strukturen und Routinen der Regulierung heraus. Zudem bildet die freie Rede eine wesentliche Wertegrundlage und ein normatives Ideal für viele Gesellschaften und Regierungen (insb. demokratische) in der gesamten Welt. Das Internet und seine grundlegend freiheitliche Anlage und Architektur haben diese Werteorientierung in den vergangenen Jahrzehnten noch verstärkt und zur globalen Verbreitung entsprechender Geltungsansprüche – wie auch normativer und institutioneller Widerstände (s. etwa China) – beigetragen. So beobachten wir aktuell neue und flexible Formen der Governance, insbesondere wenn es um die Regulierung von Internetinhalten geht. Gerade auf diesem Feld ist die Spannung zwischen einem wachsenden gesellschaftlichen Problemdruck und beschränkten Handlungsspielräumen für klassische Regulierungsakteure besonders deutlich geworden. Gleichzeitig wachsen allerdings die Sorgen, dass die neuartigen Arrangements der Ko- und Selbstregulierung mit zentraler Rolle für große Plattformen aufgrund intransparenter Praktiken, algorithmengestützter

---

W. J. Schünemann
Institut für Sozialwissenschaften, Universität Hildesheim, Hildesheim, Deutschland
E-Mail: wolf.schuenemann@uni-hildesheim.de

S. Steiger (✉)
Universitätsrechenzentrum, Universität Heidelberg, Heidelberg, Deutschland
E-Mail: stefan.steiger@urz.uni-heidelberg.de

© Der/die Autor(en) 2023
S. Jaki und S. Steiger (Hrsg.), *Digitale Hate Speech*,
https://doi.org/10.1007/978-3-662-65964-9_8

Filterung und Steuerung normative Standards demokratischer Governance eher noch unterlaufen als sie zu stützen. Anders als in früheren Phasen der Internetentwicklung, als euphorische Erwartungen im Hinblick auf die politische Teilhabe, die demokratische Diskursqualität und die grenzüberschreitende Kommunikation überwogen und diese Chancen mit der relativ geringen Regelungsdichte und Staatsferne der Internettechnologie begründet wurden (Benkler, 2006; Rheingold, 1994), wird seit einigen Jahren vermehrt über die Schattenseiten digitaler Kommunikation debattiert (Kneuer, 2013). Dabei nehmen Sorgen vor der Verbreitung von Hassrede, Hetze und extremistischen Inhalten sowie ihren schädlichen Wirkungen auf das gesellschaftliche Leben und den demokratischen Diskurs einen prominenten Platz ein. Diese haben in den vergangenen Jahren zunehmend die Aufmerksamkeit von politischen Entscheidungsträger*innen gewonnen und zu verstärkten Regulierungsbemühungen auf verschiedenen Ebenen geführt. Der eingeleitete Wandel in der politischen Regulierungspraxis hat auch in der wissenschaftlichen Bearbeitung neue Schwerpunktsetzungen hervorgerufen. Im vorliegenden Beitrag möchten wir einen kombinierten Überblick über einige zentrale Tendenzen und Trends der Regulierungspraxis sowie ihrer wissenschaftlichen Bearbeitung bieten.

Zunächst einmal blicken wir auf den grundlegenden Paradigmenwechsel, der sich in der liberaldemokratischen Internetregulierung andeutet (2). Danach diskutieren wir die chronologisch wie disziplinär unterscheidbaren Forschungsstränge entlang von drei Stationen mit konkretem Bezug zur Hassrede (3). Im Anschluss daran wenden wir uns den Regulationsaktivitäten zu, zuerst mit Blick auf die Regeldefinition (4), dann im Hinblick auf die Verfolgungs- und Sanktionspraxis (5). Unser Fokus liegt auf Hassrede als Regulierungsgegenstand. Allerdings lassen sich politische Trends, Regulierungsbemühungen sowie ihre wissenschaftliche Bearbeitung nicht immer auf diesen Gegenstand verengen, sondern er fällt als prominentes und aktuell besonders virulentes Beispiel in das weitere Feld der Regulierung von Internetinhalten.[1]

---

[1] Unter Internetinhalteregulierung sind alle Regelungen, Praktiken und technischen Maßnahmen zu verstehen, die darauf zielen, Internetinhalte, die als schädlich wahrgenommen werden, unzugänglich oder unsichtbar zu machen bzw. sie zu entfernen. Damit kann also auch die Sperrung von Internetseiten und -diensten sowie die Sperrung von Nutzerkonten eingeschlossen sein, wenn das Regulationsziel den jeweiligen Content betrifft.

2 Der Ruf nach verantwortlichen Plattformen und das Ende des Internetexzeptionalismus?

Die oben beschriebenen Trends zu vermehrten Regulierungsforderungen und gesteigerter Regulationspraxis in Bezug auf Inhalte der Online-Kommunikation haben auch demokratische Systeme erfasst (s. etwa die jährlichen Berichte Freedom on the Net, Freedom House, 2021). Dabei ist das eingangs genannte Spannungsverhältnis („the inherent tension") für liberale Demokratien besonders groß, weil jeder Eingriff in die Online-Kommunikation gegen das für den demokratischen Regimetyp konstitutive Recht auf freie Meinungsäußerung und Information sorgsam abgewogen werden muss (Schejter & Han, 2011, S. 248). Der für demokratische Medienpolitik so typische, normativ begründete „bias against control" (McQuail, 2010, S. 234) ist zudem in den zurückliegenden Jahrzehnten, also parallel zur Internetentwicklung, durch die gründliche Liberalisierung auch der klassischen Medienmärkte eher noch vergrößert worden. Im Ergebnis weist die Regulierung des Internets und der digitalen Kommunikation erhebliche Besonderheiten gegenüber der medienpolitischen Regelungsdichte und den Kontrollinstanzen von Presse, Rundfunk und Fernsehen auf. Dazu zählt im Wesentlichen das sogenannte Haftungsprivileg, das besagt, dass solche Inhalteanbieter im Internet, die selbst nicht Hersteller der verbreiteten Inhalte sind, sondern nur als Plattformen für den Austausch von Inhalten Dritter fungieren, nicht für die veröffentlichten Inhalte in Haftung genommen werden können. Diese Grundregel, wie sie in der US-amerikanischen Telekommunikationsregulierung seit 1996 verankert ist (Communications Decency Act) und die Internetregulierung zumindest innerhalb des westlichen Internetökosystems prägt, gilt als Grundbedingung für die dynamische Kommerzialisierung, die Kommunikationsfreiheit und die Innovationskraft des Internets. Aus Regulationsperspektive haben Beobachter*innen in der Vergangenheit in diesem Zusammenhang auch vom „Internetexzeptionalismus" (Wu, 2010) gesprochen.

Aktuell lässt sich auch für liberale Demokratien ein regulatorischer Paradigmenwechsel beobachten. Er setzt bei den großen Plattformen an, die als zentrale Infrastrukturanbieter kritische Funktionen für moderne Gesellschaften, insbesondere auch im Hinblick auf die öffentliche und politische Kommunikation, übernommen haben (Van Dijck et al., 2018) und damit für die beklagten Phänomene gesellschaftlicher Polarisierung und der Verrohung des demokratischen Diskurses mitverantwortlich gemacht werden können. Aus dieser Beobachtung und Verantwortungszuschreibung sind in vielen Ländern gesetzgeberische Reformen hervorgegangen, die die Regeln für eine bedingte

Haftung von Plattformen festlegen. Unter den liberalen Demokratien kann insbesondere Deutschland als Vorreiterin gelten. Denn in Deutschland führten die Bedenken über die Folgen von Hassrede und Extremismus im Netz – bspw. die begünstigende Wirkung auf politische Gewalt (Müller & Schwarz, 2021) – zu einer Folge von Gesetzesnovellen, die die Betreiber sozialer Medien 2017 zunächst zur Löschung strafbarer Inhalte (Netzwerkdurchsetzungsgesetz, kurz: NetzDG) und schließlich 2020 zu deren Meldung verpflichtet haben (Gesetz zur Bekämpfung des Rechtsextremismus und der Hasskriminalität). Insbesondere das NetzDG ist international viel beachtet (und auch mit Kritik bedacht) worden. An seinem Vorbild haben sich andere Länder in ihrer Rechtsetzung orientiert, wie etwa Frankreich. Auch der im Dezember 2020 von der EU präsentierte und mit großen Erwartungen begleitete Verordnungsentwurf zu einem Digital Services Act, also einer grundlegenden europäischen Rechtsetzung im Hinblick auf digitale Dienste, macht Anleihen am Beispiel des NetzDG. So etwa im Hinblick auf die Löschpflichten nach Meldung (notice-and-takedown), die Transparenz und Aufsicht der Content-Moderation auf Seiten der Plattformen sowie das Beschwerdemanagement (Schünemann, 2021).

Selbst in den USA gerät das Haftungsprivileg nach Section 230 des Communications Act zunehmend unter Druck. Diese Entwicklung ist in verschiedener Hinsicht bemerkenswert und kann bedeutende Folgen auch für die Internetentwicklung weltweit zeitigen, denn die Vereinigten Staaten zeichnen sich im internationalen Vergleich durch einen besonderen Schutz der freien Rede aus, die im Verfassungsrecht an zentraler Stelle (1st Amendment) verankert ist und traditionell von Politik und Justiz verteidigt wird. Gerade in Bezug auf das Internet, die Freiheit von staatlicher Regulierung und die Innovationskraft von Internetunternehmen haben die USA in der Vergangenheit einen entschieden liberalen Ansatz vertreten und gegen Tendenzen zur Einschränkung der Internetfreiheit in anderen – insbesondere autokratischen – Staaten verteidigt. Aufgrund der von den USA ausgegangenen Internetentwicklung, seiner Marktmacht und der klaren Dominanz US-amerikanischer Plattformanbieter für das westliche Internetökosystem nehmen die USA weiterhin eine besonders prägende Rolle für die digitalpolitische Governance ein. Eine partielle Reform des Haftungsprivilegs ist für die aktuelle Legislaturperiode wahrscheinlich. Nicht allein im zurückliegenden Präsidentschaftswahlkampf war zu beobachten, wie dieses Fundament der Internetregulierung von beiden konkurrierenden Lagern infrage gestellt und als reformbedürftig charakterisiert wurde. Hassrede und Hetze in Online-Medien spielen dabei als besonders dringlich wahrgenommene Regulationsgegenstände und Rechtfertigungen für Eingriffe in die Kommunikationsfreiheit eine zunehmend wichtige Rolle. Dies zeigen etwa die dramatischen Entwicklungen anlässlich der zurückliegenden Präsidentschaftswahl, insbesondere die Erstürmung des Kapitols Anfang Januar 2021, die verschiedene Plattformen ihrerseits zu Reaktionen veranlasst und zugleich auch die politische Reformnotwendigkeit unterstrichen haben. Auch die im Herbst 2021 veröffentlichten Dokumente der Whistleblowerin Frances Haugen zum Umgang des Plattformbetreibers Facebook mit Hassrede und anderen schädlichen Inhalten[2] haben den Druck auf die politischen Akteure verstärkt, effektive Regulierungsmaßnahmen zu ergreifen oder auf Seiten der Plattformen herbeizuführen.

Vor diesem Hintergrund stellt sich die in der Vergangenheit immer wieder diskutierte Frage nach der Zukunft des ‚Internetexzeptionalismus' im Hinblick auf Möglichkeiten, Formen und Ausmaße medienpolitischer Regulierung (Wu, 2010) in neuer Aktualität: Vollzieht die digitalpolitische Regulierung derzeit einen Paradigmenwechsel? Ist für die digitale Kommunikation eine medienpolitische Normalisierung im Vergleich zu anderen Kommunikationsmedien zu erwarten oder bleibt die Governance digitaler Medien eine Sphäre mit eigenen Gesetzlichkeiten und spezifischen Governance-Formaten? Für diese Fragen hat die Regulierung von Online-Hassrede eine entscheidende Bedeutung. Sie steht entsprechend im Mittelpunkt der folgenden Abschnitte.

3 Definition von Hassrede unter besonderer Berücksichtigung der digitalen Konstellation

Linguistische und computerlinguistische Ansätze zur Erkennung von Hassrede gehen vielfach von einer weiteren Definition von Hassrede im Sinne von „offensive speech" aus, als es aus politiktheoretischer Perspektive normativ geboten und aus regulatorischer Sicht praktikabel scheint. Letztere Perspektiven beschränken sich in der Regel auf die inhaltliche Dimension von Hassrede und einige kontextuelle Faktoren (Medienumgebung, Textsorte etc.), die eine differenzierte Bewertung erfordern (vgl. Sirsch, 2013, S. 167 f.).

Bestehende gesetzliche Regelungen zum Umgang mit Hassrede spiegeln die definitorische Engführung grundsätzlich wider und unterscheiden zumeist auf der inhaltlichen Ebene zwischen persönlichen und gruppenbezogenen Äußerungen von Hass, wobei allerdings verschiedene Kontextfaktoren wie die Unterscheidung

---

[2] Die sog. *facebook files* wurden im Wall Street Journal veröffentlicht, URL: https://www.wsj.com/articles/the-facebook-files-11631713039. 18.12.2021.

öffentlicher und privater Kommunikation oder etwa satirischer und künstlerischer Formate Differenzierungspotential bieten und Rechtfertigungsgründe darstellen können. Zudem wird auch der potenzielle Schaden eines Kommunikationsvorgangs bemessen. Viele gesetzliche Regelungen legen daher bspw. fest, dass Hate Speech geeignet sein müsse, den öffentlichen Frieden zu stören, bspw. § 130 StGB:

(1) Wer in einer Weise, die geeignet ist, den öffentlichen Frieden zu stören,
gegen eine nationale, rassische, religiöse oder durch ihre ethnische Herkunft bestimmte Gruppe, gegen Teile der Bevölkerung oder gegen einen Einzelnen wegen seiner Zugehörigkeit zu einer vorbezeichneten Gruppe oder zu einem Teil der Bevölkerung zum Hass aufstachelt, zu Gewalt- oder Willkürmaßnahmen auffordert […]
wird mit Freiheitsstrafe von drei Monaten bis zu fünf Jahren bestraft.

Nach Einschätzung von Kritiker*innen werden diese etablierten Differenzierungen durch digitale Kommunikationsformen herausgefordert (Bakalis, 2016, S. 266). Grundlegend sind aus dieser Perspektive daher sowohl neue graduelle Unterscheidungen zwischen privaten und öffentlichen Kommunikationsvorgängen zu etablieren als auch zusätzlich Überlegungen zur transnationalen Dynamik von Hate Speech und deren schädlicher Wirkung anzustellen.

Grundlegende Überlegungen zur Besonderheit von digitaler Hassrede aus philosophisch-ethischer und rechtlicher Perspektive thematisieren sowohl die Verbreitung und Exposition als auch die potentielle Wirkung. So sei zunächst die Exposition gegenüber Hate Speech in der digitalen Sphäre schwerer zu kalkulieren, da auf Plattformen sehr heterogene Gruppen interagieren und nicht bei jedem Klick vorhersehbar sei, welche Inhalte folgen können (Bakalis, 2016, S. 267).

Mit der (geografischen) Distanz zwischen Täter*innen und Opfern nehme zudem die Wahrscheinlichkeit ab, dass sich bei persönlicher Interaktion Mitgefühl oder Sympathie einstellen könnten (Brown, 2015, S. 134 f.). Dies trifft zwar auf alle Formen vermittelter Kommunikation zu und ist damit kein genuines Merkmal der Digitalisierung. Allerdings haben vermittelte Formen durch die Digitalisierung einen neuen Stellenwert für die interpersonelle Kommunikation erlangt. In diesem Kontext werden in der demokratietheoretischen Literatur seit langer Zeit die schädlichen Wirkungen der relativen Anonymität von Kommunikationspartner*innen im Netz diskutiert, wobei ein vergleichsweise offensives, polarisierendes und extremes Diskursverhalten erwartet wird (Barber, 2001, S. 216). Entgegen den in den 1990er und 2000er Jahren noch verbreiteten euphorischen Positionen und demokratischen Versprechen (Rheingold, 1994), wurden die Chancen für demokratische Deliberation mithin von einem skeptischen Lager als schlecht eingeschätzt. So heißt es etwa bei Buchstein (Buchstein, 1996, S. 601): „[d]er Umgang im Netz ist rauher und barscher geworden, die Anonymität wirkt zumeist als Schutzschild für verbale Grausamkeiten." Nachdem im Zuge des arabischen Frühlings die potenziell demokratiefördernde Wirkung (bzw. deren Limitationen) digitaler Kommunikation debattiert wurde, sind es derzeit diese Schattenseiten, die im Fokus öffentlichen und wissenschaftlichen Interesses stehen.

Trotz der genannten Besonderheiten zeigt sich insbesondere in der Rechtspraxis aber, so Heinze (2016, S. 85), dass ein Transfer bestehender Gesetze möglich und gängig ist. So urteilen Gerichte regelmäßig darüber, ab wann bspw. mit digitaler Kommunikation Öffentlichkeit hergestellt ist. Auch Gesetze, die auf die schriftliche Verbreitung von Hate Speech rekurrieren, wurden in der gerichtlichen Praxis als auf digitale Verbreitungsformen anwendbar befunden (Brown, 2015, S. 248; Schweppe et al., 2014, S. 12). Die Anwendbarkeit auch „alter" gesetzlicher Regelungen ist meist prinzipiell möglich, sodass im Hinblick auf den Regulierungsgegenstand der Hassrede per se angesichts bestehender, teils europäisch und international harmonisierter Straftatbestände nicht von einer digitalpolitischen Regelungslücke auszugehen ist.

Aus rechts- und politiktheoretischer Perspektive stellt sich angesichts der intensivierten Debatte über Hate-Speech-Regulierung in der digitalen Konstellation allerdings die bekannte Frage nach einer allgemeinen Rechtfertigung von Eingriffen in die Redefreiheit durch liberaldemokratische Regime in neuer Dringlichkeit. Einem „Free-Speech-Absolutismus", wie er sich insbesondere aus einer liberalen Auslegung des US-Verfassungsrechts entwickelt hat (Scanlon, 1972), kann sowohl aus rechtswissenschaftlicher als auch politiktheoretischer Sicht eine Absage erteilt werden. Dennoch sind die Handlungsspielräume einer „wehrhaften Demokratie" auf diesem Feld normativ eng beschränkt (Sirsch, 2013; Sunstein, 1995).

4 Regulierung von Online-Inhalten: Regeldefinition

In der öffentlichen und wissenschaftlichen Debatte werden die Besonderheiten und genuin neuen Herausforderungen durch digitale Hassrede betont, und der Eindruck entsteht, dass dem Phänomen nicht mit etablierten Maßnahmen begegnet werden könne: „[…] we need to design a specific response to online hatred that requires us to think beyond the traditional measures usually adopted to combat physical hate crimes" (Bakalis, 2016, S. 272). Diese Wahrnehmung hat ihre Berechtigung vor allem mit Blick auf durch die Digitalisierung drastisch gewandelte Kommunikationsumgebungen mit veränderten Veröffentlichungsmöglichkeiten und Regulierungsspielräumen. Medien- und Kommunikationswissenschaften haben die veränderten Rahmenbedingungen für die Produktion und Verbreitung von Medieninhalten auf unterschiedlichen Stufen der Internetentwicklung, insbesondere im Hinblick auf soziale Medien, theoretisch und empirisch gründlich bearbeitet (stellvertretend für viele s. Benkler, 2006; Lessig, 2008; Shirky, 2011). Vor diesem Hintergrund sind die Regulierungsspielräume für staatliche Autoritäten vielfach als gering eingestuft oder aus normativ-ethischen Gründen zurückgewiesen worden (Johnson & Post, 1996; Mueller, 2010, 2017; dazu kritisch: Goldsmith & Wu, 2006; Shearing & Wood, 2003). In jüngeren Jahren hat sich ein Forschungsstrang vor dem Hintergrund verschärfter Kritiken an der Verbreitung von Falschnachrichten und Hassrede insbesondere mit den redaktionellen Verantwortlichkeiten von Plattformen oder Intermediären und entsprechenden Koregulierungs-Arrangements für die Content-Regulierung befasst (Flew et al., 2019; van Dijck et al., 2018).

Im Verbund mit der politischen Regulierungsdebatte erfüllt damit auch die wissenschaftliche Diskussion die aus einer historischen Betrachtung von Medienpolitik abgeleitete Erwartung nachholender Regulierungsanstrengungen im Hinblick auf digitale Informations- und Kommunikationsmärkte. Medien- und Kommunikationswissenschaftler*innen haben in diesem Zusammenhang vielfach festgehalten, dass Massenmedien seit jeher politischer Institutionalisierung unterliegen (Jarren, 2007) und dass technologischer Wandel im Mediensektor stets neue Regulierungsdebatten und -ansätze hervorgerufen hat (Schejter & Han, 2011, S. 245), die mit zeitlicher Verzögerung („zweistufiger Institutionalisierungsprozess" als medienhistorische Regel, Stöber, 2007, S. 107) auch das neue Feld einer angepassten Regulierung unterwerfen und dabei pfadabhängig medienpolitischen Traditionslinien folgen. Allerdings steht die empirische Überprüfung dieser historisch-institutionalistischen Hypothese bislang für die aktuelle Entwicklung der digitalpolitischen Regulierung noch aus.

In der Politikwissenschaft ist die Forschung zu Online-Content-Regulierung demgegenüber weiterhin überschaubar. Die meisten Arbeiten, die sich explizit mit der Online-Inhalteregulierung befassen, sind bislang auf dem Feld der Vergleichenden Politikforschung entstanden. Dabei hat vor allem die Regimedifferenz die Annahmen zur Variation von Politikansätzen beeinflusst. So befasst sich ein dominanter Strang mit Online-Kontrolle und Zensurmaßnahmen ausschließlich in autokratischen Regimen (Deibert, 2013; Deibert & Rohozinski, 2010; Deibert et al., 2010; Hellmeier, 2016; Keremoğlu & Weidmann, 2020; King et al., 2013; Pearce & Kendzior, 2012; Roberts, 2018; Rød & Weidmann, 2015). Allerdings lassen sich damit Ergebnisse internationaler Vergleichsstudien zur Regulierungspraxis, die gesteigerte Aktivitäten auch für Demokratien dokumentieren (Freedom House, 2018, 2019, 2020, 2021), nicht erklären. Busch et al. haben diese von der dominanten Hypothese abweichenden Befunde aufgegriffen und ihrerseits eine auf Demokratien bezogene Entwicklungsannahme formuliert. Demnach stelle sich die Frage, ob die gesteigerten Regulationsaktivitäten demokratischer Regime auf einen Lerneffekt zurückzuführen sind, wonach Demokratien von Autokratien lernen („Learning from Autocracies", Busch et al., 2018; Busch, 2017; aber auch Gomez, 2004). Die Konvergenzhypothese hat Vorteile darin, dass sie ein Erklärungsangebot für jüngere empirische Befunde in groß angelegten Vergleichsstudien bietet. Die tatsächlichen Überprüfungen der Konvergenzannahme leiden indes ihrerseits an der Beschränkung auf liberale Demokratien. Damit besteht bis heute ein augenfälliger Mangel an regimetypübergreifenden Arbeiten zur Internetkontrolle im Allgemeinen und zur Online-Content-Regulierung im Besonderen (Ausnahmen bilden Stier, 2017; Timofeeva, 2006).

Jenseits der Regimetypendifferenz wären dabei alternative Erklärungsfaktoren zu prüfen, etwa die historische Pfadabhängigkeit. Die medienwissenschaftliche Forschungstradition könnte hier in zweierlei Hinsicht aushelfen. Zum einen bietet sie einen differenzierten Blick auf die medienpolitische Regulierung über verschiedene Medientypen und technologische Entwicklungsstufen hinweg auch für Demokratien (Humphreys, 1996), zum anderen hält sie Typologien von Mediensystemen bereit, die womöglich geeigneter sind, Variationen in aktuell relevanten digitalpolitischen Regulierungsbereichen zu erklären (Hallin & Mancini, 2004).

5 Umsetzung und Sanktionspraxis

Bei der Sanktionspraxis werden in der Literatur prinzipielle Probleme sowie technische und praktische Limitationen thematisiert. Die globale Architektur des Netzes ermöglicht die Verbreitung von Hate Speech über Landesgrenzen hinweg, sodass Täter*innen und Opfer nicht zwangsläufig dem gleichen Rechtsrahmen unterliegen. Welche (Sanktions-)Maßnahmen durch welche Institutionen angewendet und vollstreckt werden können, bleibt so unklar. Der Versuch extraterritorialer Rechtsdurchsetzung ist immer wieder mit Problemen verbunden. In einem frühen Fall geriet bspw. Yahoo! zwischen die Fronten französischer und amerikanischer Gerichtsentscheidungen, die Angebote von Nazi-Memorabilien als illegal bzw. legal einstuften und jeweils mit Sanktionen drohten (Banks, 2010, S. 235; Goldsmith & Wu, 2006).

Insbesondere die rechtswissenschaftliche Forschung hat sich in diesem Kontext mit der internationalen Harmonisierung von Straftatbeständen der Hassrede befasst. Prominente Beispiele hierfür sind das Zusatzprotokoll zum Übereinkommen über Computerkriminalität betreffend die Kriminalisierung mittels Computersystemen begangener Handlungen rassistischer und fremdenfeindlicher Art des Europäischen Rates (CoE, 2003) sowie der Rahmenbeschluss zur strafrechtlichen Bekämpfung bestimmter Formen und Ausdrucksweisen von Rassismus und Fremdenfeindlichkeit der EU. Wohlwollend kommentieren die meisten Wissenschaftler*innen die Etablierung beiderseitiger Strafbarkeit, wodurch eine effiziente Strafverfolgung möglich werde. Kritisch werden allerdings die begrenzte Kommunalität der zeichnenden Staaten (insbesondere die Ablehnung der USA) sowie weite Interpretationsspielräume für nationale Regierungen gesehen (Alkiviadou, 2018; Bakalis, 2016; Banks, 2010). Aus medienwissenschaftlicher Perspektive wird das Problem betont, kulturelle Ziele und national definierte Regeln auf transnational zirkulierenden Content anzuwenden (Schejter & Han, 2011, S. 250).

Neben staatlicher Regulation haben sich Untersuchungen mit unterschiedlichen Aspekten der Selbstregulation von Kommunikationsplattformen befasst. Auf europäischer Ebene wird dieser Ansatz durch den 2016 verabschiedeten Code of conduct on countering illegal hate speech online verfolgt. Hierin sagen große Internetfirmen (Facebook, Microsoft, Twitter und YouTube) zu, Hate Speech auf ihren Plattformen effektiv zu begegnen (EU, 2016). Aber auch derartige freiwillige Selbstverpflichtungen der Plattformen wurden kritisch kommentiert, da diese sich damit widersprüchlichen Anforderungen öffneten und eine Fragmentierung von Inhalten befördern würden. So wurde insbesondere die Bereitschaft der US-Unternehmen kritisiert, dem Code of Conduct der EU zuzustimmen und so einer europäischen Lesart zu folgen, ohne die Erwartungen der US-Regierung zu bedenken und ohne einen Anschluss an internationale Normen der UN. Bedenklich hieran sei, dass sich die Unternehmen durch diesen Präzedenzfall schwerer anderen Anforderungen (bspw. aus Autokratien) entziehen könnten. So könnte der Code of Conduct zur Legitimation ausgreifender Zensur instrumentalisiert werden (Aswad, 2016). Das Beispiel europäischer Regulierungsbemühungen erweitert den Blickwinkel auf die teils politisch, teils anders motivierten eigenen Regelapparate und Praktiken der Content-Regulierung durch Plattformen und andere Intermediäre selbst: „The power of platform moderation to act effectively as a regulator of daily life is now evident" (Gillespie et al., 2020, S. 21).

Bemühungen gegen Hassrede finden sich auch in den Geschäftsbeziehungen zwischen Werbepartnern und Internetplattformen. Facebook geriet 2020 unter Druck, aktiver gegen Hass auf der eigenen Plattform vorzugehen, nachdem mehr als 1000 Unternehmen beschlossen hatten, im Zuge der Kampagne #StopHateForProfit ihre Werbeanzeigen bei Facebook zu pausieren. Dies hatte unmittelbare Auswirkungen auf den Aktienkurs und Mark Zuckerberg versprach in der Folge, mehr gegen die Verbreitung von Hassrede zu unternehmen (He et al., 2021).

Eine Form der Selbstregulierung besteht in der eigenständigen (teilweise automatisierten) Moderation und Löschung von Inhalten anhand selbst gesetzter Community-Standards. Wissenschaftler*innen haben sich mit der Effektivität dieser Maßnahmen auf unterschiedlichen Plattformen beschäftigt. Befunde in diesem Kontext sind jedoch unterschiedlich. Während einige Studien zu dem Schluss kommen, dass große Wellen der Inhalteregulierung und Kontensperrungen effektive Maßnahmen zur Verbesserung der Diskursqualität seien (Chandrasekharan et al., 2017; Saleem & Ruths, 2018), widersprechen andere Untersuchungen dieser Einschätzung. Sie betonen vor allem die Ausweichbewegungen der Nutzer*innen zu anderen, weniger regulierten Plattformen (Newell et al., 2016) oder die Herausbildung eines neuen Sprachgebrauchs, der nicht unmittelbar als Hassrede erkennbar ist (Chancellor et al., 2016). Zudem bestehen Bedenken, dass Plattformen über ihre selbstmotivierte Content-Moderation eine faktische extraterritoriale Wirkung US-amerikanischer Wertevorstellungen in Bezug auf schädliche Inhalte hervorrufen (Gillespie et al., 2020). Allgemein wird die Verantwortlichkeit von privatwirtschaftlichen Inhalteanbietern bei der Konstitution und Bereinigung öffentlicher Debattenräume kritisch diskutiert (Arpagian, 2016).

Wie die zuletzt thematisierten Aspekte verdeutlichen, erfordert der medienwissenschaftlich in Teilen aufgearbeitete Strukturwandel hin zu einer Plattformgesellschaft und zunehmenden Plattformisierung des Netzes (Gillespie, 2018; van Dijck et al., 2018) neue digitalisierungsspezifische Perspektiven auf die Inhalteregulierung. Dementsprechend machen Autor*innen auf dem Feld der kritischen Internetstudien in einem aktuellen Special Issue des Internet Policy Review darauf aufmerksam (Gillespie et al., 2020), dass weder die Fokussierung auf eine Topdown-Perspektive staatlicher Regulierung noch auf die im Fokus der öffentlichen Aufmerksamkeit stehenden großen Plattformen (Facebook, Google etc.) dem für heutige Informationsökosysteme wesentlichen und allfälligen Phänomen der Content-Regulierung (also auch im Sinne der verschiedentlich motivierten Content-Moderation durch diverse Anbieter selbst) gerecht werden (Boberg et al., 2018). Daraus werden künftige Forschungsdesiderate abgeleitet, die etwa auch das Machtgefälle zwischen Plattformen und die entsprechenden Regelsetzungen durch infrastrukturelle Plattformen untersuchen, die potentielle Innovationsfeindlichkeit von regulatorischen Vorgaben im Startup-Bereich, die kritische Frage von Content-Regulierung für verschlüsselte Kommunikation (z. B. WhatsApp), und natürlich nicht zuletzt die ethischen, rechtlichen und politiktheoretischen Grenzen algorithmischer Governance (Gillespie et al., 2020; zur Regulierung von Big Data und Künstlicher Intelligenz und Hassrede s. Katzenbach & Ulbricht, 2019; Ulbricht, 2019; spezifisch zu KI und Hassrede: Finck, 2019).

6 Fazit

In den vorangegangenen Abschnitten haben wir einen kursorischen Überblick über die Forschung zur Regulation von Hassrede als Teil der zunehmend relevanten Online-Inhalteregulierung präsentiert. Zunächst geben rechtswissenschaftliche und politiktheoretische Schriften nur wenig Anlass für eine Neudefinition des Regulierungsgegenstands oder neue Definitionen von Hassrede im Online-Zeitalter. Vielmehr erweisen sich hergebrachte gesetzliche Regelungen in unterschiedlichen Jurisdiktionen als anwendbar. Betont werden dabei die engen Grenzen, in denen liberale Demokratien berechtigt sind, die Redefreiheit zu begrenzen. Eine verschwommene Trennung zwischen öffentlicher und privater Kommunikation erscheint vielen Beobachter*innen aber in der Rechtspraxis weniger problematisch, als von Skeptiker*innen befürchtet. Nicht die Trennung, aber eine mit der digitalen Kommunikation verbundene größere und unmittelbar ansprechbare Öffentlichkeit wird als eine neue Herausforderung gesehen.

Im Hinblick auf die internationale politische Regulation digitaler Kommunikation scheint die verbreitete These eines weitgehend unregulierten oder schwach regulierten digitalen Kommunikationsraumes – dessen Staatsferne mitunter aus normativer Perspektive begrüßt worden ist – zunehmend unhaltbar. Stattdessen ist hier tatsächlich eine nachholende Entwicklung der Medienregulation zu beobachten. Aus politikwissenschaftlicher Perspektive haben sich die meisten empirischen Studien bislang mit unterschiedlichen Praktiken der Inhalteregulierung (Zensur) in Autokratien befasst. Neuere Entwicklungen der Inhalteregulierung durch Demokratien wurden dabei seltener in den Blick genommen. Hier ist angesichts neuerer regimeübergreifender Trends eine breitere vergleichende Forschungsperspektive erforderlich.

Mit Blick auf die Umsetzung und Sanktionspraxis haben sich rechtswissenschaftliche Untersuchungen mit internationalen Regelungen zur Harmonisierung von Straftatbeständen und deren Problemen befasst. Vor allem abweichende Wertvorstellungen und Traditionen der Medienregulation erschweren die Entwicklung internationaler Standards. Im Kontext plattformgesteuerter Selbstregulation als digitalisierungsspezifischem Phänomenbereich haben sich Studien mit Moderationspraktiken von Anbietern unterschiedlicher sozialer Medien im Umgang mit nutzergenerierten Inhalten befasst. Dabei hat die Forschung algorithmische Governance und deren Kontrollmöglichkeiten problematisiert.

Literatur

Alkiviadou, N. (2018). The legal regulation of hate speech: The international and European frameworks. *Politička Misao, 55*(4), 203–229. https://doi.org/10.20901/pm.55.4.08.

Arpagian, N. (2016). The delegation of censorship to the private sector. In F. Musiani, D. L. Cogburn, L. DeNardis, & N. S. Levinson (Hrsg.), *Information technology and global governance. The turn to infrastructure in internet governance* (S. 155–165). Palgrave Macmillan.

Aswad, E. (2016). The role of U.S. technology companies as enforcers of Europe's new internet hate speech ban. https://papers.ssrn.com/sol3/papers.cfm?abstract_id=2829175. Zugegriffen: 27. Aug. 2021.

Bakalis, C. (2016). Regulating hate crime in the digital age. In J. Schweppe & M. A. Walters (Hrsg.), *The globalization of hate: Internationalizing hate crime?* (S. 263–276). Oxford University Press.

Banks, J. (2010). Regulating hate speech online. *International Review of Law, Computers & Technology, 24*(3), 233–239. https://doi.org/10.1080/13600869.2010.522323

Barber, B. R. (2001). Which technology for which democracy? which democracy for which technology? In B. Holznagel, A. Grünwald, & A. Hanssmann (Hrsg.), *Schriftenreihe Information und Recht: Bd. 24. Elektronische Demokratie: Bürgerbeteiligung per Internet zwischen Wissenschaft und Praxis* (S. 209–217). Beck.

Benkler, Y. (2006). *The wealth of networks. How social production transforms markets and freedom.* Yale University Press.

Boberg, S., Schatto-Eckrodt, T., Frischlich, L., & Quandt, T. (2018). The moral gatekeeper? Moderation and deletion of user-generated content in a leading news forum. *Media and Communication, 6*(4), 58–69. https://doi.org/10.17645/mac.v6i4.1493.

Brown, A. (2015). *Hate speech law: A philosophical examination.* Routledge.

Buchstein, H. (1996). Bittere Bytes. Cyberbürger und Demokratietheorie. *Deutsche Zeitschrift Für Philosophie, 44*(4), 583–608. http://search.proquest.com/docview/1298950613?accountid=11359. Zugegriffen: 27. Aug. 2021.

Busch, A. (2017). Netzzensur in liberalen Demokratien. In A. Croissant, S. Kneip, & A. Petring (Hrsg.), *Demokratie, Diktatur, Gerechtigkeit: Festschrift für Wolfgang Merkel* (S. 331–352). Springer VS.

Busch, A., Theiner, P., & Breindl, Y. (2018). Internet censorship in liberal democracies: Learning from autocracies? In J. Schwanholz, T. Graham, & P.-T. Stoll (Hrsg.), *Managing democracy in the digital age: Internet regulation, social media use, and online civic engagement* (S. 11–28). Springer. https://doi.org/10.1007/978-3-319-61708-4_2.

Chancellor, S., Pater, J. A., Clear, T., Gilbert, E., & de Choudhury, M. (2016). #thyghgapp: Instagram content moderation and lexical variation in pro-eating disorder communities. In D. Gergle, M. R. Morris, P. Bjørn, & J. Konstan (Hrsg.) *Proceedings of the 19th ACM conference on computer-supported cooperative work & social computing*, ACM, New York (S. 1201–1213). https://doi.org/10.1145/2818048.2819963.

Chandrasekharan, E., Pavalanathan, U., Srinivasan, A., Glynn, A., Eisenstein, J., & Gilbert, E. (2017). You can't stay here: The efficacy of reddit's 2015 ban examined through hate speech. In *Proceedings of the ACM on human-computer interaction* 1(CSCW) (S. 1–22). https://doi.org/10.1145/3134666.

CoE. (2003). Zusatzprotokoll zum Übereinkommen über Computerkriminalität betreffend die Kriminalisierung mittels Computersystemen begangener Handlungen rassistischer und fremdenfeindlicher Art. https://www.coe.int/de/web/conventions/full-list/-/conventions/treaty/189. Zugegriffen: 27. Aug. 2021.

Deibert, R., & Rohozinski, R. (2010). Liberation vs. control: The future of cyberspace. *Journal of Democracy, 21*(4), 43–57.

Deibert, R., Palfrey, J. G., Rohozinski, R., & Zittrain, J. (2010). *Access controlled: The shaping of power, rights, and rule in cyberspace. Information revolution and global politics*. MIT Press.

Deibert, R. (2013). *Black code: Inside the battle for cyberspace*. McClelland & Stewart.

EU. (2016). Code of conduct on countering illegal hate speech online. https://ec.europa.eu/newsroom/just/document.cfm?doc_id=42985. Zugegriffen: 27. Aug. 2021.

Finck, M. (2019). Artificial intelligence and online hate speech. https://cerre.eu/sites/cerre/files/CERRE_Hate%20Speech%20and%20AI_IssuePaper_0.pdf. Zugegriffen: 27. Aug. 2021.

Flew, T., Martin, F., & Suzor, N. (2019). Internet regulation as media policy: Rethinking the question of digital communication platform governance. *Journal of Digital Media & Policy, 10*(1), 33–50. https://doi.org/10.1386/jdmp.10.1.33_1

Freedom House. (2018). Freedom on the net 2018: The rise of digital authoritarianism. New York/Washington. https://freedomhouse.org/sites/default/files/FOTN_2018_Final%20Booklet_11_1_2018.pdf. Zugegriffen: 27. Aug. 2021.

Freedom House. (2019). Freedom on the net 2019: The crisis of social media. New York/Washington. https://freedomhouse.org/report/freedom-net/2019/crisis-social-media. Zugegriffen: 27. Aug. 2021.

Freedom House. (2020). Freedom on the net 2020: The pandemic's digital shadow. New York/Washington. https://freedomhouse.org/report/freedom-net/2020/pandemics-digital-shadow. Zugegriffen: 27. August 2021.

Freedom House. (2021). Freedom on the net 2021: The global drive to control big tech. New York/Washington. https://freedomhouse.org/sites/default/files/2021-09/FOTN_2021_Complete_Booklet_09162021_FINAL_UPDATED.pdf. Zugegriffen: 27. Aug. 2021.

Gillespie, T. (2018). *Custodians of the internet: Platforms, content moderation, and the hidden decisions that shape social media.* Yale University Press.

Gillespie, T., Aufderheide, P., Carmi, E., Gerrard, Y., Gorwa, R., Matamoros-Fernández, A., & Myers West, S. (2020). Expanding the debate about content moderation: Scholarly research agendas for the coming policy debates. *Internet Policy Review, 9*(4). https://doi.org/10.14763/2020.4.1512.

Goldsmith, J. L., & Wu, T. (2006). *Who controls the internet?: Illusions of a borderless world.* Oxford University Press.

Gomez, J. (2004). Dumbing down democracy: Trends in internet regulation, surveillance and control in Asia. *Pacific Journalism Review, 10*, 130–150.

Hallin, D. C., & Mancini, P. (2004). *Comparing media systems: Three models of media and politics. Communication, society and politics.* Cambridge University Press. https://doi.org/10.1017/CBO9780511790867.

He, H., Kim, S., & Gustafsson, A. (2021). What can we learn from #StopHateForProfit boycott regarding corporate social irresponsibility and corporate social responsibility? *Journal of Business Research, 131*, 217–226. https://doi.org/10.1016/j.jbusres.2021.03.058

Heinze, E. (2016). *Hate speech and democratic citizenship.* Oxford University Press.

Hellmeier, S. (2016). The dictator's digital toolkit: Explaining variation in internet filtering in authoritarian regimes. *Politics & Policy, 44*(6), 1158–1191. https://doi.org/10.1111/polp.12189

Humphreys, P. (1996). *Mass media and media policy in Western Europe. European policy research unit series.* Manchester University Press.

Jarren, O. (2007). Die Regulierung der öffentlichen Kommunikation. *Zeitschrift Für Literaturwissenschaft Und Linguistik, 37*(2), 131–153. https://doi.org/10.1007/BF03379662

Johnson, D. R., & Post, D. (1996). Law and borders: The rise of law in cyberspace. *Stanford Law Review, 48*(5), 1367–1402. https://doi.org/10.2307/1229390

Katzenbach, C., & Ulbricht, L. (2019). Algorithmic governance. *Internet Policy Review, 8*(4). https://doi.org/10.14763/2019.4.1424.

Keremoğlu, E., & Weidmann, N. B. (2020). How dictators control the internet: A review essay. *Comparative Political Studies, 53*(10–11), 1690–1703. https://doi.org/10.1177/0010414020912278

King, G., Pan, J., & Roberts, M. E. (2013). How censorship in China allows government criticism but silences collective expression. *American Political Science Review, 107*(2), 326–343. https://doi.org/10.1017/S0003055413000014

Kneuer, M. (2013). Bereicherung oder Stressfaktor? Überlegungen zur Wirkung des Internets auf die Demokratie. In M. Kneuer (Hrsg.), *Veröffentlichungen der Deutschen Gesellschaft für Politikwissenschaft: Vol. 31. Das Internet: Bereicherung oder Stressfaktor für die Demokratie?* (S. 7–31). Nomos.

Lessig, L. 2008. *Code* (Version 2.0). Basic Books.

McQuail, D. (2010). *McQuail's mass communication theory* (6. Aufl.). Sage.

Mueller, M. L. (2010). *Networks and states. The global politics of internet governance. Information revolution and global politics.* MIT Press.

Mueller, M. (2017). *Will the internet fragment? Surveillance, cybersecurity and internet governance.* Polity.

Müller, K., & Schwarz, C. (2021). Fanning the flames of hate: Social media and hate crime. *Journal of the European Economic Association, 19*(4), 2131–2167. https://doi.org/10.1093/jeea/jvaa045

Newell, E., Jurgens, D., Saleem, H. M., Vala, H., Sassine, J., Armstrong, C., & Ruths, D. (2016). User migration in online social networks: A case study on reddit during a period of community unrest. https://www.aaai.org/ocs/index.php/ICWSM/ICWSM16/paper/view/13137/12729.

Pearce, K. E., & Kendzior, S. (2012). Networked authoritarianism and social media in azerbaijan. *Journal of Communication, 62*(2), 283–298. https://doi.org/10.1111/j.1460-2466.2012.01633.x

Rheingold, H. 1994. *Virtuelle Gemeinschaft: Soziale Beziehungen im Zeitalter des Computers*. Addison-Wesley.

Roberts, M. E. (2018). *Censored: Distraction and diversion inside China's great firewall*. Princeton University Press.

Rød, E. G., & Weidmann, N. B. (2015). Empowering activists or autocrats? The internet in authoritarian regimes. *Journal of Peace Research, 52*(3), 338–351. https://doi.org/10.1177/0022343314555782

Saleem, H. M., & Ruths, D. (2018). The aftermath of disbanding an online hateful community. http://arxiv.org/pdf/1804.07354v1.

Scanlon, T. (1972). A theory of freedom of expression. *Philosophy & Public Affairs, 1*(2), 204–226. http://www.jstor.org/stable/2264971.

Schejter, A. M., & Han, S. (2011). Regulating the media: Four perspectives. In D. Lévi-Faur (Hrsg.), *Handbook on the politics of regulation* (S. 243–279). Elgar.

Schünemann, W. J. (2021). New horizontal rules for online platforms across Europe: A comment on the EU Commission's proposal for a Digital Services Act for DTCT partners and upstanders. https://dtct.eu/wp-content/uploads/2021/02/DTCT-TR1-DSA.pdf. Zugegriffen: 27. Aug. 2021.

Schweppe, J., Haynes, A., & Carr, J. (2014). A life free from fear: Legislating for hate crime in Ireland: An NGO perspective. https://ulir.ul.ie/bitstream/handle/10344/4485/Schweppe_2014_crime.pdf. Zugegriffen: 27. Aug. 2021.

Shearing, C., & Wood, J. (2003). Nodal governance, democracy, and the new 'Denizens'. *Journal of Law and Society, 30*(3), 400–419. https://doi.org/10.1111/1467-6478.00263

Shirky, C. (2011). The political power of social media. *Foreign Affairs, 90*(1), 28.

Sirsch, J. (2013). Die Regulierung von Hassrede in liberalen Demokratien. In J. Meibauer (Hrsg.), *Linguistische Untersuchungen: Vol. 6. Hassrede/Hate Speech: Interdisziplinäre Beiträge zu einer aktuellen Diskussion* (S. 165–193). Gießener elektronische Bibliothek.

Stier, S. (2017). *Internet und Regimetyp: Netzpolitik und politische Online-Kommunikation in Autokratien und Demokratien. Vergleichende Politikwissenschaft*. Springer Fachmedien Wiesbaden.

Stöber, R. (2007). Kommunikationsfreiheit und ihre Feinde. *Zeitschrift Für Literaturwissenschaft Und Linguistik, 37*(2), 104–119. https://doi.org/10.1007/BF03379660

Sunstein, C. R. (1995). *Democracy and the problem of free speech* (1. Free Press paperback ed.). Free Press.

Timofeeva, Y. (2006). *Censorship in cyberspace: New regulatory strategies in the digital age on the example of freedom of expression.* Schriften zur Governance-Forschung: Bd. 6. Nomos.

Ulbricht, L. (2019). Big Data und Governance im digitalen Zeitalter. In J. Hofmann, N. Kersting, C. Ritzi, & W. J. Schünemann (Hrsg.), *Politik in der digitalen Gesellschaft: Vol. 1. Politik in der digitalen Gesellschaft: Zentrale Problemfelder und Forschungsperspektiven* (S. 289–307). Transcript; Walter de Gruyter.

Van Dijck, J., Poell, T., & Waal, M. (2018). *The platform society: Public values in a connective world.* Oxford University Press.

Wu, T. (2010). Is internet exceptionalism dead? In B. Szoka & A. Marcus (Hrsg.), *The next digital decade: Essays on the future of the internet* (S. 179–188). Tech Freedom.

Open Access Dieses Kapitel wird unter der Creative Commons Namensnennung 4.0 International Lizenz (http://creativecommons.org/licenses/by/4.0/deed.de) veröffentlicht, welche die Nutzung, Vervielfältigung, Bearbeitung, Verbreitung und Wiedergabe in jeglichem Medium und Format erlaubt, sofern Sie den/die ursprünglichen Autor(en) und die Quelle ordnungsgemäß nennen, einen Link zur Creative Commons Lizenz beifügen und angeben, ob Änderungen vorgenommen wurden.

Die in diesem Kapitel enthaltenen Bilder und sonstiges Drittmaterial unterliegen ebenfalls der genannten Creative Commons Lizenz, sofern sich aus der Abbildungslegende nichts anderes ergibt. Sofern das betreffende Material nicht unter der genannten Creative Commons Lizenz steht und die betreffende Handlung nicht nach gesetzlichen Vorschriften erlaubt ist, ist für die oben aufgeführten Weiterverwendungen des Materials die Einwilligung des jeweiligen Rechteinhabers einzuholen.

„Ihr gehört nicht dazu!" Soziale Ausgrenzung durch Hate Speech als Problem für liberale Demokratien

Doris Unger und Jürgen Unger-Sirsch

1 Einleitung

Formen von Rede, die bestimmte Gruppen herabwürdigen, werden unter dem Begriff „Hate Speech" bzw. „Hassrede" zusammengefasst (Parekh, 2006). Mit der steigenden Relevanz von sozialen Medien hat auch das Phänomen Hate Speech eine neue Konjunktur erfahren. Die Verfügbarkeit von sozialen Medien hat die Teilnahme an öffentlichen Diskursen erheblich erleichtert (Mondal et al., 2017). Dies gilt jedoch auch für diejenigen, die liberal-demokratische Grundwerte wie Toleranz und die Anerkennung anderer gesellschaftlicher Gruppen als prinzipiell gleichwertige Mitglieder der Gesellschaft ablehnen. Hate Speech und damit negative Einstellungen insbesondere gegenüber Minderheiten haben so eine neue Sichtbarkeit erfahren.

Diese neue Sichtbarkeit und Verbreitung von Hate Speech im öffentlichen Raum kann zu einer feindlichen Umgebung für jene führen, die regelmäßg durch Hate Speech diffamiert werden. Dies kann wiederum zur Folge haben, dass die Betroffenen sich aus den jeweiligen Räumen zurückziehen, ihren Mitmenschen weniger vertrauen und Karrierechancen sowie andere Chancen der Selbstverwirklichung nicht in Anspruch nehmen. In einer Gesellschaft zu leben, in der

---

D. Unger (✉) · J. Unger-Sirsch
Institut für Politikwissenschaft, Johannes Gutenberg-Universität Mainz, Mainz, Deutschland
E-Mail: unger@politik.uni-mainz.de

J. Unger-Sirsch
E-Mail: sirsch@uni-mainz.de

man sich regelmäßig Diffamierungen gegen die eigene Bevölkerungsgruppe ausgesetzt sieht, reduziert so nicht nur die Lebensqualität, sondern auch die Teilhabechancen der Betroffenen. Vor diesem Hintergrund macht es Sinn, sich mit den Folgen einer stärkeren Verbreitung von Hate Speech auseinanderzusetzen. In unserem Beitrag möchten wir daher aus moralischer Perspektive analysieren, inwiefern diese negativen Folgen eine Regulierung und Einschränkung von Hate Speech rechtfertigen. Als Grundlage der Beurteilung dienen uns liberal-demokratische Grundwerte, die beispielsweise von John Rawls (2005) formuliert werden. Der Fokus liberaler Positionen liegt traditionell auf möglichen Folgen von Hate Speech für den sozialen Frieden sowie dem Zusammenhang zwischen Hate Speech und Hassverbrechen. Eine erhöhte Sichtbarkeit von Hassrede und den zugrundeliegenden Einstellungen hat durchaus das Potenzial, den sozialen Frieden nachhaltig zu gefährden. Allerdings liegt der Fokus der Begründungen von Restriktionen von Hate Speech bisher auf negativen Folgen, wie Hassverbrechen, die zwar relativ einfach zu beobachten sind, bei denen es aber schwierig ist, sie direkt kausal mit konkreten Äußerungen zu verbinden.[1] Die allgegenwärtige Verbreitung von Hate Speech auf der einen Seite und die vergleichsweise relative Seltenheit von Hassverbrechen – zumindest in liberalen Demokratien, die wir hier als Kontext voraussetzen – auf der anderen Seite machen es schwierig, eine direkte Schädigung der Opfer von Hassverbrechen durch einzelne Hassredner*innen zu begründen. Vor dem Hintergrund dieses eher schwachen und in den meisten Fällen indirekten Zusammenhangs sowie der zentralen Bedeutung der Redefreiheit für liberale Demokratien wird daher von liberalen Theoretiker*innen eine generelle Regulierung von Hate Speech immer wieder in Frage gestellt (Cohen, 1993; Dworkin, 2009; Mill, 1977; Scanlon, 1972).

Aus diesen Gründen konzentrieren wir uns in diesem Beitrag auf die sozialen Folgen, die durch die größere Verbreitung von Hassrede *an sich* verursacht werden. Hierbei legen wir den Fokus auf Auswirkungen eines durch Hassrede geprägten sozialen Klimas für betroffene Minderheiten oder vulnerable soziale Kategorien von Menschen, wie sie etwa von Waldron (2012) sowie Delgado und Stefancic (2004) thematisiert werden. Das durch Hate Speech vergiftete soziale Klima entsteht direkt aus den einzelnen öffentlichen Redebeiträgen[2] und es kann angenommen werden, dass dies den Intentionen der Sprecher*innen entspricht

---

[1] Für einen solchen Versuch siehe Mathew et al. (2019).
[2] Vgl. hierzu den Zusammenhang zwischen Kausalität und Verantwortung in Tiefensee (2019).

und dass sie hierfür verantwortlich gemacht werden können, weil die Effekte auf das soziale Klima entweder intendiert sind oder (fahrlässig) in Kauf genommen werden (Lepoutre, 2017, S. 5; Waldron, 2012, S. 2, 5). Vor diesem Hintergrund stellt sich die Frage für liberale Theoretiker*innen neu, inwiefern die Berücksichtigung dieser Effekte eine umfassende Beschränkung von Hassrede rechtfertigt.

Die Regulierung von Hate Speech stellt insbesondere aus liberaler Perspektive ein Dilemma für liberale Demokratien dar: Einerseits macht eine Beschränkung Sinn, um besonders verwundbare Gruppen vor verbalen Angriffen zu schützen, andererseits stellt die Meinungsfreiheit in liberalen Demokratien ein besonders schützenswertes Gut dar (Dworkin, 2009; Mill, 1977). Innerhalb dieses Spannungsfeldes bewegt sich unser Beitrag. Unsere Forschungsfragen lauten: Ist eine Regulierung von Hate Speech überhaupt rechtfertigbar? Welche Ziele sollte eine Regulierung von Hate Speech verfolgen?

Bei der Beantwortung dieser Fragen werden wir von relativ unkontroversen liberal-demokratischen Grundwerten ausgehen, wie sie etwa von John Rawls (1999, 2001, 2005) formuliert werden. Wir werden für drei zentrale Ziele argumentieren, an der sich staatliche Regulierungen von Hate Speech orientieren sollten. Als Ausblick gehen wir kurz auf das Beispiel der Regulierung von Hassausdrücken (gruppenspezifischen Schimpfwörtern) ein, um weitere praktische Hürden einer Regulierung aufzuzeigen, die sich aus unserer Position ergeben. Wir kommen zu dem Ergebnis, dass Hate Speech unter bestimmten Bedingungen reguliert werden sollte, dass die Beurteilung von Hasskommentaren allerdings hochgradig vom Kontext abhängig ist.

Unser Beitrag ist wie folgt gegliedert: Zuerst erläutern wir unser Verständnis von Hate Speech als Form von Rede, die die Gleichheitsprämisse liberaler Demokratien verletzt. Zweitens beschäftigen wir uns mit den Schädigungen und Verletzungen, die durch Hate Speech entstehen können. Drittens gehen wir darauf ein, welche Bedeutung der Meinungsfreiheit in einer liberalen Demokratie zukommt. Viertens bringen wir beide Aspekte zusammen und nennen Implikationen für die Regulierung von Hate Speech. Fünftens gehen wir als Ausblick auf ein Beispiel ein – nämlich auf die Regulierung und das Verbot von Hassausdrücken für bestimmte Gruppen. Besonders solche Ausrücke könnte man in Internetforen und Chatrooms verhältnismäßig einfach mithilfe von Algorithmen identifizieren und (bereits vor dem Erscheinen) löschen bzw. Nutzer*innen auf dieser Grundlage auf die Übertretung von Verhaltensregeln hinweisen.

2 Hate Speech als Gruppendiffamierung

Wenn wir von „Hate Speech" oder „Hassrede" sprechen, dann meinen wir damit Äußerungen, die eine Person oder Gruppe mit Bezug zu einer Gruppe oder einem (vermeintlichen) gruppenspezifischen Merkmal diffamieren. Das bedeutet, dass durch Hassrede immer eine bestimmte Gruppe bzw. soziale Kategorie degradiert wird, weshalb Hate Speech auch als „Verleumdung von Gruppen" charakterisiert werden kann (Waldron, 2012, Kap. 3). Das gilt auch dann, wenn eine spezifische Person mit Bezug auf ihre Gruppenzugehörigkeit adressiert wird. Fehlt dieser Gruppenbezug, dann kann es sich zwar um eine Beleidigung handeln, aber nicht um Hate Speech.

Hate Speech zeichnet also aus, dass Individuen oder Gruppen aufgrund ihrer Zugehörigkeit zu einer sozialen Gruppe oder Kategorie herabgewürdigt werden. Hassrede kann beispielsweise rassistisch, sexistisch oder homophob sein, so dass hiervon völlig unterschiedliche Gruppen betroffen sein können. Individuen müssen sich noch nicht einmal selbst einer spezifischen Gruppe zuordnen um Opfer von Hassrede zu werden, da es schon ausreicht, dass andere Individuen diese Zuordnung vornehmen. Somit kann es sein, dass etwa bei der Diffamierung einer religiösen Gruppe auch Individuen betroffen sind, die sich gar nicht mit dieser Gruppe identifizieren. Es kann sich ebenso schlicht um eine sozial saliente Kategorie von Individuen handeln, die von anderen als Gruppe mit spezifischen Eigenschaften angesehen wird.

Obwohl Hassrede prinzipiell an alle Arten von Gruppen gerichtet sein kann, sind es jedoch meist Minderheitengruppen, die Gegenstand von Hassrede sind. Auch tritt Hassrede häufig gegenüber Gruppen auf, die bereits auf eine Geschichte der Benachteiligung und Diskriminierung zurückblicken müssen. Diese Konzentration des Phänomens Hassrede auf Minderheitengruppen macht, wie wir zeigen werden, die Folgen deutlich problematischer, da Minderheiten meistens ohnehin schon in einer benachteiligten Position sind. Angehörige dieser Gruppen leiden häufig bereits unter strukturellen Nachteilen (im Sinne von verstetigten Nachteilen für diese Gruppen in verschiedenen Lebensbereichen, die institutionalisiert sind (Jugov & Ypi, 2019, S. 7)). Denn diese Nachteile können durch ein Umfeld, das durch Hassrede gegenüber diesen Gruppen charakterisiert ist, noch verstärkt werden. Hierdurch besteht die Gefahr einer verstärkten Perpetuierung von struktureller Benachteiligung, weil beispielsweise Individuen, die sich in einem von Hassrede charakterisierten Umfeld bewegen, weniger leistungsfähig sind (Brison, 1998).

3 Negative Folgen von Hate Speech und die Gründe für eine Regulierung

Warum sollte Hate Speech nun überhaupt reguliert werden? Hate Speech sollte in erster Linie aufgrund der negativen Auswirkungen reguliert werden, die mit einer Verbreitung von Hassrede einhergehen (Delgado & Stefancic, 2004; Levin, 2010; Waldron, 2012). In diesem Abschnitt gehen wir zuerst auf die sozialen Folgen von Hate Speech ein, die auch im Zentrum unserer weiteren Diskussion stehen werden. Danach kommen wir kurz auf die individuellen psychischen und physischen Folgen zu sprechen.

Unter den sozialen Folgen lassen sich zwei Arten negativer Auswirkungen unterscheiden: Auf der einen Seite kann Hate Speech zur Verbreitung von Hass auf bestimmte Gruppen und zur Verbreitung von Einstellungen beitragen, die nicht kompatibel mit einer liberalen Demokratie sind. Deshalb wird häufig aus der Perspektive einer „wehrhaften Demokratie" (Loewenstein, 1937) für eine Regulierung zumindest bestimmter Formen von Hassrede argumentiert (vgl. die „Volksverhetzung" in Deutschland). Darüber hinaus lässt sich auch ein Zusammenhang zwischen dem Auftreten von Hate Speech und Hassverbrechen feststellen (Dharmapala & McAdams, 2003). Zusätzlich wissen wir, dass massivste Menschenrechtsverletzungen – wie Völkermorde und „ethnische Säuberungen" – durch systematische Hate-Speech-Kampagnen begleitet und vorbereitet werden (Baker, 2009; Bellamy, 2014, S. 33; Tsesis, 2002).

Der Zusammenhang zwischen dem Aufkommen von Hassrede und Verbrechen gegen Gruppen ist äußerst relevant für die Bewertung von möglichen Beschränkungen von Hassrede und wird deshalb in unserer abschließenden Argumentation berücksichtigt (siehe Kap. 4). Wir konzentrieren uns in diesem Aufsatz jedoch auf negative soziale Folgen von Hate Speech für Minderheiten, die unterhalb der Schwelle von physischer Gewalt bleiben, da es sich hierbei um ein viel verbreiteteres Phänomen handelt, das zudem für liberale Gesellschaften ebenso relevant ist und bisher in der Diskussion weniger Beachtung gefunden hat (Lepoutre, 2017; Waldron, 2012). Zudem treten diese Folgen von Hate Speech auch in Gesellschaften auf, in denen Hate Crimes keine oder nur eine sehr geringe Rolle spielen.

Der politische Philosoph Jeremy Waldron thematisiert die Auswirkungen, die Hate Speech besonders auf Personengruppen haben kann, die dieser häufig ausgesetzt sind und die zu verwundbaren Minderheiten gehören. In seinem Buch *The Harm in Hate Speech* (2012) argumentiert er, dass das Erscheinungsbild einer Gesellschaft durch Hate Speech verändert wird, was gravierende Auswirkungen auf die individuelle Lebensführung für Angehörige von degradierten Gruppen haben kann. Das Auftreten von Hate Speech beeinflusst das Erscheinungsbild einer Gesellschaft grundlegend: Wenn Hate Speech in einer Gesellschaft verbreitet ist und Angehörige von betroffenen Gruppen Hate Speech in den sozialen Medien, in Zeitungen, auf Plakaten oder am Arbeitsplatz ausgesetzt sind, dann verändert dies die gegenseitige Wahrnehmung der Gesellschaftsmitglieder und unterminiert das grundlegende Sicherheitsgefühl von betroffenen Personengruppen.

Im Alltag sind wir darauf angewiesen, dass andere Individuen uns als gleichwertige Personen betrachten und unsere grundlegenden Rechte respektieren. Die gegenseitige Zusicherung dieses gleichen Wertes ist eine Voraussetzung dafür, dass sich Individuen in der Gesellschaft bedenkenlos bewegen können und dass sie politisch, ökonomisch und kulturell mit anderen zusammenarbeiten können. Ist diese Voraussetzung nicht gegeben, begegnen Individuen anderen, die nicht zu ihrem engsten Kreis gehören, mit Misstrauen. Dies erschwert zumindest gesellschaftliche Kooperation oder macht sie sogar unmöglich. Waldron betont daher, dass das gesellschaftliche Zusammenleben auf dem öffentlichen Gut der gegenseitigen Zusicherung grundlegender Rechte beruht (Waldron, 2012, S. 82 f.). Von diesem öffentlichen Gut, sofern es in ausreichendem Maße vorhanden ist, profitieren alle Individuen einer Gesellschaft. Es wird dadurch erhalten, dass Individuen sich diese Zusicherung gegenseitig explizit oder implizit geben. Darüber hinaus unterstützt der Staat dieses öffentliche Gut, indem er die Rechte von Individuen gegenüber anderen Individuen und gegenüber dem Staat selbst schützt (Waldron, 2012, S. 80).

Da es sich beim Gut der gegenseitigen Zusicherung grundlegenden Respektes um eine Voraussetzung dafür handelt, dass Individuen ihre jeweiligen Konzeptionen des guten Lebens verfolgen können, handelt es sich hierbei in den Worten von John Rawls um ein essenzielles Grundgut. Grundgüter sind definiert als Güter, die Individuen zur Realisierung jeglicher vernünftiger Lebenspläne benötigen. Dazu zählen grundlegende Rechte, Chancen und Einkommen (Rawls, 2001, S. 57). Für Rawls gehören aber auch die sozialen Grundlagen des Selbstrespekts zu den Grundgütern, die aus einer Perspektive der Gerechtigkeit bedeutend sind. Für das Vorliegen dieses Grundguts muss eine gegenseitige Zusicherung gleichen Respekts in der Gesellschaft vorherrschen – allerdings ist sie auch eine Voraussetzung dafür, dass Individuen die anderen Grundgüter effektiv nutzen können.

Die Verbreitung von Hate Speech kann das essenzielle öffentliche Grundgut der gegenseitigen Zusicherung des gleichen sozialen Status und der gleichen Würde gefährden, denn genau dieser gleiche soziale Status wird durch Hate

Speech in Frage gestellt. Angehörige von Gruppen, die regelmäßig und sichtbar Gegenstand von Hate Speech sind, müssen davon ausgehen, dass zumindest Teile der Gesellschaft ihre Gleichwertigkeit und gleichberechtigte Teilhabe in Frage stellen (Waldron, 2012, S. 85). Eine solche feindliche Umgebung ruft Angst und Minderwertigkeitsgefühle hervor und kann so dazu führen, dass die Teilhabe der betroffenen Personengruppen in Politik, Ökonomie und Kultur zurückgeht und so wiederum die Lebenschancen dieser Menschen stark reduziert werden.

Waldron veranschaulicht die Relevanz dieses sozialen Klimas einer Gesellschaft an einem Beispiel:

> „A man out walking with his seven-year-old son and his ten-year-old daughter turns a corner in a city street in New Jersey and is confronted with a sign. It says: 'Muslims and 9/11! Don't serve them, don't speak to them, and don't let them in.' The daughter says, 'What does it mean, papa?' Her father, who is a Muslim – the whole family is Muslim – doesn't know what to say. He hurries the children on, hoping they will not come across any more of the signs." (Waldron, 2012, S. 1)

Waldron zufolge transportiert Hate Speech folgende Botschaft, besonders wenn Personengruppen regelmäßig mit diesen Aussagen konfrontiert werden:

> „I know you think you are our equals. But don't be so sure. The very society you are relying on for your opportunities and your equal dignity is less than whole-hearted in its support for these things, and we are going to expose that half-heartedness and build on that ambivalence every chance we get. So: think about it and be afraid. The time for your degradation and your exclusion by the society that presently shelters you is fast approaching." (Waldron, 2012, S. 96)

In dieser Hinsicht ist Hate Speech umso schädlicher, je sichtbarer sie in der Gesellschaft ist, da sie so den größten negativen Beitrag zur Unterminierung der Zusicherung gleichen Respekts hat (Waldron, 2012, S. 37). Dies sieht Waldron demnach auch als das zentrale Problem an, das Hate Speech in der Gesellschaft verursacht:

> „The issue is publication and the harm done to individuals and groups through the disfiguring of our social environment by visible, public, and semipermanent announcements to the effect that in the opinion of one group in the community, perhaps the majority, members of another group are not worthy of equal citizenship." (Waldron, 2012, S. 39)

Je sichtbarer Hate Speech im öffentlichen Raum ist, desto stärker haben Individuen, die sich selbst betroffenen Gruppen zuordnen – oder regelmäßig durch andere diese Zuordnung erfahren – Anlass zu zweifeln, dass für sie persönlich die gegenseitige Zusicherung grundlegender Rechte gilt und effektiv durchgesetzt wird.

Man könnte nun einwenden, dass Waldrons Argumentation die staatliche Garantie dieser grundlegenden Rechte außer Acht lässt: Solange der Staat grundlegende Rechte schützt, könnten sich vulnerable Gruppen auf diesen Schutz verlassen. Sie sind somit nicht auf die symbolische Unterstützung ihrer Rechte durch andere Privatpersonen angewiesen. Und natürlich macht der staatliche Schutz einen großen Unterschied. Trotzdem sollte die Relevanz von Waldrons Argument nicht unterschätzt werden. Das Fehlen der gegenseitigen Zusicherung gleicher Anerkennung grundlegender Rechte kann tatsächlich hinreichend sein, um die effektive Geltung dieser Rechte zu verhindern, auch wenn sie von staatlicher Seite geschützt werden. Die Unterscheidung zwischen bloß formaler und realisierter Rechtsstaatlichkeit macht den Unterschied noch klarer: Im liberalen Denken wird dem Staat zwar die Aufgabe zugesprochen, grundlegende Freiheiten zu schützen und dafür muss Rechtsstaatlichkeit herrschen. Es reicht jedoch nicht, wenn Rechte bloß formal bestehen – sie müssen auch effektiv durchgesetzt werden. Rechte können jedoch in großen komplexen Gesellschaften nicht ausschließlich durch staatliche Gewalt durchgesetzt werden. Rechtsgeltung und -durchsetzung erfordert immer auch die freiwillige Mitwirkung der großen Mehrheit der Bevölkerung aus Überzeugung sowie den verbreiteten Glauben an die Geltung des Rechts (Kliemt, 1996, S. 174 f.). Schon die fehlende Kooperation einer kleinen Minderheit kann die effektive Geltung von Recht unterminieren. Dies stellt insbesondere für die Geltung der Rechte von Minderheiten eine Bedrohung dar. Besonders wenn Teile der Mehrheitsgesellschaft, die Positionen in der Justiz oder bei der Polizei innehaben, bei Verbrechen gegen Angehörige der Minderheit systematisch wegschauen, wird staatlicher Schutz schnell weniger effektiv. Auch kann der Staat nicht alle Individuen einer Minderheit in Vollzeit mit polizeilichen Mitteln schützen. Das bedeutet, dass feindliche Übergriffe schon bei einer kleinen Anzahl potenzieller Täter*innen nicht mehr effektiv verhindert werden können.

Aus diesen Gründen reicht schon das vermehrte Auftreten von Hate Speech im öffentlichen Raum aus, um Angehörigen angefeindeter Gruppen zu signalisieren, dass sie im öffentlichen Raum einem größeren Risiko ausgesetzt sind, verbal oder körperlich attackiert zu werden. Auf diese Weise signalisiert das Auftreten von Hate Speech den betroffenen Individuen, dass ihre Grundrechte womöglich nicht wirklich effektiv geschützt werden können, da die für die effektive Rechtsgeltung notwendige Akzeptanz dieser Rechte möglicherweise nicht hinreichend gegeben ist.

Dies spiegelt sich auch in den individuellen Auswirkungen einer „hasserfüllten Umgebung" (Brison, 1998, S. 13) wider: Das Vorkommen von Hate Speech in einem sozialen Raum schafft für Betroffene eine hasserfüllte Umgebung. Individuen, die einer hasserfüllten Umgebung ausgesetzt sind, leiden häufig unter psychischen und physischen Auswirkungen (Degaldo & Stefancic, 2004, S. 12–14): So kann Hassrede bei den Betroffenen zu Kopfschmerzen, erhöhtem Blutdruck, Angstzuständen oder Depression führen.

4 Die Bedeutung der Meinungsfreiheit für die liberale Demokratie

Wenn Hate Speech so viele negative Folgen hat, dann stellt sich die Frage, wieso es aus liberal-demokratischer Perspektive überhaupt problematisch sein sollte, Hassrede zu beschränken. Wie alle Freiheitsbeschränkungen ist aber auch die Beschränkung von Hate Speech begründungswürdig. Die zentrale Rolle bei der Diskussion rund um die Regulierung von Hate Speech spielt dabei die Meinungsfreiheit und ihre Bedeutung für die liberale Demokratie.

Die Meinungsfreiheit zählt zu den individuellen Freiheitsrechten, die einen Freiheitsraum definieren, den Regierung und Gesellschaft in einem liberalen Staat gegenüber jedem Individuum und auch gegenüber Angehörigen von Minderheiten sowie Dissidentinnen und Dissidenten garantieren sollten. Dieser Freiheitsraum ist der zentrale Gehalt des liberalen Elements der liberalen Demokratie und soll auch explizit diejenigen, die eine abweichende Meinung oder einen abweichenden Lebensstil pflegen, gegen die Meinungen und Eingriffe der Mehrheit schützen.

Selbst individuelle Freiheitsrechte sind aber notwendigerweise begrenzt, da durch Freiheitsausübung vergleichbare wichtige Werte verletzt werden können. Eine naheliegende Grenze von Freiheitsrechten ist so die Verletzung von Rechten anderer und die Abwägung von vergleichbar grundlegenden Rechten ist eine gebräuchliche Praxis in liberalen Rechtsstaaten. Im Zusammenhang mit Hate Speech stellt sich daher die Frage, ob durch Hate Speech ein mit der Meinungsfreiheit vergleichbares Recht verletzt wird. Für bestimmte Arten von Hate Speech ist diese Frage recht einfach zu beantworten: Wenn Hate Speech zu Gewalt aufruft oder in einer bestimmten Situation dazu anstachelt, dann liegt eine klare (Gefährdung für eine) Verletzung eines grundlegenden Rechtes, nämlich des Rechts auf körperliche Unversehrtheit von Personen, die der diffamierten Gruppe angehören, vor (Mill, 1977, S. 260; Rawls, 2005, S. 336). Eine Einschränkung von Hate Speech in solchen Fällen ist daher durchaus geboten. Entsprechend wird

Hate Speech, die zu Gewalt aufstachelt, auch von liberalen Rechtsstaaten in aller Regel unter Strafe gestellt.

Schwieriger ist dagegen die Einschätzung der oben skizzierten sozialen Folgen von Hate Speech und die Frage, ob die Meinungsfreiheit auch bei ihrem Auftreten eingeschränkt werden sollte. Hate Speech spricht den Angehörigen degradierter Gruppen ihre Gleichwertigkeit und gleiche Würde ab. Besonders bei Personen, die dauerhaft und regelmäßig Hate Speech ausgesetzt sind, kann dies dazu führen, dass sie durch Angst und dem Gefühl der Ausgrenzung, wenn schon nicht an den Rand der Gesellschaft gedrängt werden, so doch zumindest weniger am gesellschaftlichen Leben teilnehmen und weniger Chancen wahrnehmen. Es handelt sich hierbei aber nicht um eine Verletzung von Rechten, weil die Betroffenen nicht direkt davon abgehalten werden, ihre Freiheiten auszuüben. Das heißt, formal büßen die Angehörigen von Gruppen, die solchem sozialen Druck und solchen Feindseligkeiten ausgesetzt sind, nicht ihre Freiheiten ein. Das Auftreten der oben skizzierten sozialen Schädigungen impliziert aber durchaus, dass sie über ein deutlich reduziertes Vermögen verfügen, ihre formalen Freiheiten auch nutzen zu können.

In den Worten von John Rawls kann man sagen, dass nicht der Umfang ihrer Freiheiten, sondern der „Wert ihrer Freiheitsrechte" durch Hate Speech unterminiert wird. Rawls definiert den Wert der Freiheit als „the usefulness to persons of their liberties" (Rawls, 2005, S. 326) und er betont: „the worth of liberty to persons and groups depends upon their capacity to advance their ends" (Rawls, 1999, S. 179). Für Rawls ist es gar das Ziel sozialer Gerechtigkeit, diesen Wert der gleichen Freiheit für diejenigen zu maximieren, die in einer Gesellschaft am schlechtesten gestellt sind. Dem Wert der Freiheit kommt diese zentrale Bedeutung zu, weil Menschen zwar alle möglichen formalen Freiheiten haben können, aber diese ihnen letztendlich nicht viel wert sind, wenn sie nicht die Möglichkeit haben, die Freiheiten auch zu nutzen. Dazu brauchen sie neben den formalen Freiheitsrechten weitere „soziale Grundgüter", wie Chancen, Einkommen oder die sozialen Grundlagen des Selbstrespekts (Rawls, 1999, S. 54 f., 179). Diese Unterscheidung von Rawls in Freiheiten und den Wert der Freiheit bietet eine gute Grundlage dafür, über die sozialen Folgen von Hate Speech nachzudenken: Denn Waldron erläutert eindringlich, wie Angehörige von Gruppen, die vermehrt Hate Speech ausgesetzt sind, weniger Chancen auf die Teilhabe an den verschiedensten gesellschaftlichen Aktivitäten haben und wie ihnen die soziale Grundlage des Selbstrespekts entzogen wird.

Der Wert der Freiheit ist allerdings innerhalb von Gesellschaften notwendigerweise ungleich verteilt, zumindest so lange Individuen beispielsweise über unterschiedliche Einkommen verfügen und um attraktive Arbeitsstellen und Ämter konkurrieren müssen. Es stellt sich daher die Frage, unter welchen Umständen Hate Speech den Wert der Freiheit der degradierten Gruppe so weit unterminiert, dass diese Rede reguliert werden sollte. Im Extremfall ist die Antwort einfach: Falls Individuen aufgrund von Hate Speech ihre Freiheiten gar nicht mehr effektiv ausüben können, ist dies ein Grund für die Beschränkung von Hate Speech, denn in diesem Fall wäre die Einschränkung einer Freiheit auf der Grundlage gerechtfertigt, dass andere Gesellschaftsmitglieder ihre Freiheiten gar nicht mehr ausüben können (Rawls, 1999, S. 476). In den allermeisten Fällen wird es sich aber nicht um solche Extremfälle handeln. Was ist also mit Fällen, in denen sich Angehörige von degradierten Gruppen wegen der Anfeindungen aus der Öffentlichkeit zurückziehen und viele Chancen der Teilhabe an der Gesellschaft nicht in Anspruch nehmen? Was ist mit Fällen, in denen Angehörige dieser Gruppen unter dem Entzug der sozialen Grundlage des Selbstrespekts leiden, weil andere Gesellschaftsmitglieder ihnen die gleichwertige Mitgliedschaft in der Gesellschaft absprechen?

Hier wird die Antwort notwendigerweise kontextabhängig sein. Die wichtigste Differenzierung bzgl. Hate Speech und der Regulierung der Meinungsfreiheit ist die zwischen verschiedenen Bereichen, in denen Meinungen geäußert werden. Besonders der politische Bereich ist im Zusammenhang mit Hate Speech relevant und hier ist sowohl die freie Meinungsäußerung als auch die faire politische Teilhabe zu bedenken: Vertreter*innen eines politischen Liberalismus betonen die besondere Bedeutung der freien Diskussion und damit auch der Meinungsfreiheit in politischen Fragen (Mill, 1977, S. 244 f.; Rawls, 2005, S. 347 f.). Schon John Stuart Mill hat in seinem 1859 erschienen Werk *On Liberty* auf die besondere Bedeutung der Meinungsfreiheit für die Demokratie verwiesen. Für unsere Diskussion von Hate Speech ist dabei besonders eines seiner instrumentellen Argumente relevant: Mill (1977, S. 250; Brink, 2001, S. 122) betont, dass sich die verschiedenen Meinungen und Positionen in der öffentlichen Diskussion bewähren müssen, weil es keine andere Instanz gibt, die unabhängig entscheiden könne, welche Meinungen oder Positionen „richtig" bzw. „falsch" seien. Meinungen können laut Mill verwerflich sein, aber dennoch einen wahren Teil enthalten. Herauszufinden, um was es sich im spezifischen Fall handelt, sei die Aufgabe der öffentlichen Diskussion. „[T]he peculiar evil of silencing the expression of an opinion is, that it is robbing the human race; posterity as well as the existing generation; those who dissent from the opinion, still more than those who hold it" (Mill, 1977, S. 229). Wichtiger für die Diskussion um Hate Speech ist aber sein Argument der Funktion von Äußerungen falscher oder unmoralischer Meinungen: Mill betont, dass der Glaube an die Wertebasis einer Gesellschaft, wenn sie nicht von Zeit zu Zeit hinterfragt und öffentlich diskutiert wird, zu einer Art Dogma erstarren kann, das dann keine besondere Bindungskraft mehr entfalten kann (Mill, 1977, S. 244 f.). Daraus folgert er, dass liberal-demokratische Gesellschaften auch Diskussionen um ihre Grundwerte zulassen sollten, damit sich die Menschen der Gründe, die für eine solche Ordnung sprechen, bewusst bleiben und die Wertebasis der Gesellschaft dauerhaft verinnerlichen. Es sollte daher auch Rede zugelassen werden, die die Wertebasis kritisiert oder schlichtweg negiert (Mill, 1977, S. 228).

Das Argument von Mill ist eine starke Begründung für die besondere Bedeutung der freien Meinungsäußerung in politischen Fragen. Allerdings impliziert dieses Argument nicht notwendigerweise, dass die Meinungsfreiheit in diesem Bereich unantastbar ist, denn es müssen mindestens drei Punkte beachtet werden:

Erstens kann man argumentieren, dass es sich bei Hate Speech überhaupt nicht um eine *politische* Meinungsäußerung handelt oder gar überhaupt nicht um eine Meinungsäußerung, sondern schlicht um eine Beschimpfung. Aber selbst, wenn man degradierende Rede nicht als Meinungsäußerungen einstuft, enthalten solche Aussagen häufig durchaus politische Inhalte oder sind mit ihnen vermischt (Sumner, 2000, S. 134). Selbst in diesen Fällen ist aber ihr Wert für den öffentlichen Diskurs beschränkt, denn es ist auch möglich diese Inhalte ohne degradierende Äußerungen zu formulieren. Die Meinungen müssen also bei einem Verbot von Hate Speech nicht generell dem öffentlichen Diskurs verlorengehen, solange sie in anderer Form und ohne Vermischung mit Hate Speech noch in den politischen Diskurs eingehen.

Zweitens beruht das Argument von Mill darauf, dass es tatsächlich zu einer gesellschaftlichen Diskussion von politischen Positionen und Meinungen kommt. Damit dies gelingen kann, müssen eine ganze Reihe von Voraussetzungen erfüllt sein. Die wichtigste ist dabei mit Sicherheit die, dass Angriffe auf liberale Grundwerte, etwa durch Hate Speech, auch tatsächlich effektiv durch Gegenrede beantwortet werden müssen. Falls diese Gegenrede ausbleibt oder nur in geringem Maße auftritt, kann der Mechanismus nicht funktionieren, den Mill zur Aufrechterhaltung liberal-demokratischer Werte vorsieht.[3] Ein Ausbleiben von Gegenrede ist beispielsweise das Problem in sogenannten „Filterblasen", die den Effekt haben können, dass Individuen sich bei ständiger Wiederholung der

---

[3] Zur Relevanz von Gegenrede und die mögliche Rolle des Staates als Gegenredner siehe Brettschneider (2012).

gleichen Positionen und Meinung, ohne Auseinandersetzung mit abweichenden Meinungen, immer weiter radikalisieren.[4]

Drittens gibt es noch ein weiteres Problem mit dem freien politischen Diskurs: Gerade Angehörige von Gruppen, die durch ein Klima von Hate Speech ausgegrenzt werden, ziehen sich in der Regel aus der Öffentlichkeit zurück und nehmen folglich auch in geringerem Maße an der politischen Diskussion teil.[5] Dies ist nicht nur ein Problem wegen der wahrscheinlich geringeren Menge an Gegenrede, die dies verursacht, sondern auch, weil die betroffenen Individuen wegen der effektiven Ausgrenzung keinen fairen Zugang zum politischen Diskurs haben. Wie oben betont, sollte nach Rawls in einer gerechten Gesellschaft der faire Wert der Freiheit garantiert werden. Das gilt aber in besonderer Weise für den fairen Wert der *politischen* Freiheiten: „The fair values of the political liberties ensures that citizens similarly gifted and motivated have roughly an equal chance of influencing the government's policy and of attaining positions of authority" (Rawls, 2001, S. 46). Die Sicherung des fairen Werts der politischen Freiheit impliziert erstens, dass Beschränkungen der Meinungsfreiheit nicht bestimmte Gruppen in ihren Möglichkeiten zur Teilnahme am politischen Diskurs benachteiligen sollten. Zweitens muss jedoch auch sichergestellt sein, dass Individuen, die degradierten Gruppen angehören oder ihnen zugerechnet werden, nicht durch die Verbreitung von Hassrede aus dem öffentlichen Raum gedrängt werden dürfen.

Zusammengefasst bedeutet dies also, dass die Meinungsfreiheit besonders in politischen Fragen geschützt werden sollte, aber ebenso gerade in politischen Diskussionen darauf geachtet werden sollte, dass Personen einen fairen Zugang zur öffentlichen Diskussion haben. Außerdem ist dies nur so lange relevant, wie die öffentliche Diskussion in einer Gesellschaft hinreichend funktioniert, Positionen ausgetauscht werden und im Wettbewerb gegeneinander antreten.

---

[4] Als „Filterblase" wird das „unique universe of information" bezeichnet, das entsteht, wenn wir uns im Internet bewegen und die uns (prioritär) angebotenen Informationen durch Algorithmen auf der Grundlage unserer Identität und unserer vorherigen Handlungen immer weiter personalisiert werden (Pariser 2011, S. 9).

[5] Diese und andere negative Effekte sind in der Forschung zu Hate Speech sehr gut belegt, siehe etwa Delgado und Stefancic (2004).

5 Implikationen für die Regulierung von Hate Speech

Nun kommen wir zu der Frage, was das bisher Gesagte für eine angemessene Regulierung von Hate Speech bedeutet. Eine Regulierung von Hassrede sollte folgende Ziele verfolgen: Zunächst einmal sollte eine Regulierung einen frei zugänglichen demokratischen Diskurs erhalten. Es sollte sichergestellt sein, dass erstens ein möglichst großes Spektrum an inhaltlichen Positionen thematisiert werden kann; und dass zweitens ein adäquater Zugang zum demokratischen Diskurs für alle Individuen erhalten bleibt.

Das zweite Ziel ist der Schutz des liberal-demokratischen Grundkonsenses. Das bedeutet, dass möglichst viele Individuen positive Einstellungen gegenüber der Demokratie und keine menschenfeindlichen Einstellungen haben sollten. Ohne diesen Grundkonsens ist ein demokratisches Zusammenleben prekär: Eine Gesellschaft, in der viele Menschen etwa menschenfeindliche Vorstellungen haben, ist anfälliger für den Aufstieg demokratiefeindlicher politischer Bewegungen und anfälliger für rassistische Gewalt bis hin zum Völkermord (Tsesis, 2002). Die Aufrechterhaltung der liberal-demokratischen Ordnung kann durchaus als Grund für die Beschränkung bestimmter Grundfreiheiten – wie etwa der politischen Redefreiheit – herangezogen werden, sofern ein solcher Zusammenhang empirisch begründet werden kann. Dies soll etwa verhindern, dass Demokratie mit demokratischen Mitteln, wie etwa politischer Rede in Form von Hasspropaganda, unterminiert wird (Loewenstein, 1937; Rawls, 2005, S. 35 f.; Sirsch, 2013, S. 189–191).

Drittens sollte eine Regulierung das Gut der gegenseitigen Zusicherung gleicher Würde schützen (Waldron, 2012). Wie wir gesehen haben, ist es nicht nur relevant, ob Individuen sich tatsächlich gegenseitig respektieren. Es ist auch relevant, ob eine Gesellschaft für alle Individuen den Anschein gegenseitigen Respekts vermittelt und damit soziale Grundlagen des Selbstrespekts sichert. Ob nun ein staatliches Eingreifen gerechtfertigt ist, hängt unter anderem von dem Grad der Feindlichkeit des sozialen Umfelds und der Effektivität der Maßnahmen bezüglich des Schutzes des öffentlichen Gutes der Zusicherung gleicher Würde ab.[6]

---

[6]Schulzke (2016) argumentiert diesbezüglich, dass, wenn gruppen- und menschenfeindliche Einstellungen aufgrund von staatlichen Beschränkungen von Hate Speech unausgesprochen bleiben, es aber allgemein vermutet wird, dass diese Einstellungen vorliegen, nicht unbedingt davon ausgegangen werden kann, dass das Fehlen von Hate Speech in der

Hieraus können einige generelle Richtlinien für eine Regulierung von Hassrede abgeleitet werden. Regulierungen des Inhalts von Rede sind stärker begründungsbedürftig als die Regulierung bestimmter Arten der Äußerung. Eine Regulierung des Inhalts schließt bestimmte Positionen aus dem politischen Diskurs aus, während eine Regulierung der Form lediglich bestimmte Arten der Äußerung beschränkt. Zu letzteren, eher unproblematischen Kategorie von Regulierung zählt auch eine Beschränkung des Zeitpunkts oder des Orts einer Äußerung. Wichtig ist, dass diese Regulierungen der Form möglichst inhaltlich neutral sein sollten. Das bedeutet, dass sie keine einseitigen Nachteile für spezifische politische Doktrinen oder Inhalte verursachen sollten, so dass der faire Wert der politischen Freiheit gewahrt wird und der freie öffentliche Diskurs von Ideen erhalten bleibt (Rawls, 2005, S. 357; Scanlon, 1972, S. 209).

Hieraus folgt beispielsweise, dass es eher rechtfertigbar ist, Demonstrationen an bestimmten sensiblen Orten zu untersagen, als sie generell zu verbieten. Es ist vor diesem Hintergrund deutlich leichter zu rechtfertigen einer Demonstration, auf der mit großer Wahrscheinlichkeit Hassrede gegenüber Gruppe X geäußert wird, eine Route zu verbieten, die durch Wohnviertel führt, in denen viele Angehörige von Gruppe X leben, anstatt sie ganz zu verbieten.[7]

Genauso stellt eine Regulierung von Hassrede in bestimmten sozialen Kontexten einen weniger drastischen Eingriff in die Redefreiheit dar. Beispielsweise könnten Arbeitsplätze zu Hate-Speech-freien Zonen erklärt werden: Arbeitsplätze sind besonders wichtig für gesellschaftliche Teilhabe, aber gleichzeitig nicht so relevant für den demokratischen Diskurs (Delgado & Stefancic, 2004; Sirsch, 2013, S. 187–189).

Allerdings sollte man nicht nur nach Regulierungen suchen, die möglichst kompatibel mit dem ersten Ziel sind. Es kann Kontexte geben, etwa, wenn Hassrede stark verbreitet ist und auch Hassverbrechen zunehmen, in denen das

---

Öffentlichkeit soziales Vertrauen erhöht. Im Gegenteil könne es dazu kommen, dass hierdurch Misstrauen entsteht, da nicht klar zugeordnet werden kann, wer menschenfeindliche Einstellungen hat und wer nicht. Dieses Argument lässt jedoch die symbolische Stützung des öffentlichen Gutes der gegenseitigen Anerkennung durch rechtliche Beschränkungen von Hate Speech außer Acht, insbesondere, wenn diese Beschränkungen durch einen breiten Konsens in der Gesellschaft gestützt sind (Waldron, 2012, S. 79–81, 95).

[7] Für das berühmte Fallbeispiel der Stadt Skokie und dem Nazi-Aufmarsch durch ein jüdisches Wohnviertel, das zudem von vielen Holocaust-Überlebenden bewohnt wurde, siehe z. B. Downs (1985).

zweite und dritte Ziel zunehmend gefährdet werden. In solchen Kontexten muss eine „wehrhafte Demokratie" (Loewenstein, 1937) in der Lage sein, Hassrede zu unterdrücken und die Verbreitung von menschen- und demokratiefeindlichen Einstellungen zu verhindern – wozu auch inhaltliche Beschränkungen von demokratiefeindlicher, intoleranter und menschenfeindlicher Rede gehören (Rawls, 1999, S. 192 f.; Sirsch, 2013, S. 190).

Die hier vorgestellte Argumentation liefert also kein kategoriales Urteil darüber, ob Hassrede verboten oder geduldet werden sollte. Das liegt zum einen daran, dass keines der Ziele die anderen Ziele unter allen Umständen übertrumpft. So kann es durchaus Kontexte geben, in denen eine stärkere Regulierung von Hassrede wichtiger ist als die damit einhergehende Beschränkung des demokratischen Diskurses. Das wäre dann der Fall, wenn das gesellschaftliche Klima durch Hassrede so vergiftet ist, dass bestimmte Gruppen kaum am gesellschaftlichen Leben teilnehmen und auch am demokratischen Diskurs kaum beteiligt sind. In einem anderen Kontext könnte es jedoch sein, dass Hassrede zwar vorhanden ist, aber dass der dominante Ton des öffentlichen Diskurses eine positive Haltung gegenüber diskriminierten Gruppen vermittelt. In solchen Fällen würde eine umfassende Beschränkung von Hassrede kontraproduktiv wirken, da in diesem Fall der freie Diskurs zu einer Stärkung von demokratischen Werten wie Toleranz und gegenseitiger Anerkennung als Gleiche beiträgt.

Vor dem Hintergrund der Diskussion in diesem Beitrag lassen sich somit keine generellen und endgültigen Aussagen bezüglich der Rechtfertigbarkeit der Regulierung von Hassrede ableiten. Denn wie die oben genannten Ziele gegeneinander abgewogen werden sollten und welche Art der Regulierung im Einzelfall gerechtfertigt ist, hängt stark von verschiedenen Kontextfaktoren ab, die sowohl die Effektivität als auch die Dringlichkeit von Maßnahmen beeinflussen. Dies liegt zum einen daran, dass die Frage der Auswirkungen von Maßnahmen auf die Ziele empirischer Natur sind und somit für jeden Kontext neu gestellt werden müssen. Zusätzlich fehlt es an empirisch belastbaren generalisierbaren Erkenntnissen bezüglich der Auswirkungen unterschiedlicher Regulierungen von Hassrede auf die drei genannten Ziele. Auch ein vollständigeres empirisches Bild wäre jedoch nicht hinreichend, um eine abschließende Bewertung der Maßnahmen vorzunehmen. Hierfür würde man eine deutlich umfassendere Gerechtigkeitstheorie benötigen, die Abwägungen zwischen den verschiedenen Zielen erlaubt (Sirsch & Unger, 2021). Hierfür könnte beispielsweise Rawls' Theorie der Gerechtigkeit oder eine neorepublikanische Theorie herangezogen werden.[8]

---

[8] Für einen Versuch, die Grundzüge einer solchen Theorie für die Regulierung von Hate Speech auf der Grundlage von Rawls zu erarbeiten, siehe Sirsch (2013).

Wir können an dieser Stelle dennoch versuchen, einige generelle Aussagen zum Zusammenhang zwischen Kontextfaktoren und der Rechtfertigbarkeit bestimmter Formen der Regulierung von Hassrede, besonders im Internet, zu machen: Zunächst einmal ist es relevant zu schauen, wie stark Hassrede in einem bestimmten Kontext verbreitet ist. Je stärker Hassrede gegenüber einer bestimmten Gruppe verbreitet ist, desto feindlicher ist das soziale Umfeld für diese Gruppe. Je feindlicher das Umfeld, desto dringender sind Maßnahmen, die die Gruppe vor diesen Angriffen schützt. Allerdings muss in diese Beurteilung auch eingehen, wie stark Gegenrede vorhanden ist (Cohen, 1993, S. 211): Je mehr Solidarität die Betroffenen von Hate Speech durch Gegenrede erfahren, desto geringer ist die Notwendigkeit einer Regulierung. Eine Beschränkung von Hate Speech kann sogar kontraproduktiv sein, wenn dadurch gleichzeitig Anlässe für Gegenrede entfallen: Wenn Angehörige einer Minderheit etwa sowieso schon davon ausgehen, dass viele Menschen negative Einstellungen ihnen gegenüber haben, könnte viel Gegenrede trotz Hate Speech dazu führen, dass dieser Eindruck korrigiert wird.

Besonders im Internet sollte daher darauf geachtet werden, dass Gegenrede in hinreichendem Ausmaß stattfindet. Zum einen ist dies notwendig, um die Radikalisierung von Gruppen zu verhindern, die sich in digitalen Räumen mit Gleichgesinnten isolieren und so kaum noch Gegenrede erfahren. Zum anderen ist ein Ausbleiben von Gegenrede aber besonders da problematisch, wo Minderheiten Hate Speech dauerhaft ausgesetzt sind. Hier könnte demnach das automatische Erkennen von Hate Speech beispielsweise Moderator*innen dabei helfen, gezielt Gegenrede zu platzieren. Darüber hinaus stellt sich die Frage, ob ein staatliches Verbot von Hassrede das Grundgut der gegenseitigen Zusicherung effektiv sichern kann. Im Internet könnte dies für Chatrooms, Diskussionsforen oder Social Media bedeuten, dass Beiträge, die Hate Speech enthalten, generell gelöscht werden oder (idealerweise) bereits ihr Posting durch Uploadfilter verhindert wird. Allerdings ist das Löschen von Beiträgen kein Allheilmittel. Insbesondere wenn negative Einstellungen gegenüber bestimmten Gruppen in der Gesellschaft verbreitet sind, gibt es sicherlich alternative Möglichkeiten, diese Einstellungen bekannt zu machen. Auch durch das Wissen um latente negative Einstellungen kann das Grundgut der gegenseitigen Zusicherung unterminiert werden. Zusätzlich ist es relevant zu fragen, wie invasiv Maßnahmen in die Möglichkeit einer Teilnahme am demokratischen Diskurs (und ihren fairen Wert) eingreifen. So kann festgehalten werden, dass Maßnahmen, die hierauf geringere Auswirkungen haben, generell leichter zu rechtfertigen sind. Unter die Kategorie der verhältnismäßig leicht zu rechtfertigenden Maßnahmen fallen solche, die nur die Form von Äußerungen und nicht deren Inhalt betreffen, sowie Regulierungen, die nur in bestimmten Kontexten, wie etwa am Arbeitsplatz oder auch in digitalen Räumen, die von Schüler*innen frequentiert werden, gelten, und somit den Raum für politischen Diskurs nicht zu stark begrenzen.

Im folgenden Abschnitt gehen wir exemplarisch auf eine naheliegende Möglichkeit zum Verbot bestimmter Formen von Hate Speech ein – sogenannter Hassausdrücke. Diese Ausdrücke können besonders auf Social-Media-Plattformen relativ einfach durch automatisierte Verfahren identifiziert werden. Außerdem hat eine Filterung solcher Beiträge den Vorteil, dass auf die Form einer Aussage abgezielt wird, anstatt bestimmte Positionen generell zu verbieten.

6 Regulierung von Hassausdrücken

Unter Hassausdrücken verstehen wir Schimpfwörter für eine Gruppe, die häufig in Hate Speech verwendet werden. Solche Ausdrücke sind kulturell spezifisch und schwierig in andere Sprachen zu übersetzen (König & Stathi, 2010, S. 53). Ein Beispiel für solche Hassausdrücke sind Ethnophaulismen, die eine bestimmte ethnische Gruppe mit einer herabwürdigenden Bezeichnung versehen (vgl. auch Jaki in diesem Band). Solche Bezeichnungen gibt es aber auch für alle möglichen Arten von kulturellen und religiösen Gruppen, aber auch für soziale Kategorien, wie Frauen oder Menschen mit Behinderung.

Der Vorteil eines Verbots solcher Hassausdrücke ist naheliegend: Erstens entfalten Hassausdrücke eine besonders starke degradierende Wirkung. Sie referieren in der Regel auf eine lange Geschichte der Unterdrückung und Herabwürdigung und spielen eine wichtige Rolle in Mechanismen der Dehumanisierung, die zum Beispiel Massengräueltaten vorweggehen (Tsesis, 2002). Zweitens können sie effektiv reguliert werden, weil sie einfach erkannt werden und es somit relativ problemlos möglich ist, Beiträge in sozialen Netzwerken anhand von Algorithmen nach ihnen zu filtern (siehe Mathew et al., 2019; Mondal et al., 2017 sowie die Beiträge in diesem Band).

Zunächst erscheint die Regulierung von Hassausdrücken als unproblematisch: Indem Beiträge mit Hassausdrücken aus dem gesellschaftlichen Diskurs entfernt werden, wird direkt ein Beitrag zum Schutz eines gesellschaftlichen Klimas der gleichen Anerkennung geleistet. Das liegt daran, dass Redebeiträge, die diese Hassausdrücke verwenden, häufig besonders einschüchternd wirken. Angehörige von degradierten Gruppen werden so beispielsweise beim Diskutieren in Internetforen oder beim Lesen von Postings in Social Media nicht mit diesen degradierenden Bezeichnungen konfrontiert und es bleiben die negativen Wirkungen aus. Zweitens erscheint eine solche Regulierung auf den ersten Blick auch als unproblematisch für die Erhaltung des demokratischen Diskurses: Das liegt daran, dass es sich nur um eine Regulierung der Form, aber nicht des Inhalts handelt: Relevante politische Inhalte lassen sich nämlich auch ohne die Verwendung von Hassausdrücken kommunizieren, indem diese Ausdrücke durch andere Worte ersetzt werden: „[F] or each such word, there is, or at least perfectly well could be, another that applies to the same people but whose use does not convey these things – there is, that is, a neutral counterpart" (Hornsby, 2001, S. 129 f.). Selbst wenn es sich also bei der betreffenden Aussage um eine politische Aussage handelt, dann wird nicht der politische Inhalt an sich aus dem öffentlichen Diskurs entfernt, sondern nur die Formulierung dieser Inhalte mit Bezug zu degradierenden Hassausdrücken. Drittens dürfte auch der Schutz des liberal-demokratischen Grundkonsenses durch eine gemäßigtere politische Diskussion gestärkt werden, da so besonders herabwürdigende Aussagen aus dem öffentlichen Diskurs ausgeschlossen werden und so eine weitere Radikalisierung und Abstumpfung vermieden wird (Bilewicz & Soral, 2020). Es sprechen also sehr gute Gründe dafür, solche Hassausdrücke in Internetforen oder Postings in Social Media zu löschen oder, besser noch, beispielsweise durch Uploadfilter dafür zu sorgen, dass solche Äußerungen gar nicht erst erscheinen und so zu einem hasserfüllten sozialen Klima beitragen können.[9]

Allerdings stellen sich selbst bei diesem Beispiel eine Reihe von Problemen, die bei einer Regulierung bedacht werden sollten. Die Regulierung von Hassausdrücken zielt auf bestimmte Worte oder Zeichen ab, jedoch nicht auf die mit diesen Zeichen verbundenen Bedeutungen: Selbst die Bedeutung von sozial hochsalienten Hassausdrücken ist aber in der Regel stark kontextabhängig. Es stellt sich beispielsweise das Problem, zwischen Hate Speech, die reguliert werden sollte, und umgedeuteten Hassausdrücke, die nicht reguliert werden sollten, zu unterscheiden (Altman, 1993, S. 314; Strossen, 1990, S. 538 f.; Unger, 2013, S. 280–282). Die Umdeutung von Hassausdrücken durch betroffene Gruppen stellt eine Form des Empowerments dar, bei dem diese Gruppen Kontrolle über das gesellschaftliche Narrativ erlangen und Selbstbewusstsein gewinnen können. Eine Regulierung, die diese Unterschiede nicht beachtet, könnte gerade solche Beiträge beschränken, die der einschüchternden Wirkung einer feindlichen Umgebung entgegenwirken. Selbst solche Hassausdrücke

---

[9] Zusätzlich stellen sich an dieser Stelle grundlegende Fragen bezüglich des Einsatzes automatisierter algorithmischer Entscheidungssysteme, etwa inwiefern es ein Recht auf Überprüfung durch menschliche Entscheider*innen seitens der betroffenen Individuen gibt oder wie hoch die an solche Systeme angelegten Transparenzstandards sein sollten. Vgl. hierzu etwa Binns (2018) oder Zerilli et al. (2019).

sollten daher nicht generell verboten und aus dem digitalen Diskurs vollständig entfernt werden. Stattdessen müssten Filter auch solche Kontextfaktoren beachten oder die einzelnen fragwürdigen Postings wiederum durch Moderator*innen nachträglich beurteilt werden. In einigen Fällen mag es wiederum sinnvoll sein, Äußerungen zuzulassen, aber ihre problematische Form und ihren Inhalt zu kommentieren und dadurch Gegenrede zu produzieren.

So zeigt selbst das Beispiel der Hassausdrücke, dass eine Regulierung von Hate Speech notwendigerweise hochgradig den Kontext von Äußerungen beachten muss und im Einzelfall entschieden werden sollte, ob durch eine Regulierung mehr oder weniger Schaden für die Gesellschaft entsteht.

7 Fazit

Wir haben argumentiert, dass Hate Speech ein Dilemma für liberale Demokratien darstellt: Der zentrale Wert der Meinungsfreiheit steht in einem Spannungsverhältnis zu anderen relevanten Werten, etwa zum Wert anderer Grundfreiheiten. Auf dieser Grundlage haben wir zentrale Ziele für eine Regulierung von Hate Speech herausgearbeitet. Inwiefern diese Ziele durch eine Regulierung von Hate Speech erreicht werden können, hängt jedoch stark vom jeweiligen gesellschaftlichen Kontext sowie empirischen Fragen ab: Eine staatliche Beschränkung von Hate Speech ist besonders geboten, wenn Hate Speech weit verbreitet ist und wenig Gegenrede erfolgt. Besonders problematisch ist Hate Speech gegenüber strukturell benachteiligten Minderheiten, die gefährdet sind noch weiter vom gesellschaftlichen Leben ausgeschlossen zu werden. Deshalb sollte man bei einer Regulierung darauf achten, dass besonders zentrale soziale Räume (online wie auch offline), etwa im ökonomischen, politischen oder kulturellen Bereich, weitestgehend frei von Hate Speech bleiben. So liegt etwa die Etablierung von Speech Codes am Arbeitsplatz nahe: Hierbei handelt es sich um einen Bereich, der zentral für die Verfolgung individueller Lebenspläne ist, aber gleichzeitig eine nachgeordnete politische Relevanz besitzt. Gerade auch im digitalen Raum würden solche zentralen Orte von einer starken Moderation profitieren. Ist dieser Raum durch Hate Speech gegenüber einer bestimmten Gruppe allerdings stark belastet, dann ist es durchaus gerechtfertigt Hate-Speech-Äußerungen herauszufiltern. Dies sollte im besten Fall bereits vor der Veröffentlichung passieren. Automatisierte Verfahren können hier äußerst hilfreich sein, sollten allerdings nicht so stark in den Diskurs eingreifen, dass eine offene Diskussion unmöglich wird. Dafür sollte stark zwischen verschiedenen (digitalen) Räumen unterschieden werden und gegeneinander abgewogen werden, welche Rolle dem spezifischen Raum für den öffentlichen Diskurs auf der einen und für die Teilhabe von Minderheiten am öffentlichen Leben auf der anderen Seite zukommt. Außerdem sollten wichtige Kontextfaktoren bei der Beurteilung von Äußerungen beachtet werden.

Die einer Regulierung von Hassrede zugrundeliegenden Abwägungen sind nicht einfach. Es ist wichtig, hierbei auch auf die Auswirkungen von Hate Speech auf das soziale Klima in einer Gesellschaft zu achten – insbesondere aus der Perspektive derjenigen, die bereits strukturellen Nachteilen ausgesetzt sind. Unser Beitrag soll daher auch als Plädoyer verstanden werden, dass die Lebensumstände und Teilhabechancen von Personen, die unter Hate Speech aus der Gesellschaft zu leiden haben, hierbei in besonderem Maße Beachtung finden sollten.

Literatur

Altman, A. (1993). Liberalism and campus hate speech: A philosophical examination. *Ethics, 103*, 302–317.
Baker, E. C. (2009). Autonomy and hate speech. In I. Hare & J. Weinstein (Hrsg.), *Extreme Speech and Democracy* (S. 139–157). Oxford University Press.
Bellamy, A. J. (2014). *Responsibility to protect: A defense*. Oxford University Press.
Bilewicz, M., & Soral, W. (2020). Hate speech epidemic. The dynamic effects of derogatory language on intergroup relations and political radicalization. *Advances in Political Psychology, 41*, 3–33.
Binns, R. (2018). Algorithmic accountability and public reason. *Philosophy & Technology, 31*, 543–556.
Brettschneider, C. (2012). *When the state speaks, what should it say? How democracies can protect expression and promote equality*. Princeton University Press.
Brink, D. O. (2001). Millian principles, freedom of expression, and hate speech. *Legal Theory, 7*, 119–157.
Brison, S. (1998). The autonomy defence of free speech. *Ethics, 108*, 312–339.
Cohen, J. (1993). Freedom of expression. *Philosophy & Public Affairs, 22*, 207–263.
Delgado, R., & Stefancic, J. (2004). *Understanding words that wound*. Westview Press.
Dharmapala, D., & McAdams, R. H. (2003). Words that kill? Economic perspectives on hate speech and hate crimes. Department of Economics Working Paper Series, University of Connecticut, Working Paper 2003-05. http://digitalcommons.uconn.edu/econ_wpapers/200305/. Zugegriffen: 18. Nov. 2021.
Downs, D. A. (1985). Skokie revisited: Hate group speech and the first amendment. *Notre Dame Law Review, 60*, 629–985.
Dworkin, R. (2009). Foreword. In I. Hare & J. Weinstein (Hrsg.), *Extreme speech and democracy* (S. v–ix). Oxford University Press.
Hornsby, J. (2001). Meaning and uselessness: How to think about derogatory words. In P. A. French & H. K. Wettstein (Hrsg.), *Midwest Studies in Philosophy 25: Figurative Language* (S. 128–141). Blackwell.
Jugov, T., & Ypi, L. (2019). Structural injustice, epistemic opacity, and the responsibilities of the oppressed. *Journal of Social Philosophy, 50*, 7–27.

Kliemt, H. (1996). Macht und Ohnmacht der Moral in der Demokratie. In K. Bayertz (Hrsg.), *Politik und Ethik* (S. 168–193). Reclam.
König, E., & Stathi, K. (2010). Gewalt durch Sprache: Grundlagen und Manifestationen. In S. Herrmann, S. Krämer, & H. Kuch (Hrsg.), *Verletzende Worte. Die Grammatik sprachlicher Missachtung* (S. 45–60). Transcript.
Lepoutre, M. (2017). Hate speech in public discourse: A pessimistic defense of counterspeech. *Social Theory and Practice, 43*, 851–883.
Levin, A. 2010. *The cost of free speech. Pornography, hate speech, and their challenge to liberalism*. Palgrave Macmillan.
Loewenstein, K. (1937). Militant democracy and fundamental rights. *American Political Science Review, 31*, 417–432.
Mathew, B., Dutt, R., Goyal, P., & Mukherjee, A. (2019). Spread of hate speech in online social media. *11th8 ACM Conference on Web Science (WebSci' 19), June 30–July 3, 2019, Boston*. https://doi.org/10.1145/3292522.3326034.
Mill, J. S. (1977). On Liberty (1859). In J. M. Robson (Hrsg.), *The Collected Works of John Stuart Mill Band XVIII* (S. 213–310). University of Toronto Press.
Mondal, M., Araújo Silva, L., & Benevenuto, F. (2017). A measurement study of hate speech in social media. *Proceedings of HT' 17 Prague, July 04–07* http://doi.org/10.1145/3078714.3078723.
Parekh, B. (2006). Hate speech. Is there a case for banning? *Public Policy Research, 12*, 213–223.
Pariser, E. (2011). *The filter bubble. What is the internet hiding from you?* Penguin Books Ltd.
Rawls, J. (1999). *A theory of justice* (Überarb). The Belknap Press of Harvard University Press.
Rawls, J. (2001). *Justice as fairness. A restatement*. The Belknap Press of Harvard University Press.
Rawls, J. (2005). *Political liberalism* (Erw). Columbia University Press.
Scanlon, T. (1972). A theory of freedom of expression. *Philosophy & Public Affairs, 1*, 204–226.
Schulzke, M. (2016). The social benefits of protecting hate speech and exposing sources of prejudice. *Res Publica, 22*, 225–242.
Sirsch, J. (2013). Die Regulierung von Hassrede in liberalen Demokratien. In J. Meibauer (Hrsg.), *Hassrede/Hate Speech. Interdisziplinäre Beiträge zu einer aktuellen Diskussion. Linguistische Untersuchungen* (S. 165–194). Gießener Elektronische Bibliothek.
Sirsch, J., & Unger, D. (2021). The neorepublican challenge to egalitarian-liberalism: Evaluating justifications of redistributive institutions. *Critical Review of International Social and Political Philosophy, 24*, 1000–1023.
Strossen, N. (1990). Regulating racist speech on campus: A modest proposal? *Duke Law Journal, 1990*, 484–573.
Sumner, L.W. (2000). Should hate speech be free speech? John Stuart Mill and the limits of tolerance. In R. Cohen Almagor (Hrsg.), *Liberal democracy and the limits of tolerance. Essays in honor and memory of Yitzhak Rabin* (S. 133–149). University of Michigan Press.
Tiefensee, C. (2019). Why making no difference makes no moral difference. In A. Schmitt, K. Marker, & J. Sirsch (Hrsg.), *Demokratie und Entscheidung* (S. 231–244). Springer VS.

Tsesis, A. (2002). *Destructive messages: How hate speech paves the way for harmful social movements.* New York University Press.
Unger, D. (2013). Kriterien zur Einschränkung von Hate Speech: Inhalt, Kosten oder Wertigkeit von Äußerungen? In J. Meibauer (Hrsg.), *Hassrede/Hate Speech. Interdisziplinäre Beiträge zu einer aktuellen Diskussion. Linguistische Untersuchungen* (S. 257–285). Gießener Elektronische Bibliothek.
Waldron, J. (2012). *The harm in hate speech.* Harvard University Press.
Zerilli, J., Knott, A., Maclaurin, J., & Gavaghan, C. (2019). Transparency in algorithmic and human decision-making: Is there a double standard? *Philosophy & Technology, 32,* 661–683.

Open Access Dieses Kapitel wird unter der Creative Commons Namensnennung 4.0 International Lizenz (http://creativecommons.org/licenses/by/4.0/deed.de) veröffentlicht, welche die Nutzung, Vervielfältigung, Bearbeitung, Verbreitung und Wiedergabe in jeglichem Medium und Format erlaubt, sofern Sie den/die ursprünglichen Autor(en) und die Quelle ordnungsgemäß nennen, einen Link zur Creative Commons Lizenz beifügen und angeben, ob Änderungen vorgenommen wurden.

Die in diesem Kapitel enthaltenen Bilder und sonstiges Drittmaterial unterliegen ebenfalls der genannten Creative Commons Lizenz, sofern sich aus der Abbildungslegende nichts anderes ergibt. Sofern das betreffende Material nicht unter der genannten Creative Commons Lizenz steht und die betreffende Handlung nicht nach gesetzlichen Vorschriften erlaubt ist, ist für die oben aufgeführten Weiterverwendungen des Materials die Einwilligung des jeweiligen Rechteinhabers einzuholen.

Die Regulierung von Deepfakes auf EU-Ebene: Überblick eines Flickenteppichs und Einordnung des Digital Services Act- und KI-Regulierungsvorschlags

Murat Karaboga

1 Einführung und Problemstellung

Spätestens mit dem aufsehenerregenden Obama-Deepfake aus dem Jahr 2018 wurden die technologischen Möglichkeiten von Deepfakes einem größeren Zuschauer:innenkreis bekannt (BuzzFeed, 2018). Seither sind zwar glücklicherweise größere Deepfake-induzierte Skandale ausgeblieben.[1] Politiker:innen und Forschende weltweit arbeiten jedoch trotzdem mit Hochdruck an Regulierungsvorschlägen zur Einhegung von Deepfakes, um die befürchteten Effekte von mit Schädigungsabsicht erstellten und verbreiteten Deepfakes zu vermeiden.

Dabei sind Manipulationen von Bild- und Tonmaterial freilich nichts Neues. Seit es menschengemachte Aufzeichnungen gibt, existieren auch Fälschungen (Steinebach et al., 2020, S. 21). Frühere Manipulationsmethoden stützten sich allerdings vor allem auf Erzählungen und Geschriebenes und derartige Fälschungen von Bild- und Tonmaterial konnten auf relativ einfache Weise

---

[1] An dieser Stelle soll nicht unerwähnt bleiben, dass Deepfakes und insb. Deepfake-Pornographie dennoch bereits sehr reale Konsequenzen für die Opfer haben, wie z. B. der Fall Ayyub aus dem Jahr 2018 demonstriert (Ayyub, 2018).

M. Karaboga (✉)
Fraunhofer-Institut für System- und Innovationsforschung ISI, Competence Center Neue Technologien, Karlsruhe, Deutschland
E-Mail: Murat.Karaboga@isi.fraunhofer.de

wirksam erkannt werden. Erstmals ist es mittels KI-Einsatz inzwischen auch möglich, qualitativ hochwertige synthetische Medieninhalte zu erstellen oder bestehende Inhalte so zu manipulieren, dass sie sich zunehmend schwieriger von realen Inhalten unterscheiden lassen. Weil die menschliche Psyche dem, was die eigenen Augen sehen, stärkeren Glauben zu schenken scheint, wird Deepfakes ein besonders großes Manipulationspotential beigemessen (Minsky, 2021). Diese Herausforderung wird dadurch verstärkt, dass technologische Fortschritte zum einen die Qualität von Deepfake-Inhalten in absehbarer Zeit dahingehend steigern könnten, dass selbst Expert:innen nicht mehr in der Lage wären, eine Unterscheidung von realen Inhalten vorzunehmen (Jiang et al., 2021). Zum anderen führen ebenjene Fortschritte dazu, dass die Herstellung von täuschend echten Deepfakes immer einfacher wird. Deshalb wird davon ausgegangen, dass künftig auch technisch nicht- oder nur wenig versierte Menschen entsprechende Inhalte erstellen können werden (van Huijstee et al., 2021, S. 7 ff.).

Den mit Deepfakes assoziierten Risiken wird auch deshalb größere Aufmerksamkeit beigemessen, da das Deepfakes-Phänomen in eine *gefährliche Zeit* fällt, die dadurch charakterisiert ist, dass die Verbreitung medialer Inhalte und insbesondere von Nachrichteninhalten nicht mehr allein in der Hand von Akteuren liegt, die vertrauenswürdig sind bzw. deren Handlungen quantitativ überschaubar sind (Chesney & Citron, 2019, S. 9 f.). Durch den sogenannten *digitalen Strukturwandel* sind neben Massenmedien mit Onlineplattformen neue Vermittler öffentlicher Kommunikation getreten (Eisenegger, 2021). Plattformen wie soziale Netzwerke, Suchmaschinen, Video-Sharing-Dienste oder Nachrichtenaggregatoren spielen auch für die Nutzung herkömmlicher Medien eine zentrale Rolle. Von klassischen Blogs, über soziale Online Netzwerk-Plattformen bis hin zu Instant Messaging Apps bietet sich für all jene, die an der Verbreitung synthetischer oder manipulierter Inhalte interessiert sind, eine nie da gewesene Vielzahl an Verbreitungsmöglichkeiten. Wie schon aus der Diskussion rund um Desinformation und Social Media bekannt, treibt diese Entwicklung nicht nur die Quantität der Verbreitung entsprechender Inhalte voran. Im Umkehrschluss bedeutet die zunehmende Nachrichtennutzung auf sozialen Netzwerken, insbesondere bei jüngeren Altersgruppen, dass sowohl korrekte Informationen als auch Richtigstellungen über Desinformation ihre Adressaten häufig nicht erreichen. Hinzu kommt, dass psychologische Faktoren dazu führen, dass manipulierte Inhalte, gerade dann, wenn sie besonders sensationelle Informationen zu liefern vorgeben und/oder bestehende Einstellungen affirmieren (der sog. *Confirmation Bias*), viel stärker wirken, als Klarstellungen es vermögen. Dadurch hinterlassen entsprechende Inhalte selbst dann noch einen signifikanten

Effekt bei den Betroffenen, wenn die konsumierten Inhalte später richtiggestellt werden (der sog. *Falschinformationseffekt*) (Högden et al., 2020).

Angesichts dieser Problemlage werden weltweit Wege diskutiert, wie den möglichen Risiken von Deepfakes begegnet werden sollte. Unter den Vorschlägen finden sich solche zur Technologiegestaltung, zur Entwicklung von Detektionsmethoden, zum Ausbau der gesellschaftlichen Resilienz bis hin zu verschiedenen Möglichkeiten des Verbots oder der anderweitigen Begrenzung der Verbreitung manipulierter oder synthetischer Inhalte (Trend Micro Research, UNICRI und EC3, 2020, S. 61 ff.). Mit den gegenwärtig auf EU-Ebene verhandelten Vorschlägen zu neuen Regelungen für Online-Plattformen (DSA) und KI-Regulierung (AI Act) existieren zwei Vorhaben, die Deepfakes unmittelbar betreffen.

Der vorliegende Beitrag gibt einen Überblick über die Regulierung von Deepfakes auf EU-Ebene und diskutiert, inwiefern die Kommissionsentwürfe zum DSA und KI-Verordnungsvorschlag (AI Act) die mit Deepfakes assoziierten Herausforderungen adressieren. Der Aufsatz beginnt mit einem Kapitel zur begrifflichen Einordnung des Phänomens Deepfakes innerhalb des Diskurses rund um Desinformation, Fehlinformation, schädigende Informationen und Hate Speech. Das daran anschließende Kapitel gibt einen Überblick über die mit Deepfakes assoziierten Chancen und Risiken.

Daran schließt sich die Diskussion der Regulierungsbemühungen zu Deepfakes an. Nachdem ein Überblick über Regulierungsbestrebungen in den Vereinigten Staaten und der Volksrepublik China gegeben wurde, werden die einschlägigen Vorgaben und Regulierungsbestrebungen auf EU-Ebene vorgestellt. Der Fokus hierbei liegt auf den EU-Vorhaben zum Digital Services Act und der KI-Regulierung, die sowohl im Hinblick auf Berührungspunkte mit Deepfakes als auch im Hinblick auf mögliche Probleme diskutiert werden, sodass Handlungspotentiale deutlich werden.

2 Definitionen

Im Folgenden werden zentrale Begrifflichkeiten des Deepfakes-Diskurses definiert und zu einander in Beziehung gesetzt.

Deepfakes: Bei der Definition des Begriffs Deepfakes folgt der Beitrag dem Vorschlag einer im Auftrag des Europäischen Parlaments erarbeiteten Studie. Deepfakes werden darin als *„manipulierte oder synthetische Audio- oder Video-Inhalte verstanden, die authentisch erscheinen und in denen (eine) Person(en)* *etwas zu sagen oder zu tun scheint (scheinen), was sie nie gesagt oder getan hat (haben), und die mithilfe von KI-Techniken, einschließlich maschinellem Lernen und Deep Learning, hergestellt wurden"* (van Huijstee et al., 2021, S. 2 – eigene Übersetzung).

Obwohl Videomanipulationen schon viel länger existieren als das Phänomen Deepfakes, rückt mit dem Begriff die neuartige technische Produktionsdimension in den Vordergrund, die es erstmals möglich macht, Videos von derart hoher und zunehmender Qualität – immer einfacher auch seitens Laien – zu produzieren, dass sie von echten Inhalten kaum mehr unterscheidbar sind. Die Definition lässt zudem offen, ob Deepfakes auch für nicht-schädliche (z. B. künstlerische) Zwecke verwendet werden können. *Cheapfakes* bezeichnen Deepfakes mit geringer Qualität, wie zum Beispiel das Nancy Pelosi-Video, das lediglich eine verlangsamte Version des Originalvideos darstellte, bei dem keine sonstigen, fortschrittlichen Manipulationstechniken Anwendung fanden (Paris & Donovan, 2019). Bislang knüpft die Definition von Deepfakes an die manipulierte Abbildung von Personen an. Es ist denkbar, dass künftige Deepfakes auch Objekte oder die Umwelt, beispielsweise fiktive Naturkatastrophen, abbilden, sodass eine Erweiterung der Definition auf den Einschluss nichtpersonenbezogener Situationen geboten sein könnte (Centre for Data Ethics and Innovation, 2019).

Deepfakes können für beliebige Zwecke verwendet werden und stellen somit ein Querschnittsphänomen dar. In der einschlägigen Literatur werden Deepfakes – vor allem aufgrund der politischen Bedeutungszuschreibung – primär im Bereich von Desinformation und Fehlinformation verortet. Allerdings können Deepfakes ebenso zu Zwecken der schädigenden Information und Hate Speech eingesetzt werden (vgl. Ajder et al., 2019; Bateman, 2020; Chesney & Citron, 2019). Daher werden diese Begriffe im Folgenden definiert.

Desinformation: Desinformation wird in Anlehnung an den Formulierungsvorschlag der hochrangigen Expertengruppe für Fake News[2] und Desinformation der Europäischen Union (EU) definiert. Demnach beinhaltet Desinformation „nachweislich falsche oder irreführende Informationen, die mit dem Ziel des wirtschaftlichen Gewinns oder der vorsätzlichen Täuschung der Öffentlichkeit konzipiert, vorgelegt und verbreitet werden und öffentlichen Schaden anrichten

---

[2] Der noch vor einigen Jahren äußerst populäre Begriff „Fake News" wird in der wissenschaftlichen und politischen Debatte inzwischen vermieden, da er inhaltlich unscharf und zugleich politisch aufgeladen ist (Wardle & Derakhshan, 2017, S. 5).

können. […] Irrtümer bei der Berichterstattung, Satire und Parodien oder eindeutig gekennzeichnete parteiliche Nachrichten oder Kommentare sind keine Desinformation." (Europäische Kommission, 2018, S. 4).

Fehlinformation (Misinformation): Fehlinformationen werden verstanden als Informationen, „die faktisch nicht der Wahrheit entsprechen, jedoch vom Sender, der die Information verbreitet, für wahr gehalten werden" (Johann & Wagner, 2020, S. 102).

Schädigende Information (Malinformation): Schädigende Informationen sind von Desinformation und Misinformation insofern zu unterscheiden, als sie der Wahrheit entsprechen, ihre Verbreitung allerdings der gezielten Schädigung bzw. Benachteiligung der Zielpersonen dient. Beispiele sind Leaks und Doxing (Wardle & Derakhshan, 2017, S. 5).

Hate Speech: Unter Hate Speech werden im Folgenden Nachrichten verstanden, die sich gegen ein Individuum oder eine Gruppe richten, indem Identitätsmerkmale (Geschlecht, Ethnie, Hautfarbe, philosophische Überzeugungen oder Religion, Nationalität) des Individuums bzw. der Gruppe als negativ und unerwünscht dargestellt und die Abwertung eines Individuums bzw. einer Gruppe beabsichtigt wird. Dadurch kann Hate Speech auch zu körperlicher Gewalt führen (Rudnicki & Steiger, 2020).

3 Mit Deepfakes assoziierte Risiken und Chancen

Deepfake-Technologien sind eine typische *dual use*-Technologie. Sie können sowohl für gesellschaftlich erwünschte als auch für gesellschaftlich unerwünschte Zwecke eingesetzt werden. Jegliche Regulierung ist daher gefordert, bei dem Versuch der Verhinderung von schädlichen Effekten erwünschte Potentiale von Deepfakes nicht zu ersticken.

3.1 Chancen von Deepfakes

Deepfake-Technologien ermöglichen eine Reihe von erwünschten Nutzungsmöglichkeiten. Zu den bekanntesten dieser Anwendungen zählen die Verwendung von Smartphone-Kamera-Apps und die Wiederbelebung verstorbener bzw. Verjüngung gealterter Schauspieler:innen. Das Austauschen von Gesichtern (sog.

Face-Swap-Videos) mittels Smartphone-Apps zu Unterhaltungszwecken ist in den vergangenen Jahren, insbesondere unter Jugendlichen, zu einer gängigen Kulturpraxis avanciert. Anwendungen wie Snapchat und Reface zählen zu den weltweit am häufigsten heruntergeladenen Apps (Curry, 2021). Entsprechend ist es möglich, dass Menschen sich selbst in kurze Schnipsel aus Hollywood-Filmen *hineindeepfaken* (Kietzmann et al., 2020). Disney verwendete Deepfake-Technologie zunächst zur Darstellung einer Rolle, deren Besetzung verstorben war, und später auch zur Inszenierung des jungen Luke Skywalkers auf der Kino- bzw. Streaming-Leinwand.

Generell eröffnen Deepfake-Technologien zahlreiche Nutzungsmöglichkeiten für Audio-, Foto- und Videoproduzenten bzw. -bearbeiterinnen: die einfache und kostengünstige Korrektur falsch gesprochener Zeilen durch Deepfake-Audio; die vereinfachte Erstellung von 3D-Modellen in Computerspielen; der Einsatz im Kulturbereich, bspw. zur Nachstellung historischer Ereignisse inklusive der Darstellung verstorbener historischer Persönlichkeiten uvm. (van Huijstee et al., 2021, S. 26–29).

Chancen von Deepfakes werden auch zur Verbesserung der Mensch-Maschine-Interaktion, für Videokonferenzen, bei medizinischen Anwendungen sowie zu Satirezwecken gesehen. Insbesondere satirische Verwendungen sind im Internet vielfach anzutreffen und können zu generellen satirisch-humoristischen Zwecken eingesetzt werden. Ein Beispiel hierfür ist etwa die Parodie der Weihnachtsansprache von Königin Elizabeth II. im Jahr 2020 (Channel 4, 2020).

3.2 Risiken von Deepfakes

Ein großer Teil der Publikationen zu Deepfakes verstehen diese als eine Risiko-Technologie, deren Wirkungen sich, sofern nicht rechtzeitig und mit angemessenen Mitteln gegengesteuert wird, erst in einigen Jahren entfalten werden (Bateman, 2020; Chesney & Citron, 2019; Collins, 2019; Dobber et al., 2021; Trend Micro Research, UNICRI und EC3, 2020, S. 60 f.). Diskursiv ist das Thema Deepfakes an der Schnittstelle zwischen den Debatten rund um Desinformation einerseits und Hate Speech andererseits zu verorten. Mit der Dimension der Desinformation werden insbesondere gesellschaftliche Effekte assoziiert, die noch nicht eingetreten sind, aber als Zukunftsszenario befürchtet werden. Dazu zählen beispielsweise die Manipulation von Wahlen, die generelle Erosion gesellschaftlichen Vertrauens oder auch ein sinkendes Vertrauen in das Justizsystem. Gleichzeitig demonstriert der Status Quo der Deepfake-Nutzung, dass der (rache-)pornographische Einsatz von Deepfakes am häufigsten anzutreffen ist. So machten pornographische Inhalte (Deepfake-Pornographie oder Deepnudes), die fast ausschließlich Frauen abbildeten, im Jahr 2019 Schätzungen zufolge über 90 % aller schädigenden Deepfakes aus. Die Mehrzahl dieser Inhalte (über 90 %) bezieht sich zwar wiederum auf die Verbreitung pornographischer Inhalte auf spezifisch zur Verbreitung dieser Pornographie-Art ausgelegten Webseiten, sodass meist ein Publikum mit einem spezifischen Interesse an dieser Art von Inhalten auf diese stößt (Ajder et al., 2019, S. 1).[3] Allerdings zirkulieren sie in zunehmenden Maße auch über die Grenzen dieser Webseiten hinaus und werden zu Zwecken der Verleumdung, Bedrohung oder Erpressung von Frauen verwendet (Compton, 2021). Dies verdeutlicht, dass trotz des diskursiven Fokus' auf die Dimension der Desinformation in der einschlägigen Literatur gegenwärtig vor allem die Hate-Speech-Dimension von Deepfakes die größere Rolle zu spielen scheint.

Ein beliebter Einsatz zur Typologisierung der Risiken von Deepfakes ist die Unterteilung in Schadensarten: *Finanzieller Schaden, Reputationsschaden* und *Manipulation der Entscheidungsfindung* (Collins, 2019). Risiken können aber auch nach den Betroffenen strukturiert werden. Bateman (2020) sowie Chesney und Citron (2019) schlagen eine Unterteilung in die Kategorien (a) Individuen, (b) Institutionen bzw. Organisationen und (c) gesellschaftliche Schäden vor. Die Schwierigkeit bei letzterem Ansatz ist, dass viele der möglichen Schäden kaskadierende Effekte entfalten können und über das Individuum hinaus auch zu organisationalen und gesellschaftlichen Problemen führen können. Beispielsweise betrifft die Diskreditierung von Journalist:innen mittels Deepfakes in erster Linie die betroffene(n) Person(en), doch können die Reaktionen auf das Deepfake zusätzlich auf die Medienanstalt zurückfallen, bei der die Person(en) beschäftigt ist/sind. Je nach gesellschaftlicher Ausgangssituation und sonstigen Kontextfaktoren wie der Häufigkeit und des Schweregrads des Deepfakes *(wird im Deepfake beispielsweise eine systematische Nachrichtenfälschung unterstellt?)* können sich schließlich kaskadierende Effekte auf gesellschaftlicher Ebene zeigen, die beispielsweise zu einer Beschädigung des Vertrauens in das Mediensystem führen. Dementsprechend folgt der Beitrag der Sortierung nach Schadensarten.

Psychologische Schäden können durch Deepfakes insbesondere bei den von einem Deepfake unmittelbar betroffenen Personen entstehen. Deepfakes

---

[3] In sog. Deepfake-Pornos werden die Gesichter beliebiger Menschen in existierende pornographische Videos (teils auch Fotos) übertragen. Bei Deepnudes wird die auf einer Fotografie getragene Kleidung unter Software-Einsatz automatisch vollständig entfernt.

können etwa zum Zwecke des *Mobbings,* der *Verleumdung* und *Einschüchterung* eingesetzt werden. Wie erwähnt, haben Deepfakes eine starke sexuelle und sexistische Komponente, die neben den bereits genannten Zwecken auch zu *Rufschädigung* und zur *Unterdrückung der Freiheit der Meinungsäußerung* führen kann. Des Weiteren lassen sich Deepfakes zu Erpressungszwecken einsetzen. Wenn pornographische Deepfakes für Erpressungen genutzt werden, ist von *Sextortion* die Rede (van Huijstee et al., 2021, S. 30).

Finanzielle Schäden können durch Deepfakes sowohl bei Individuen als auch bei Organisationen entstehen. So können *Erpressungen* neben dem oben erwähnten psychologischen Schaden auch finanziellen Schaden für Individuen und Organisationen bewirken. Darüber hinaus können Deepfakes zum Zwecke des *Identitätsdiebstahls* eingesetzt werden. Ziele dieser Art des Betrugs können insbesondere Organisationen bzw. Unternehmen sein (Bateman, 2020, S. 9–11), aber auch Einzelpersonen (etwa in einer neuen Form des Enkel-Tricks) (Sokolov et al., 2020, S. 513–16). Zukünftig ist auch denkbar, dass Deepfakes zum Zwecke der Marken- oder Rufschädigung eingesetzt werden, indem beispielsweise Geschäftsführende dabei abgebildet werden, wie sie falsche Aussagen über Geschäftszahlen und Konkurse treffen. Je nach Reaktionsgeschwindigkeit des Unternehmens und Tragweite des Deepfakes kann es auch zu Manipulationen des Aktienmarktes kommen (van Huijstee et al., 2021, S. 31).

Gesellschaftliche Schäden durch Deepfakes stehen häufig im Mittelpunkt der Debatte und sind eher als mittel- bis kurzfristige Gefahren einzustufen, deren Folgen sich aller Voraussicht nach erst dann zeigen werden, wenn Deepfakes häufiger zum Einsatz kommen oder einzelne Deepfakes eine sehr große gesamtgesellschaftliche Wirkung entfalten. Theoretisch können Deepfakes beliebige Gesellschaftsbereiche betreffen, doch in der Debatte werden insbesondere die möglichen Folgen für das Medien-, Justiz-, Wissenschafts- und Wirtschaftssystem, die nationale Sicherheit, die internationalen Beziehungen und in letzter Konsequenz für das Vertrauen in die Demokratie diskutiert (Schick, 2020) (Tab. 1).

4   Regulierung von Deepfakes

Wie bei vielen neuen Technologien, ist auch die Nutzung und Verbreitung von Deepfakes einerseits in die bestehende Rechtslage eingebettet und bringt andererseits neue regulatorische Herausforderungen und damit Regulierungsbedarfe mit sich. Eine unmittelbare Regulierung von Deepfakes ist bislang weltweit nur in wenigen Staaten anzutreffen. Neben der Europäischen Union sind Regulierungs-

Tab. 1 Überblick über unterschiedliche, mit Deepfakes assoziierte Risiken (van Huijstee et al., 2021, S. 29, eigene Übersetzung)

Psychologischer Schaden	Finanzieller Schaden	Gesellschaftlicher Schaden
• Erpressung • Verleumdung • Einschüchterung • Mobbing • Rufschädigung • Untergrabung des Vertrauens • Unterdrückung der Freiheit der Meinungsäußerung	• Erpressung • Identitätsdiebstahl • Betrug (z. B. Versicherung/Zahlung) • Manipulation von Aktienkursen • Markenschädigung • Reputationsschaden	• Manipulation der Berichterstattung • Beeinträchtigung der wirtschaftlichen Stabilität • Schaden für das Justizsystem • Schädigung des Wissenschaftssystems • Erosion des Vertrauens • Schädigung der Demokratie • Manipulation von Wahlen • Beeinträchtigung internationaler Beziehungen • Beeinträchtigung der nationalen Sicherheit

bemühungen insbesondere in den Vereinigten Staaten und in China erkennbar. Im Folgenden werden zunächst die dortigen Entwicklungen skizziert. Daran schließt sich die Diskussion der einschlägigen Vorgaben auf EU-Ebene an. Schließlich werden der DSA- und KI-Regulierungsvorschlag der EU-Kommission vorgestellt und diskutiert.

4.1 Regulierungsbemühungen in den Vereinigten Staaten und in China

Die US-Reaktionen bestehen hauptsächlich aus Maßnahmen auf Bundesstaatsebene, die seit kurzem auch durch solche auf Bundesebene ergänzt wurden. Kalifornien und Texas verabschiedeten bereits 2019 Gesetze, die innerhalb eines Zeitraums im Vorfeld von Wahlen die Verbreitung manipulierter Inhalte über politische Kandidaten verbieten. Virginia verabschiedete 2019 ein Gesetz, das die Verbreitung manipulierter Inhalte unter Strafe stellt, sofern diese auf die Verleumdung, Einschüchterung oder Erpressung einer Person abzielen. Hierdurch soll vor allem die Verbreitung von nicht-einvernehmlicher Deepfake-Pornographie unterbunden werden (Feeney, 2021). Kalifornien und New York führten ein privates Klagerecht für Opfer von Deepfake-Pornographie ein, um individuelle Klagen zu vereinfachen (Ferraro & Tompros, 2020).

Auf US-Bundesebene beschränken sich die erlassenen Maßnahmen bislang auf die Systematisierung und Institutionalisierung der Sammlung relevanter Informationen über Deepfakes, mit dem Ziel der späteren Nutzung dieser für weitere fundierte Maßnahmen. Der IOGAN Act sieht etwa vor, dass die National Science Foundation Forschungsvorhaben zur Echtheitsanalyse von Deepfakes fördert und das National Institute of Standards and Technology in Kooperation mit dem Privatsektor an Möglichkeiten der Deepfake-Detektion arbeitet. Der U.S. National Defense Authorization Act 2021 adressiert zum zweiten Mal in Folge Deepfakes. Zum einen verpflichtet es das US Department of Homeland Security (DHS) dazu, Möglichkeiten zur Produktion, Erkennung und Bekämpfung von Deepfakes zu fördern. Zum anderen soll das DHS über einen Zeitraum von fünf Jahren einen jährlichen Bericht über den Einsatz gefälschter digitaler Inhalte und deren Gefahren für die Öffentlichkeit erarbeiten (Briscoe, 2021; Schapiro, 2020).

In China ist Anfang 2020 ein Gesetz in Kraft getreten, das zum einen alle Anbieter von Apps zur Produktion von Deepfake-Inhalten zur Kennzeichnung und zum anderen Plattformbetreiber dazu verpflichtet, nicht-gekennzeichnete Inhalte eigenständig zu erkennen, zu kennzeichnen oder zu entfernen, sofern es sich um unerwünschte Inhalte handelt. Schließlich soll die Gesetzesdurchsetzung mittels ergänzender Maßnahmen unterstützt werden. Eine Anmeldung bzw. Nutzung von Plattformen soll nur unter Angabe der Bürger-ID oder der Handynummer möglich sein, Plattformen sollen Beschwerdemöglichkeiten zur Meldung verdächtiger Inhalte einrichten, Audio- und Video-Plattformen sollen Standards erarbeiten und mittels eines Kreditsystems die Handlungen der Nutzenden bewerten. Darüber hinaus sollen staatliche Behörden regelmäßige Kontrollen über die Einhaltung der Gesetze durchführen, um die Verbreitung eines jeden Deepfake-Inhalts verfolgbar zu machen (Au, 2019; Chiu, 2019).

4.2 Einschlägige Vorgaben auf EU-Ebene

Die Regulierung von Deepfakes ist erst kürzlich in den Blick der EU-Politik gerückt und wird vor allem im Kontext der DSA- und KI-Verordnungsvorschläge diskutiert. Doch auch abseits der sich konkret auf Deepfakes beziehenden Regulierungen spielt das Regulierungsgeflecht der EU zur Adressierung der von Deepfakes ausgehenden Risiken eine wichtige Rolle. Dieses besteht aus mitgliedstaatlichen und EU-Verfassungsnormen sowie harten und weichen Vorschriften – sowohl auf EU-Ebene als auch auf Ebene der Mitgliedstaaten. Beim Blick auf die EU-Regulierungen kann zwischen Maßnahmen unterschieden werden, die sich auf die in Deepfakes dargestellten Inhalte beziehen (die DS-GVO, das

Urheberrecht, die Richtlinie zur Bekämpfung des sexuellen Missbrauchs und der sexuellen Ausbeutung von Kindern sowie der Kinderpornografie und die Verordnung zur Bekämpfung der Verbreitung terroristischer Online-Inhalte), und solchen, die den Prozess der Zirkulation von Deepfakes regulieren. Hierzu zählen die AVMD-Richtlinie, der KI-Regulierungsvorschlag und insbesondere der DSA und die EU-Maßnahmen gegen Desinformation.

Deepfake-spezifische Gesetze, wie sie in einigen US-Bundesstaaten erlassen wurden, existieren in der EU nicht. Jedoch entfalten die EU-Regulierungen zur Inhalteregulierung in Kombination mit den in den Mitgliedstaaten bestehenden Rechten zum Schutz vor Verleumdung, Einschüchterung usw. eine ähnliche Wirkung. Vergleichbare konzertierte Maßnahmen wie in den Vereinigten Staaten hinsichtlich der Systematisierung und Institutionalisierung der Untersuchung der Folgen von Deepfakes und von neuen Detektionstechnologien hat es in der EU noch nicht gegeben. Die weitgehenden chinesischen Überwachungsmaßnahmen zur Kontrolle von Deepfakes erscheinen vor dem Hintergrund des Wertekanons der EU bzw. mit Blick auf grundlegende Menschenrechte als nicht wünschenswert, sodass über derartige Maßnahmen nicht weiter diskutiert wird (van Huijstee et al., 2021, S. 58 ff.).

Die **EU-Datenschutz-Grundverordnung** (**EU-DS-GVO**), die das Datenschutzrecht EU-weit weitestgehend harmonisiert hat, berührt Deepfakes, da Stimmfragmente oder Fotos und Videos, die zur Abbildung einer Person in einem Deepfake genutzt werden, als personenbezogenes Datum einzustufen sind. Zudem ist die DS-GVO auch auf die Entwicklung von Deepfake-Software anwendbar, weil auch zur Entwicklung solcher Software auf mit personenbezogenen Daten befüllte Foto- und Videodatenbanken zurückgegriffen wird. Als Rechtsgrundlage für die Verarbeitung personenbezogener Daten zur Erstellung eines Deepfakes kommen grundsätzlich die Einwilligung und berechtigte Interessen infrage. Letztere dürfte vor allem anwendbar sein, wenn Personen des öffentlichen Lebens unter Berufung auf das Recht auf freie Meinungsäußerung z. B. auf satirische Weise abgebildet werden. Bei Abbildung gewöhnlicher Personen, also in der Mehrzahl der Fälle, dürfte eine Einwilligung notwendig sein. Betroffene haben dann das Recht, der Verarbeitung zu widersprechen und etwa die Löschung der Videos zu verlangen. Aufgrund der Datenflut im Internet dürfte es allerdings schwierig werden, die Täter:innen zu identifizieren oder, insbesondere in grenzüberschreitenden Fällen, den Rechtsweg zu beschreiten (van Huijstee et al., 2021, S. 38 f.).

Das **Urheberrecht** in der EU basiert zwar weiterhin größtenteils auf mitgliedstaatlichem Recht, doch durch eine Reihe von Richtlinien und zwei Verordnungen ist es weitgehend harmonisiert (Margoni, 2016). Da zur Produktion von Deepfakes häufig vorhandenes Foto- und Videomaterial verwendet wird, das in vielen Fällen urheberrechtlich geschützt sein dürfte (etwa Filmszenen), ist auch das Urheberrecht bei der Produktion und Verbreitung von Deepfakes zu beachten. Ähnlich wie im Bereich des Datenschutzrechts bieten sich hier zwei Wege: Zum einen müssen Deepfake-Produzent:innen vor der Verwendung geschützten Materials grundsätzlich die Erlaubnis der Urheberrechtsinhaber einholen. Zum anderen ermöglichen Ausnahmen die Verwendung für wissenschaftliche und künstlerische Zwecke, z. B. in Karikaturen oder Parodien (van Huijstee et al., 2021, S. 40).

Einen Hebel zur Bekämpfung von Desinformation und von Hate Speech auf Online-Videoplattformen stellt die EU-Richtlinie über audiovisuelle Mediendienste (**AVMD-Richtlinie**) dar, die 2018 in Reaktion auf Veränderungen der Medienlandschaft überarbeitet und verabschiedet wurde. Insbesondere mit Blick auf den Schutz von Minderjährigen, aber auch generell im Hinblick auf den Schutz von Medienkonsument:innen vor Volksverhetzung und Hate Speech, sieht die Richtlinie vor, dass Online-Video-Sharing-Plattformen Maßnahmen (z. B. Altersprüfung, PIN-Codes, Kennzeichnungen oder automatische Filterung) im Einklang mit der Achtung der geltenden Grundrechte und -freiheiten einführen sollen (Broughton Micova, 2020). Da sich die Regelungen der Richtlinie insbesondere auf pornographische und gewalttätige Inhalte beziehen, könnte sie geeignet sein, die Verbreitung von nicht-einvernehmlichen Deepfake-Pornos einzudämmen (van Huijstee et al., 2021, S. 42). Weil die AVMD-Richtlinie keine weiteren inhaltlichen Vorgaben macht, sondern auf die Durchsetzung des geltenden Rechts verweist, muss sich die Ergreifung von Maßnahmen in Bereichen abseits pornographischer und gewalttätiger Inhalte auf andere harmonisierte EU-Regelungen stützen. Hier kommen insbesondere die Ende 2011 in Kraft getretene Richtlinie zur Bekämpfung des sexuellen Missbrauchs und der sexuellen Ausbeutung von Kindern sowie der Kinderpornografie (Gercke, 2012) und die Verordnung zur Bekämpfung der Verbreitung terroristischer Online-Inhalte, die ab Juni 2022 anwendbar sein wird (Signorato, 2021), infrage, um Inhalte entfernen zu lassen.

4.3 EU-Maßnahmen gegen Desinformation

Den Anfangspunkt der EU-Maßnahmen gegen Desinformation bildete der Aufruf der EU-Staatschefs im März 2015 zur Erarbeitung eines Aktionsplans (European Council, 2015, S. 5). In der Folge verabschiedete das Europäische Parlament eine Entschließung zum Thema Online-Plattformen, in der die Kommission zur Vorlage eines Gesetzesvorschlags zur Bekämpfung von sog. Fake News aufgerufen wurde (European Parliament, 2017). Die Europäische Kommission initiierte Ende 2017 eine öffentliche Konsultation zum Thema Fake News, rief Anfang 2018 eine hochrangige Expert:innengruppe zu Fake News und Online-Desinformation ins Leben und verabschiedete im April 2018 ein europäisches Konzept zur Bekämpfung von Desinformation inkl. Deepfakes im Internet. Ein zentrales Element darin war der sog. *Code of Practice on Disinformation,* der einige Wegmarken zur Selbstregulierung der Plattformbetreiber definierte (Europäische Kommission, 2018). Das bis dahin weitreichendste EU-Werkzeug, das zur Bekämpfung von Desinformation und Deepfakes verabschiedet wurde, folgte im Dezember 2018 in Form des *Aktionsplans gegen Desinformation,* der aus der Feder sowohl der Europäischen Kommission als auch des hohen Vertreters der EU für Außen- und Sicherheitspolitik gemeinsam stammt. Vor dem Hintergrund der wahrgenommenen Manipulation demokratischer Wahlen sah der Aktionsplan im Gegensatz zu den vorherigen Selbstregulierungsmaßnahmen einen stärkeren Fokus auf verbindliche Maßnahmen zur Erkennung und Bekämpfung von Desinformation vor (European Commission, 2018).

Mit dem im Dezember 2020 vorgestellten *Europäischen Aktionsplan für Demokratie* veröffentlichte die Kommission einen umfassenden Maßnahmenkatalog, der den Fokus auf drei Schwerpunkte legte: (1) die Förderung freier und gerechter Wahlen; (2) die Stärkung der Medienvielfalt und -freiheit sowie (3) die Bekämpfung von Desinformation. Hervorzuheben ist insbesondere, dass die Kommission mit dem Aktionsplan den auf Selbstregulierung fußenden Weg, den sie mit dem *Code of Practice on Disinformation* eingeschlagen hatte, weiter revidierte und verstärkt auf Elemente der Ko-Regulierung zu setzen begonnen hat. In diesem Sinne wurde insbesondere die Veröffentlichung von Leitlinien zur Überarbeitung des *Code of Practice* unter Berücksichtigung von dessen Kompatibilität mit dem DSA angekündigt (Europäische Kommission, 2020). Diese Leitlinien legte die Kommission Mitte 2021 vor. Hinsichtlich der Stärkung der Verbindlichkeit des Verhaltenskodex' sieht die Kommission die Einrichtung eines Transparenzzentrums, einer ständigen Taskforce unter Beteiligung relevanter Stakeholder sowie die Einführung von Leistungsindikatoren zur standardisierten Messung der Ergebnisse und Auswirkungen des Verhaltenskodex' vor. Zudem sollen sich die Dienstebetreiber dazu verpflichten, Empfehlungssysteme transparenter zu gestalten, leicht zugängliche Instrumente zur Meldung von Desinformation bereitzustellen, Revisionsmöglichkeiten zu eröffnen und schließlich Maßnahmen zur Erhöhung der Sichtbarkeit zuverlässiger Informationen einleiten, was auch die Interaktion mit Faktencheck-Teams einbezieht (Europäische Kommission, 2021).

4.4 Relevante EU-Rechtsreformen: Digital-Services-Act- und KI-Regulierungsvorschlag der EU-Kommission

Die zwei weitreichendsten Maßnahmen zur Adressierung der durch Deepfakes befürchteten Probleme folgten in Form zweier Verordnungsvorschläge der Europäischen Kommission. Diese werden im Folgenden skizziert und mit Blick auf Berührungspunkte zu Deepfakes diskutiert.

4.4.1 EU-Digital-Services-Act-Regulierungsvorschlag

Der im Dezember 2020 vorgelegte Verordnungsvorschlag *Digital Services Act* sieht die Harmonisierung der an Intermediäre gestellten EU-weiten Haftbarkeitsregelungen und Moderationsverpflichtungen vor.

Der DSA-Vorschlag ist eine Weiterentwicklung der *E-Commerce-Richtlinie*, die über Jahre der zentrale Baustein in der Regulierung von Online-Inhalten auf EU-Ebene war, und adressiert einige Schwachpunkte. Das Ziel der im Jahr 2000 verabschiedeten Richtlinie war es, den freien Verkehr mit Waren und Dienstleistungen im *E-Commerce* mittels EU-weit harmonisierter Regeln zu gewährleisten. Allerdings stellte die Richtlinie inhaltlich einen Minimalkompromiss dar, um die wirtschaftliche Entwicklung von Diensteanbietern, im damals noch jungen Internet, nicht durch den Erlass von übermäßigen regulatorischen Anforderungen zu hemmen. Im Hinblick auf das Thema Inhalteregulierung wurde insb. von einer Verpflichtung von Diensteanbietern zur Ex-ante-Kontrolle der über ihre Kanäle fließenden Informationen abgesehen. Inhalte sollten nur dann entfernt werden, sobald die Betreiber über deren Illegalität in Kenntnis gesetzt werden. In diesem Sinne wäre die Richtlinie auf Deepfakes grundsätzlich anwendbar und würde den Diensteanbietern vorgeben, ein Deepfake nach Kenntnis über dessen Illegalität zu löschen. Allerdings wurde in der E-Commerce-Richtlinie nicht festgelegt, ab wann ein Inhalt als illegal einzustufen ist. Die entsprechende Einstufung war und ist EU-weit stark fragmentiert und basiert auf einer Mischung aus mitgliedstaatlichen und unionalen Rechten und Gesetzen. Ungeregelt blieb auch, was genau unter „in Kenntnis gesetzt werden" zu verstehen ist, ob bspw. Nutzermeldungen bereits als ausreichend einzustufen sind oder lediglich Gerichtsbeschlüsse akzeptiert werden. Dementsprechend wurde der rechtlichen Status Quo seit Erlass der Richtlinie als Zustand weitgehender Rechtsunsicherheit gedeutet. Zudem regelt die Richtlinie zwar, wann Dienstebetreiber von der Haftung befreit sind, aber nicht, unter welchen Bedingungen die Haftung eines Dienstebetreibers gegeben ist. Schließlich harmonisierte die Richtlinie auch nicht die Verfahrensgarantien für Widersprüche im Falle ungerechtfertigter Inhaltelöschungen, sodass Betroffene, deren

Inhalte unrechtmäßig entfernt wurden, nur in einigen Mitgliedstaaten das Recht haben, dagegen vorzugehen. Obwohl die Kommission spätestens seit 2012 im Bilde über die Schwächen der Richtlinie war, folgte sie zunächst weiterhin einem selbstregulativen Ansatz. So wurde statt des Erlasses EU-weit harmonisierter Regelungen insbesondere im Rahmen der oben diskutierten EU-Maßnahmen gegen Desinformation auf die Selbstregulierung großer Online-Plattformen gesetzt, sich der Adressierung der bekannten Schwachstellen freiwillig anzunehmen (Madiega, 2019).

Wenige Jahre später erließen einige Mitgliedstaaten angesichts der Untätigkeit der Kommission eigene Gesetze zur Adressierung der Rechtsunsicherheit im Bereich der Haftbarmachung von Intermediären. Das deutsche *NetzDG* und das französische *Gesetz gegen Falschnachrichten (Loi n° 2018–1202)* sind Ausdruck dieser Entwicklung. Die sich aufgrund des Erlasses nationaler Regulierungen abzeichnende Rechtsfragmentierung bewegte die Kommission schließlich dazu, Ende 2020 ihre Vorschläge zum Digital Services Act (DSA) und Digital Markets Act vorzulegen und damit die E-Commerce-Richtlinie zu ersetzen und mittels harmonisierter Regeln mehr Rechtssicherheit zu schaffen.

Der DSA-Vorschlag setzt den Regulierungsansatz der E-Commerce-Richtlinie fort und schreibt die Pflicht zur Löschung von illegalen Inhalten nur dann vor, sobald Dienstebetreiber Kenntnis darüber erlangen. Eine Harmonisierung dessen, was als illegaler Inhalt gilt, sieht auch der DSA-Vorschlag nicht vor und überlässt diesbezügliche Harmonisierungsbestrebungen bereichsspezifischen Regulierungen wie der DS-GVO und den anderen oben besprochenen Regulierungen.

Der **DSA** schreibt vor, dass Dienstebetreiber transparent machen müssen, welche Moderationsregeln auf ihrer Plattform gelten und welche Maßnahmen sie zu deren Durchsetzung ergreifen. Der freiwillige Einsatz von *Upload-Filtern*, also die automatisierte Filterung von Inhalten beim Hochladen, ist gemäß Kommissionsvorschlag explizit zur Durchsetzung der Moderationsregeln erlaubt. Die Betreibenden eines Koch-Forums beispielsweise dürfen, nachdem Nutzende über die Moderationsregeln und den Einsatz von Upload-Filtern informiert wurden, Inhalte automatisiert herausfiltern, die nicht den Moderationsregeln entsprechen. Eine Vorabkontrolle hochgeladener Inhalte im Hinblick auf deren Vereinbarkeit mit mitgliedstaatlichem und/oder EU-Recht sieht der DSA-Vorschlag hingegen nicht vor (Reda, 2021).

Darüber hinaus werden Betreiber, die ein *Notice-and-Takedown*-Verfahren anwenden, dazu verpflichtet, ein System zu schaffen, mit dem illegale Inhalte EU-weit harmonisiert gemeldet werden können. Dadurch soll es Betroffenen erleichtert werden, die gegen sie gerichteten offensichtlich rechtswidrigen Inhalte zu melden und entfernen zu lassen. Dadurch, dass der Vorschlag dies nicht explizit ausschließt, kann eine automatisierte Löschung und Sperrung gemeldeter Inhalte nicht ausgeschlossen werden (ebd.). Wenn ein Verdacht auf eine schwere Straftat vorliegt, die eine Bedrohung für das Leben oder die Sicherheit von Personen darstellt, sollen Betreiber diesen Verdacht zudem an die zuständigen Strafverfolgungsbehörden weitergeben müssen.

Weil im DSA-Vorschlag Plattformen ab einer bestimmten Größe als quasi-öffentlicher Diskursraum betrachtet werden, auf dem die Ausübung des Rechts auf freie Meinungsäußerung zu schützen ist, sieht der DSA-Vorschlag zudem die Einrichtung eines Verfahrens vor, mit dem Betroffene gegen eine Sperrung vorgehen können. Daneben verpflichtet das Gesetz alle Betreiber dazu, mehr Transparenz über die erfolgten Sperrungen herzustellen, indem sie eine Datenbank aufbauen, die u. a. Informationen über den Grund der Sperrung und den jeweiligen Beschwerdeführer beinhalten (European Commission, 2020; Schünemann, 2021).

4.4.1.1 Der Digital Services Act und Deepfakes

Da sozialen Online-Netzwerken eine zentrale Rolle bei der **Verbreitung von Deepfakes** zukommt, betreffen die Vorgaben des DSA Deepfakes unmittelbar. So könnten die harmonisierten *Notice-and-Takedown*-Regeln eine wirksamere Löschung unrechtmäßiger Deepfakes ermöglichen. Zugleich wären Upload-Filter zur Rechtsdurchsetzung ausgeschlossen. Befürchtet wird jedoch, dass die implizite Erlaubnis zum Einsatz von Upload-Filtern zur Durchsetzung der Moderationsregeln eine de facto Einschränkung des Rechts auf freie Meinungsäußerung bewirken könnte, wenn sich Intermediäre selbst mit nationalem bzw. EU-Recht konforme Moderationsregeln auferlegen, um möglicherweise entstehende Mühen bei der Inhaltelöschung zu vermeiden. In ähnlicher Weise wäre auch denkbar, dass die Betreiber trotz der Transparenzvorgaben in Bezug auf gemeldete sowie gelöschte Inhalte (und trotz der Einspruchsmöglichkeiten, die für Betroffene von Sperrungen und Löschungen vorgesehen sind) ein *Overblocking* mittels automatisierter Sperrungen und Löschungen betreiben könnten. Die Wiederherstellung derartiger unrechtmäßig entfernter Inhalte wäre erst nach langwierigen Beschwerdezyklen möglich, die viele Betroffene wohl nicht auf sich nehmen würden, sodass eine Beeinträchtigung des Rechts auf freie Meinungsäußerung befürchtet wird (Buiten, 2021, S. 24 f.).

Sofern ohnehin davon auszugehen ist, dass Dienstebetreiber Upload-Filter zur Durchsetzung ihrer Moderationsregeln einsetzen werden, könnten sie auch dazu verpflichtet werden, mittels Filter-Einsatzes die Authentizität sowohl hochgeladener Inhalte als auch der Accounts, die entsprechende Inhalte teilen, zu erkennen und Gegenmaßnahmen zu ergreifen. Etwa in Form einer Kennzeichnung nicht-authentischer Inhalte oder der Unkenntlichmachung der in nicht-authentischen Videos dargestellten Gesichter oder Stimmen (van Huijstee et al., 2021, S. 62 f.).

Schließlich sei erwähnt, dass für eine angemessene Adressierung der aus Deepfakes resultierenden Herausforderungen auch Schritte notwendig wären, die über den Anwendungsbereich des DSA hinausgehen. Darunter fallen etwa mitgliedstaatliche Maßnahmen zur Unterstützung der Opfer von Deepfakes und europaweite Maßnahmen zur Aufklärung der von Deepfakes ausgehenden Gefahren (van Huijstee et al., 2021, S. 62 ff.).

4.4.2 EU-KI-Regulierungsvorschlag

Der KI-Regulierungsvorschlag der Kommission, der im April 2021 veröffentlicht wurde, betrifft das Thema Deepfakes ebenfalls in mehreren Hinsichten (European Commission, 2021).

Grundsätzlich verfolgt der Vorschlag das Ziel, die vertrauenswürdige und sichere Anwendung Künstlicher Intelligenz unter Einhaltung der EU-Werte und -Grundrechte zu ermöglichen. Zu diesem Zweck werden harmonisierte Regeln für die Entwicklung, Verbreitung und Nutzung von KI-Systemen vorgeschlagen. Dabei verfolgt der Kommissionsvorschlag einen risikobasierten Ansatz und unterteilt KI-Systeme in vier Risikokategorien: 1. Unannehmbares Risiko; 2. Hohes Risiko; 3. Geringes Risiko und 4. Minimales Risiko. Während Systeme, die ein unannehmbares Risiko mit sich bringen, verboten werden sollen, werden für Hochrisiko-Systeme strenge Vorgaben, für Systeme mit geringem Risiko vor allem Transparenzvorgaben und für solche mit einem minimalen Risiko keine Vorgaben vorgeschlagen (Geminn, 2021).

4.4.2.1 EU-KI-Regulierungsvorschlag und Deepfakes

Deepfakes werden im Vorschlag explizit erwähnt und gemäß Kommission unter der Kategorie der Systeme mit geringem Risiko gefasst. Nach Artikel 52 (3) sollen Nutzende eines KI-Systems, das zur Produktion von Deepfakes dient, offenlegen, dass die dargestellten Inhalte künstlich erzeugt oder manipuliert wurden, womit eine gesetzliche EU-weite Kennzeichnungspflicht für Deepfakes eingeführt würde.[4] Zugleich wird im Erwägungsgrund 38 und im Annex III

---

[4] Ausnahmen sollen für den Bereich der Strafverfolgung, für die Ausübung des Rechts auf freie Meinungsäußerung sowie die Kunst- und Wissenschaftsfreiheit gelten (vgl. Art. 52 (3)).

(European Commission, 2021, S. 4) geregelt, dass die Nutzung von Deepfake-Detektionstechnologien durch Strafverfolgungsbehörden unter die Hochrisiko-Kategorie und die damit verbundenen strengen Vorgaben fällt. Doch sind mit dem Kommissionsvorschlag auch einige Probleme verbunden. Diese Schwierigkeiten ergeben sich einerseits aus dem Anwendungsbereich und andererseits aus dem unzureichenden Strafbezug. Denn die Kennzeichnungspflicht aus Artikel 52 (3) betrifft lediglich die Nutzenden eines KI-Systems, nicht aber die Hersteller und Anbieter der Systeme. Schaut man sich die geläufigen FaceSwap-Apps an, mit denen einfache Deepfakes erstellt werden können, sind entsprechende Markierungen in Form der Hersteller-Logos stets softwareseitig in die produzierten Videos eingebettet. Im Falle, dass die Hersteller und Anbieter dies nicht von sich aus anbieten, müssten allerdings die Nutzenden selbst entsprechende Kennzeichnungen in die Deepfake-Inhalte per Wasserzeichen einbetten oder dies bei Veröffentlichung der Inhalte in einem Begleitkommentar kenntlich machen. Dies wäre freilich nur dann ein Problem, wenn die Anbieter und Hersteller nicht mehr selbständig entsprechende Kennzeichnungen vornehmen. Eine an die Anbieter und Hersteller gerichtete Verpflichtung zur Kennzeichnung würde hier aber Gewissheit schaffen. Zu einem echten Problem wird die unzureichende Kennzeichnungspflicht schließlich erst dann, wenn es um die Bekämpfung ungewollter Deepfake-Inhalte geht. Denn Deepfakes, die etwa mit dem Ziel der Desinformation oder Verunglimpfung verbreitet werden, sollen ja gerade nicht als Fälschung oder Manipulation erkannt werden, sodass weder die Hersteller und Anbieter noch die Nutzenden der entsprechenden KI-Systemen die Inhalte freiwillig kennzeichnen würden. In diesen Fällen entstünde mit der fehlenden Kennzeichnungspflicht für Anbieter und Hersteller schlicht eine Gesetzeslücke. Das Herstellen und Anbieten von Deepfake-Produktionssoftware, die bewusst keine Kennzeichnung beinhaltet, sodass Täuschungen Vorschub geleistet wird, wäre nicht strafbar[5] (van Huijstee et al., 2021, S. 44 f.). Unklar ist überdies, wie die zur Rechtsdurchsetzung vorgesehenen Aufsichtsbehörden mutmaßlich nicht-gekennzeichnete Deepfakes, die durch Nutzende verbreitet wurden, erkennen können sollen (Veale & Borgesius, 2021, S. 20). Problematisch ist auch, dass die Verbreitung von KI-basierten Deepfake-Detektionstechnologien

---

[5] Erwähnt sei, dass einige Anbieter und Hersteller entsprechender KI-Systeme im Falle einer Strafbarkeit der Nicht-Implementierung einer noch in das KI-Gesetz zu integrierenden Kennzeichnungspflicht wahrscheinlich andere Strafumgehungsmöglichkeiten nutzen und ihre Dienste bspw. aus dem EU-Ausland heraus anbieten würden, sodass für diese Herausforderung wieder neue Lösungen gefunden werden müssten.

im Vorschlag nicht geregelt wird, obwohl dadurch die Verbreitung und Entwicklung kriminell motivierter Deepfake-Technologien gebremst werden könnte. Zudem fallen einige der zur Adressierung der Herausforderungen von Deepfakes diskutierten Maßnahmen gänzlich aus dem Anwendungsbereich des Verordnungsvorschlags. Zur Entwicklung von verbesserten Detektionstechnologien wären z. B. Schritte im Rahmen des EU-Forschungsrahmenprogramms notwendig (van Huijstee et al., 2021, S. 59 ff.).

5 Schlussfolgerungen

Der Aufsatz hat einen Überblick zum Stand der Regulierung von Deepfakes in der EU geliefert. Mittels einer einführenden konzeptionellen Einordnung wurde zunächst gezeigt, dass Deepfakes als Querschnittsphänomen mit Diskursen zu Desinformation, Fehlinformation, zu schädigenden Informationen und Hate Speech verbunden sind. Dies zeigte sich auch bei der Diskussion der mit Deepfakes assoziierten Chancen und Risiken: Einerseits stehen vor allem die von der Technologie ausgehenden Risiken im Mittelpunkt der gesellschaftspolitischen Debatte. Andererseits wird mittels einer Typisierung der Risiken vor allem jenen eine größere Bedeutung zugeschrieben, die sich auf mögliche institutionelle und gesellschaftliche Schäden beziehen. Diese Risiken stellen mögliche Entwicklungsszenarien dar, deren Schäden sich meist noch nicht entfaltet haben. Durchaus reale Auswirkungen haben Deepfakes hingegen schon heute insbesondere im individuellen Bereich. Die überwältigende Mehrheit aller Deepfake-Inhalte bezieht sich auf Deepfake-Pornographie, die zudem fast ausschließlich Frauen betrifft.

Die Diskussion zur Regulierung von Deepfakes hat gezeigt, dass Deepfakes auch in anderen Teilen der Welt in den Blick des Gesetzgebers rücken. Während die Vereinigten Staaten eine zurückhaltende Regulierungspraxis betreiben und bundesweite Regulierungen sich vor allem auf die kontinuierliche Lagebewertung und technologische Hoheitsbestrebungen fokussieren, reihen sich die Maßnahmen der Volksrepublik in die Politik der weitgehenden Überwachung aller Internetinhalte ein.

Demgegenüber bauen die EU-Maßnahmen vorwiegend auf zwei Pfeilern. Zum einen werden mittels DSA- und KI-Regulierungsvorschlag konkret auf Deepfake-Technologien bezogene Maßnahmen diskutiert, mittels derer die Zirkulation und Wahrnehmung von Deepfakes reguliert werden soll. Der KI-Regulierungsvorschlag setzt hier vor allem auf die Schaffung von Transparenz. Der DSA-Vorschlag soll schließlich EU-weit harmonisierte Regeln festlegen. Diese berühren den gesamten Zirkulationsprozess eines Deepfakes von der Meldung bis zur Entfernung von Inhalten. Mittels DSA sollen sowohl die Rechte von Personen, die einen Inhalt melden, als auch jene der von einer Entfernung ihres Inhalts Betroffenen miteinander in Einklang gebracht werden.

Beide Regulierungsvorhaben stellen zwei zentrale Grundpfeiler der EU-Digitalpolitik dar, die das Feld der Plattformregulierung und des Einsatzes Künstlicher Intelligenz auf Jahre definieren werden. Dementsprechend wird um beide Vorschläge politisch intensiv gerungen und beide Verordnungen werden, sofern der Gesetzgebungsprozess erfolgreich abgeschlossen wird, am Ende einen großen inhaltlichen Wandel durchlaufen haben. Fraglich ist dabei, inwiefern sich die Regulierungsvorschläge der Einhegung der durch Deepfakes befürchteten Gefahren annehmen werden, und noch fraglicher ist, ob die dann eventuell erlassenen Maßnahmen ein sinnvolles Werkzeug darstellen werden. Schließlich basiert ein Großteil der Forschung zu den möglichen Folgen von Deepfakes auf Annahmen. Klar ist jedenfalls, dass neben den in diesem Aufsatz erläuterten, weitere Bemühungen erforderlich sein werden, um die befürchteten Folgen von Deepfakes einzuhegen. Dazu zählen sowohl weitere Bemühungen auf EU-Ebene und insbesondere auch mitgliedstaatliche Maßnahmen.

Insofern liefert der vorliegende Beitrag mit Blick auf die Rolle der DSA- und KI-Verordnungsvorschläge bei der Regulierung von Deepfakes einen Schnappschuss. Er macht aber zugleich auch deutlich, dass die Zeiten überholt sind, in denen digitalpolitische Themen und als Gefährdung wahrgenommene technologische Entwicklungen erst mit Verzögerung in den Blick des Gesetzgebers rückten.

Danksagung Die diesem Beitrag zu Grunde liegenden Arbeiten basieren auf einer Studie, die im Auftrag des Gremiums zur wissenschaftlich-technischen Folgenabschätzung (STOA) und unter der Leitung des Referats „Wissenschaftliche Vorausschau" der Direktion „Folgenabschätzungen und europäischer Mehrwert" innerhalb der Generaldirektion „Wissenschaftlicher Dienst" (EPRS) des Generalsekretariats des Europäischen Parlaments gefördert wurde.

Literatur

Ajder, H., Patrini, G., Cavalli, F., & Cullen, L. (2019). The state of deepfakes: Landscape, threats, and impact. Deeptrace. https://regmedia.co.uk/2019/10/08/deepfake_report.pdf. Zugegriffen: 7. Dez. 2020.

Au, L. (2019). China targets ‚deepfake' content with new regulation. Technode. https://technode.com/2019/12/03/china-targets-deepfake-content-with-new-regulation/Zuletzt. Zugegriffen: 6. Apr. 2021.

Ayyub, R. (2018). I was the victim of a deepfake porn plot intended to silence me. HuffPost. https://www.huffingtonpost.co.uk/entry/deepfake-porn_uk_5bf2c126e4b0f32bd58ba316. Zugegriffen: 4. Apr. 2021.

Bateman, J. (2020). *Deepfakes and synthetic media in the financial system: Assessing threat scenarios*. Carnegie Endowment for International Peace. https://carnegieendowment.org/files/Bateman_FinCyber_Deepfakes_final.pdf. Zugegriffen: 7. Dez. 2020.

Briscoe, S. (2021). U.S. laws address deepfakes. Security management. http://www.asisonline.org/security-management-magazine/latest-news/today-in-security/2021/january/U-S-Laws-Address-Deepfakes/Zuletzt. Zugegriffen: 6. Apr. 2021.

Broughton Micova, S. (2020). The audiovisual media services directive: Balancing liberalisation and protection (Draft). SSRN. https://papers.ssrn.com/abstract=3586149. Zugegriffen: 11. Nov. 2021.

Buiten, M. (2021). The digital services act: From intermediary liability to platform regulation. SSRN. https://papers.ssrn.com/abstract=3876328. Zugegriffen: 12. Okt. 2021.

BuzzFeed. (2018). You won't believe what obama says in this video . Twitter. https://twitter.com/buzzfeed/status/986257991799222272. Zugegriffen: 28. Okt. 2021.

Centre for Data Ethics and Innovation. (2019). Snapshot paper – Deepfakes and audiovisual disinformation. GOV.UK. https://www.gov.uk/government/publications/cdei-publishes-its-first-series-of-three-snapshot-papers-ethical-issues-in-ai/snapshot-paper-deepfakes-and-audiovisual-disinformation. Zugegriffen: 6. Aug. 2021.

Channel 4. (2020). Deepfake Queen: 2020 Alternative christmas message. YouTube. https://www.youtube.com/watch?v=IvY-Abd2FfM. Zugegriffen: 29. Okt 2021.

Chesney, R., & Keats Citron, D. (2019). Deep fakes: A looming challenge for privacy, democracy, and national security. SSRN. https://www.ssrn.com/abstract=3213954. Zugegriffen: 7. Dez. 2020.

Chiu, K. (2019). China announces new rules to tackle deepfake videos. abacus. https://www.scmp.com/abacus/news-bites/article/3040033/china-announces-new-rules-tackle-deepfake-videos. Zugegriffen: 19. Okt. 2020.

Collins, A. (2019). Forged authenticity: Governing deepfake risks. EPFL. https://www.epfl.ch/research/domains/irgc/specific-risk-domains/projects-cybersecurity/forging-authenticity-governing-deepfake-risks/Zuletzt. Zugegriffen: 16. März 2021.

Compton, S. (2021). More and more women are facing the scary reality of deepfakes. Vogue. https://www.vogue.com/article/scary-reality-of-deepfakes-online-abuse. Zugegriffen: 16. März 2021.

Curry, D. (2021). Most Popular Apps (2021). Business of Apps. https://www.businessofapps.com/data/most-popular-apps/Zuletzt. Zugegriffen: 29. Okt. 2021.

Dobber, T., Metoui, N., Trilling, D., Helberger, N., & de Vreese, C. (2021). Do (Microtargeted) deepfakes have real effects on political attitudes? *The International Journal of Press/Politics, 26*, 69–91. https://doi.org/10.1177/1940161220944364

Eisenegger, M. (2021). Dritter, digitaler Strukturwandel der Öffentlichkeit als Folge der Plattformisierung. In M. Eisenegger, M. Prinzing, P. Ettinger, & R. Blum (Hrsg.), *Digitaler Strukturwandel der Öffentlichkeit* (S. 17–39). Springer VS.

Europäische Kommission. (2018). Mitteilung Der Kommission An Das Europäische Parlament, Den Rat, Den Europäischen Wirtschafts- Und Sozialausschuss Und Den Ausschuss Der Regionen Bekämpfung von Desinformation im Internet: Ein europäisches

Konzept. EUR-Lex. https://eur-lex.europa.eu/legal-content/DE/TXT/?uri=CELEX%3A 52018DC0236. Zugegriffen: 16. Sept. 2018.
Europäische Kommission. (2020). Europäischer Aktionsplan für Demokratie. Europäische Kommission. https://ec.europa.eu/info/strategy/priorities-2019-2024/new-push-european-democracy/european-democracy-action-plan_de. Zugegriffen: 16. Sept. 2021.
Europäische Kommission. (2021). Kommission legt Leitlinien zur Stärkung des Verhaltenskodex für den Bereich der Desinformation vor. Europäische Kommission. https://ec.europa.eu/commission/presscorner/detail/de/ip_21_2585. Zugegriffen: 16. Sept. 2021.
European Commission. (2020). Proposal for a regulation of the European parliament and of the council on a single market for digital services (Digital Services Act) and amending directive 2000/31/EC. EUR-Lex. https://eur-lex.europa.eu/legal-content/en/TXT/?uri=COM%3A2020%3A825%3AFIN Zugegriffen: 16. Sept. 2021.
European Commission. (2021). Proposal for a regulation of the european parliament and of the council laying down harmonised rules on artificial intelligence (Artificial Intelligence Act) and amending certain union legislative acts. EUR-Lex. https://eur-lex.europa.eu/legal-content/EN/TXT/?uri=CELEX%3A52021PC0206. Zugegriffen: 16. Sept. 2021.
European Council. (2015). European Council meeting (19 and 20 March 2015) – Conclusions. European Council. https://www.consilium.europa.eu/media/21888/european-council-conclusions-19-20-march-2015-en.pdf. Zugegriffen: 16 Sept. 2018.
European Parliament. (2017). European parliament resolution of 15 June 2017 on online platforms and the digital single market (2016/2276(INI)). EUR-Lex. https://eur-lex.europa.eu/legal-content/EN/TXT/?uri=CELEX%3A52017IP0272. Zugegriffen: 16. Sept. 2018.
Feeney, M. (2021). Deepfake laws risk creating more problems than they solve. Regulatory transparency project. https://regproject.org/wp-content/uploads/Paper-Deepfake-Laws-Risk-Creating-More-Problems-Than-They-Solve.pdf. Zugegriffen: 31. März 2021.
Ferraro, M. F., & Tompros, L. W. (2020). New York's right to publicity and deepfakes law breaks new ground. Wilmerhale. https://www.wilmerhale.com/-/media/files/shared_content/editorial/publications/wh_publications/client_alert_pdfs/20201217-new-yorks-right-to-publicity-and-deepfakes-law-breaks-new-ground.pdf. Zugegriffen: 31 März 2021.
Geminn, C. (2021). Die Regulierung Künstlicher Intelligenz: Anmerkungen zum Entwurf eines Artificial Intelligence Act. *Zeitschrift Datenschutz, 7,* 354–359.
Gercke, M. (2012). Die EU Richtlinie zur Bekämpfung von Kinderpornographie. *Computer und Recht, 28,* 520–525.
Högden, B., Krämer, N., Meinert, J., & Schaewitz, L. (2020). Wirkung und Bekämpfung von Desinformation aus medienpsychologischer Sicht. In M. Steinebach, K. Bader, L. Rinsdorf, N. Krämer, & A. Roßnagel (Hrsg.), *Desinformation aufdecken und bekämpfen: Interdisziplinäre Ansätze gegen Desinformationskampagnen und für Meinungspluralität* (S. 77–99). Nomos.
Jiang, L. u. a. (2021). DeeperForensics challenge 2020 on Real-world face forgery detection: Methods and results. Cornell University. http://arxiv.org/abs/2102.09471. Zugegriffen: 5. Apr. 2021.
Johann, M., & Wagner, J. (2020). Neue Debatte, altes Dilemma? Die Herausforderungen des Phänomens »Fake News« für die Unternehmenskommunikation. In R. Hohlfeld,

M. Harnischmacher, E. Heinke, L. S. Lehner, & M. Sengl (Hrsg.), *Fake News und Desinformation Herausforderungen für die vernetzte Gesellschaft und die empirische Forschung* (S. 99–116). Nomos.

Kietzmann, J., Lee, L. W., McCarthy, I. P., & Kietzmann, T. C. (2020). Deepfakes: trick or treat? *Business Horizons, 63*, 135–146. https://doi.org/10.1016/j.bushor.2019.11.006

Madiega, T. (2019). Reform of the EU liability regime for online intermediaries: Background on the forthcoming digital services act: In-depth analysis. Publications Office of the European Union. https://data.europa.eu/doi/10.2861/08522 Zugegriffen: 25. Jan. 2021.

Margoni, T. (2016). The harmonisation of EU copyright law: The originality standard. In M. Perry (Hrsg.), *Global governance of intellectual property in the 21st century: reflecting policy through change* (S. 85–105). Springer International Publishing.

Minsky, C. (2021). 'Deepfake' videos: To believe or not believe? Financial Times. https://www.ft.com/content/803767b7-2076-41e2-a587-1f13c77d1675. Zugegriffen: 29. Juni 2021.

Paris, B., & Donovan, J. (2019). Deepfakes and cheap fakes. *Data & Society* 50.

Reda, J. (2021). Edit policy: Der Digital Services Act steht für einen Sinneswandel in Brüssel. Netzpolitik.org. https://netzpolitik.org/2021/edit-policy-der-digital-services-act-steht-fuer-einen-sinneswandel-in-bruessel/Zuletzt. Zugegriffen: 15. Febr. 2021.

Rudnicki, K., & Steiger, S. (2020). Online hate speech: Introduction into motivational causes, effects and regulatory contexts. Media Diversity Institute. https://www.media-diversity.org/wp-content/uploads/2020/09/DeTact_Online-Hate-Speech.pdf. Zugegriffen: 15. Juni 2021.

Schapiro, Z. (2020). DEEP FAKES accountability act: Overbroad and ineffective. IPTF. http://bciptf.org/2020/04/deepfakes-accountability-act/Zuletzt. Zugegriffen: 6. Apr. 2021.

Schick, N. (2020). *Deep fakes and the infocalypse: What you urgently need to Know*. Monoray.

Schünemann, W. J. (2021). New horizontal rules for online platforms across Europe: A comment on the commission's proposal for a digital services act for DTCT partners and upstanders. Drct detect then act. https://dtct.eu/wp-content/uploads/2021/02/DTCT-TR1-DSA.pdf. Zugegriffen: 15. Juni 2021.

Signorato, S. (2021). Combating terrorism on the internet to protect the right to life. The regulation (EU) 2021/784 on adressing the dissemination of terrorist content online. In P. Czech, L. Heschl, K. Lukas, M. Nowak, & G. Oberleitner (Hrsg.), *Yearbook: Human Rights Protection. Right to life* (S. 403–408). Vojvodina Provincial authorities Common Affairs Department.

Sokolov, S. S., Alimov, O. M., Tyapkin, D. A., Katorin, Y. F., & Moiseev, A. I. (2020). Modern social engineering voice cloning technologies. *2020 IEEE conference of russian young researchers in electrical and electronic engineering (ElConRus)* 513–16.

Steinebach, M., Bader, K., Rinsdorf, L., Krämer, N., & Roßnagel, A. (Hrsg). (2020). *Desinformation aufdecken und bekämpfen: Interdisziplinäre Ansätze gegen Desinformationskampagnen und für Meinungspluralität*. Nomos.

Trend Micro Research, UNICRI, und EC3. (2020). Malicious uses and abuses of artificial intelligence. UNICRI United Nations Interregional Crime and Justice Research

Institute. https://unicri.it/sites/default/files/2020-11/AI%20MLC.pdf. Zugegriffen: 7. Dez. 2020.

van Huijstee, M., van Boheemen, P., Das, D., Nierling, L., Jahnel, J., Karaboga, M., Fatun, M., Kool, L., & Gerritsen, J. (2021). Tackling deepfakes in European policy. European Parliament. https://www.europarl.europa.eu/RegData/etudes/STUD/2021/690039/EPRS_STU(2021)690039_EN.pdf. Zugegriffen: 5. Okt. 2021.

Veale, M., & Borgesius, F. Z. (2021). Demystifying the draft EU artificial intelligence Act. SocArXiv Papers. https://osf.io/38p5f. Zugegriffen: 3. Aug. 2021.

Wardle, C., & Derakhshan, H. (2017). Information disorder: Toward an interdisciplinary framework for research and policy making. Council of Europe. https://rm.coe.int/information-disorder-toward-an-interdisciplinary-framework-for-researc/168076277c. Zugegriffen: 28. Okt. 2021.

Open Access Dieses Kapitel wird unter der Creative Commons Namensnennung 4.0 International Lizenz (http://creativecommons.org/licenses/by/4.0/deed.de) veröffentlicht, welche die Nutzung, Vervielfältigung, Bearbeitung, Verbreitung und Wiedergabe in jeglichem Medium und Format erlaubt, sofern Sie den/die ursprünglichen Autor(en) und die Quelle ordnungsgemäß nennen, einen Link zur Creative Commons Lizenz beifügen und angeben, ob Änderungen vorgenommen wurden.

Die in diesem Kapitel enthaltenen Bilder und sonstiges Drittmaterial unterliegen ebenfalls der genannten Creative Commons Lizenz, sofern sich aus der Abbildungslegende nichts anderes ergibt. Sofern das betreffende Material nicht unter der genannten Creative Commons Lizenz steht und die betreffende Handlung nicht nach gesetzlichen Vorschriften erlaubt ist, ist für die oben aufgeführten Weiterverwendungen des Materials die Einwilligung des jeweiligen Rechteinhabers einzuholen.

Printed by Printforce, the Netherlands